数字图书馆发展模式研究

史全斌　张铁钢　著

哈尔滨工程大学出版社
Harbin Engineering University Press

内容简介

本书较为全面地介绍了数字图书馆发展模式方面的研究内容。本书共7章,主要内容包括数字图书馆概述、数字图书馆发展演化、数字图书馆体系结构、数字图书馆信息资源处理、数字图书馆信息检索、数字图书馆服务和数字图书馆建设发展新趋势等内容。

本书适用于从事图书馆管理工作的人员阅读,也可供从事图书馆建设工作的人员参考。

图书在版编目(CIP)数据

数字图书馆发展模式研究/史全斌,张铁钢著.—哈尔滨:哈尔滨工程大学出版社,2023.7

ISBN 978-7-5661-4056-2

Ⅰ.①数… Ⅱ.①史… ②张… Ⅲ.①数字图书馆-研究 Ⅳ.①G250.76

中国国家版本馆CIP数据核字(2023)第128866号

数字图书馆发展模式研究

SHUZI TUSHUGUAN FAZHAN MOSHI YANJIU

选题策划 刘凯元
责任编辑 张 彦 王雨石
封面设计 李海波

出版发行 哈尔滨工程大学出版社
社　　址 哈尔滨市南岗区南通大街145号
邮政编码 150001
发行电话 0451-82519328
传　　真 0451-82519699
经　　销 新华书店
印　　刷 哈尔滨午阳印刷有限公司
开　　本 787 mm×1 092 mm 1/16
印　　张 13.75
字　　数 335千字
版　　次 2023年7月第1版
印　　次 2023年7月第1次印刷
定　　价 78.00元

http://www.hrbeupress.com

E-mail:heupress@hrbeu.edu.cn

前　言

自 20 世纪中期以来,以计算机技术和网络技术为核心的现代信息技术的进步,不仅加快了文献信息交流与传递的速度,而且大幅度提高了人们获取、分析、处理、利用文献信息资源的能力。在知识经济时代,信息是一种极其重要的经济资源、不可替代的生产要素和不断增值的社会财富。为了创新,人们对信息和知识的渴望越来越迫切,利用信息和知识的频率也越来越高。现实世界充满着取之不尽、用之不竭的信息。目前,信息资源已经成为人类进行学习、生活、科学研究和事业发展的基础,而信息资源的有效存储和检索作为人们获取信息资源的主要手段,也已成为社会所有成员必须掌握的基本知识和技能。

鉴于数字图书馆的发展变化与信息技术的发展变化密不可分,本书介绍了数字图书馆的概念、特点、作用;从不同角度分析了数字图书馆发展演化的过程;多层次阐述了数字图书馆的体系结构;分析了数字信息资源处理的原理与技术;阐述了数字图书馆服务特别是个性化服务的原理与技术,指出了信息检索是数字图书馆的核心应用;介绍了数字图书馆建设发展新趋势及数字图书馆系统设计与开发的基本方法。

本书由辽宁省委党校图书馆史全斌和张铁钢撰写,具体分工如下:史全斌负责本书第 1 章至第 5 章第 1 节的撰写,计 17 万字;张铁钢负责第 5 章第 2 节至第 7 章的撰写,计 16.5 万字。

本书在撰写过程中,参考和借鉴了大量中、外文书刊和网站资料,在此对这些书刊和资料的作者表示诚挚的谢意。

由于著者水平有限,本书难免存在不足之处,敬请读者批评指正。

著　者

2023 年 4 月

目　　录

第1章　数字图书馆概述

1.1　了解图书馆

在德国柏林图书馆的大门上镌刻着这样一句话:"这里是人类知识的宝库,如果你掌握了它的钥匙,那么全部知识都是你的。"这句话告诉我们,图书馆是人类知识的宝库,但必须掌握了它的钥匙才能打开这座宝库,在知识的海洋里畅游,随意获取想要的知识信息。那么,什么是图书馆的钥匙?怎样才能掌握图书馆的钥匙呢?图书馆的钥匙就是有关图书馆的知识,要掌握图书馆的钥匙,就得学习图书馆的知识,熟悉图书馆。

熟悉学校图书馆是学生进入大学后必须尽快完成的一项学习任务。高等学校在新生入学后一般都有专门的图书馆功能介绍和参观活动,可以使新生对图书馆有初步的了解。而浏览图书馆网站则是了解图书馆的捷径。当今高校图书馆的网站一般都对图书馆有全面、详细的介绍,主要包括图书馆的概况;图书馆的服务体系和服务方法及管理规章制度;文献收藏体系和特点,包括索书号的构成与作用、图书的分类方法与图书排架的规则;目录查检方法,包括文献检索的途径和方法;图书借阅程序;电子资源及其使用方法;中文工具书的使用方法等。

1.1.1　图书馆概况

图书馆的概况主要有:图书馆的历史(建馆时间、发展历史);图书馆的规模(建筑面积、管理机构、人员数量、馆藏文献资源种类及数量);先进性(电子化、网络化建设情况,电子文献使用方便程度);服务(开放时间、服务项目);图书馆规章制度;网站网址等。图书馆网站不仅全面反映了图书馆提供资源和服务的情况,同时对网络资源进行学科导航,链接到许多通过网络可以获取的国内外具有实用价值的信息资源。当所在的图书馆不能满足需求时,读者可以通过网站与国家图书馆、国家科技图书馆、科学院图书馆、上海图书馆等大型图书馆以及专业图书馆、国外图书馆联系,一般都可以获得有偿或无偿的服务。

1.1.2　图书馆的服务

图书馆开展的各项读者服务工作,是其实现基本职责的具体措施。虽然随着信息技术的发展，文献信息传递的方式和手段有很大的变化，但图书馆的使命并未改变，依然以为读者提供导向性的服务作为根本任务。它通过采集、组织、管理、存储和保护馆藏文献，保证读者获取所需文献信息；提供面向个人的参考服务，帮助读者解决利用图书馆查检文献信息过程中遇到的各种问题；教育读者如何独立地查找、评价和利用文献信息，以助读者进行终身学习；提供先进的服务设施，保证读者方便、快速地检索到本地或远程的信息，无论这些信息是存储在何种载体上。

1. 外借服务

外借服务是图书馆最基本、最普遍的读者服务方式。凡是大学里正式注册的学生、在编的教职员工以及短期访问的研究人员都可以在所属大学的图书馆办理借书证，并在图书馆提供外借的文献里，选取所需的文献借出馆外，以便随时利用。外借方式主要有个人外借、集体外借、预约借书和馆际互借 4 种。

为了保证外借服务正常而有序地进行，各图书馆都制定了相应的外借规则。外借规则对于馆藏文献的出借范围，读者外借图书的数量和借期、续借、催还、过期罚款、失书与损坏的赔偿办法等都做出详细的规定。

通常，可外借的文献主要是普通图书，有些图书馆还出借过期期刊合订本、教学用录音带和录像带。借书的数量和借期根据文献类型和读者个人身份有所不同，例如对于本科生，无论是借书的数量、借期，还是可借的文献类型、预约书的数量，都与研究生和教师不同。

大多数外借文献在没有其他读者预约的情况下，可以办理延长借期手续，即续借。如果有其他读者预约，图书馆则会提醒持有被预约文献的读者在规定的时间内归还，即催还。未能按期归还文献的读者，图书馆会有相应的处罚措施，或一段时间内停止其借书，或进行经济处罚。造成文献丢失或损坏的读者，必须进行赔偿。

要注意的是，并非图书馆收藏的所有文献都外借。像古籍珍本善本、工具书、学位论文、现期期刊都是不外借的，这些在图书馆的外借规则和馆藏目录中都会有所说明。

2. 阅览服务

阅览服务是图书馆建立阅览室，配备相应的藏书，为读者提供阅览场地和设施的一种服务方式。阅览服务是图书馆另一项最基本、最受欢迎的读者服务，教师和学生一般都居住在校园或离校园不太远的地方，到图书馆阅览图书很方便，而且阅览室中浓厚的学习氛围，更能激发人的求知欲望。

3. 参考咨询服务

参考咨询服务是图书馆读者服务工作的重要组成部分。图书馆根据读者的要求，为读者在检索文献和信息时提供帮助与建议，同时辅助读者掌握获取文献信息的技能。

4. 馆际互借服务

图书馆的馆际互借，是帮助本校教师和其他工作人员、学生，从其他图书馆或文献收藏机构获得本校图书馆未收藏的文献资料;同时,本着互惠的原则,也为其他图书馆的读者提供文献资料,从而相互利用对方文献,满足读者需要的一种服务方式。它是实现资源共享的一种重要手段。

5. 文献传递服务

文献传递服务主要是各种信息服务机构通过 Internet 帮助读者获取原始文献的服务。

6. 读者教育与读者培训

(1)读者教育

读者教育的目的,一方面是向读者宣传和介绍图书馆的资源和服务,使其能够掌握和利用图书馆及其馆藏资源的基本知识和技能;另一方面是提高读者的信息素质,特别是网络信息素质。

网络信息素质,简言之,就是使用和创造网络信息资源的能力。其内涵如下。

① 使用和创造网络信息的意识。即能够自觉地从利用和生产的角度出发,去感受、理解网络化的信息资源,包括自觉地了解网络信息环境、掌握公平使用网络信息资源应遵守的道德准则、通过网络来满足自己的信息需求、借助网络来传递自己的思想。

② 获取和传递网络信息的技能。主要指熟悉网络信息资源的组织方法、生产过程、主要内容、服务方式和传递渠道,掌握网络信息主要的搜索、生产、传递工具的特点和操作方法,能够熟练地对文献检索与生产结果进行加工整理。

③ 评价网络信息的习惯与方法。由于 Internet 的开放式管理和相应组织手段缺乏,因此帮助用户养成以审慎的态度运用网络信息的习惯,是网络信息素质教育的基础工作。只有这样,网络信息资源中的精华才能为用户所用;否则,就可能被网络上的糟粕所蒙蔽、误导。

(2)读者培训

图书馆的读者培训是多层次的。

对低年级本科生,培训重点是帮助他们了解图书馆的基本工作流程和运作规律,了解图书馆所提供的文献资料和服务设施,使他们学会在完成作业、进行自学和发展个人爱好时熟练地查找所需文献。针对低年级本科生开设有图书馆概论、“怎样利用图书馆”及“图书馆之旅”等课程与活动。

对高年级本科生和研究生,培训主要培养他们独立获取和评价文献信息的能力,掌握先进的获取文献信息的途径和手段,使他们今后从事科研工作时,能够敏锐地捕捉到本学科的研究热点和发展动态。针对高年级本科生和研究生的重点课程是文献检索与利用、工具书及其利用。

对教师,以项目培训为主要方式。所谓项目培训,是针对图书馆某个新引进的数据库、某个新的应用软件、其种新型服务项目而进行的专题培训。进行项目培训的优点是,培训内容具体、目标明确、针对性强,学到的知识和技能能够很快被利用。例如,光盘网络数据库的检索、国际联机系统 Dialog 的检索、电子期刊的检索和利用、多媒体基础知识及多媒体光盘介绍等。

7. 文献检索服务

(1)定题文献检索服务

定题文献检索服务是通过国内、国际联机数据库,或其他数据库,帮助本校或校外读者检索与研究课题有关的文献信息,其工作流程如下。

① 根据读者的要求或当前校内科研工作重点确定一些特定的服务对象。

② 把读者要查检的课题,按照作者、主题词和分类号进行区分。

③ 编制读者需求提问文件,也就是把读者需求编写成一系列检索式,包括作者、主题词、分类号等,存储在计算机内。

④ 定期(通常是每个月,但主要是根据读者要求)由计算机根据这些提问文件对文献数据库里的新增文献、信息进行检索。

⑤ 将检索结果按照读者要求,由计算机进行编辑和输出,传送给读者。

(2)被引用或被收录文献检索服务

被引用文献,也称参考文献,指为撰写论文或其他著作而引用或参考的文献。通常须在正文中标注,在文后列出作者、题名和出处。一篇论文被引用次数越多,说明这篇论文的影响力越大,即论文所描述的研究工作的影响力越大。

被文摘、索引数据库收录,指论文发表在某文摘、索引数据库的来源期刊或会议录上。因为这些来源期刊和会议录都是根据严格的选刊标准和程序挑选出来的,所以入选刊物的参考价值、学术价值通常较未入选刊物高。

论文的被引用次数和被收录篇次现已成为我国评价科技人员、高等院校、科研机构研究水平与能力的重要指标。我国每年公布的《中国科技论文统计结果》,主要对我国科技人员在国内外发表的论文数量和论文被引用情况进行统计。

1.1.3　图书馆的规章制度

图书馆是广大师生进行学习和研究的公共场所,环境幽雅、安静,学习文化氛围浓郁。为了维护全校师生的整体利益,为师生提供良好的治学条件,每一位读者在利用图书馆时都应当自觉遵守图书馆的规章制度,爱护、维护这知识的殿堂。图书馆的规章制度主要有:

(1)入馆规定;

(2)如何办理借书证;

(3)图书出借规则;

(4)图书借阅期限表;

(5)违规使用借书证处理办法;

(6)图书馆版权公告;

(7)续借、预约、催还、逾期罚款;

(8)遗失赔偿;

(9)离校手续。

新生尤其要掌握规章制度中的开馆时间(各部门可能不同),可借书数量,逾期罚款,损坏、遗失书刊的罚款等内容。

1.1.4 文献收藏体系

1. 图书分类

图书分类是按照图书内容和学科属性及其他特征将图书分门别类地、系统地进行组织的一种手段。通过图书分类,人们可以把性质不同的图书区分开来,把性质相同的图书集中在一起,性质相近的图书放在接近的位置,按照“远近亲疏”的关系把图书组成一个有条理的体系。

学校图书馆馆藏图书,一般严格按照《中国图书馆分类法》(简称《中图法》)进行分类。

《中图法》1971 年由北京图书馆倡议,由全国 36 个单位组成的编写组集体编制,于 1975 年正式出版,1980 年、1990 年、1997 年先后修订三次。《中图法》是我国当代具有代表性的图书分类法,被推荐为我国标准图书分类法,广泛应用于图书馆和情报部门,是为实现全国图书资料统一分类而编制的一部大型的综合性的图书分类法。

《中图法》将知识门类分成 5 个基本部类,22 个基本大类(分别用除 L、M、W、Y 之外的其他英文字母表示),在这一基础上再从总到分、从一般到具体逐级展开,构成一个纲目分明的体系。一级以下设有二级类目、三级类目、四级类目、五级类目(共 53 811 个类目)。图书分类时主要根据图书的内容进行分类标引。《中国法》类目简表见表 1-1。

表 1-1 《中图法》类目简表

5 个基本部类	22 个基本大类
马列主义、毛泽东思想	A 马克思主义、列宁主义、毛泽东思想、邓小平理论
哲学	B 哲学、宗教
社会科学	C 社会科学总论;D 政治、法律;E 军事;F 经济;G 文化、科学、教育、体育;H 语言、文字;I 文学;J 艺术;K 历史、地理
自然科学	N 自然科学总论;O 数理科学和化学;P 天文学、地球科学;Q 生物科学;R 医药、卫生;S 农业科学;T 工业技术;U 交通运输;V 航空、航天;X 环境科学、安全科学
综合性图书	Z 综合性图书

标记符号(分类号):采用拉丁字母与阿拉伯数字相结合的混合号码制。大类采用字母表示,其他各级类目用数字表示。类号的变化体现了学科之间的关系。每增加一位字母和数字,通常代表增加一级分类,体现了学科之间的逻辑归属关系。例如:

有关互联网的知识分类为 TP393.4,其类目名称:

T 工业技术

TP 自动化技术、计算机技术

TP3 计算机技术

TP39 计算机的应用

TP393 计算机网络

TP393.4　国际互联网

如某书的《中图法》类号是 I247.5,其类目名称:

I——文学

　I2——中国文学

　　I24——小说

　　　I247——当代作品(1949 年—#)

　　　　I247.5——新体长篇、中篇小说

2. 索书号的作用与构成

在图书馆里,每一册藏书都有唯一的一个索书号与之对应。索书号又称排架号,顾名思义,就是索取图书馆馆藏图书的号码,是一种标识图书在图书馆藏书体系中所处位置的代号,是图书馆用以提取和归架图书的依据,也是图书馆组织馆藏和目录的依据。读者在检索终端(一般是访问联机公共目录查询系统(online public access catalogue,OPAC))上检索到自己需要的图书后,记下索书号,进入书库,即可顺利找到该书。索书号由分类号和种次号两部分构成,如《实验心理学纲要》的书标上标示的 B84/207 就是该书的索书号,斜线前的 B84 是分类号,斜线后的 207 是种次号。根据《中图法》,B 表示哲学类,B84 表示心理学书籍;种次号 207 表示《实验心理学纲要》是本馆馆藏该类图书的第 207 种,即同类图书到馆先后的顺序号为 207。

3. 图书排架的规则

图书排架就是将已经分类加工整理的文献按照一定的规则放到书架上去。馆藏图书是按"索书号"排架的,即先顺序分类号,再顺序种次号。每一排书架两侧都有架标,面对书架,根据架标指示,左手起架,书序排号自左向右、由小至大。架标显示的概念是一个区间,排架与排架之间,呈"S"形迂回绕架连接,小架与小架之间由上至下连接。主要的几种图书排架顺序如下。

(1)按照分类号先后顺序排列。如《大学英语语法辅导练习册》H31-51/3651:5;《薄冰英语语法》H314/5961。

(2)分类号相同再按种次号顺序排列。如《新思维英语语法》H314/5965;《实用英语交际语法》H314/5967:a。

(3)分类号、种次号都相同,再按辅助区分号先后次序排列。如《红楼梦断》第一部 I247.5/1765:1;《红楼梦断》第二部 I247.5/1765:2。

1.1.5　目录查检方法

1. OPAC

在OPAC上可以检索图书馆的书目数据库。如今OPAC是Internet网络上的公共资源，要了解一所图书馆有没有自己想看的书，只要从Internet访问该图书馆的OPAC就可以查询获取。除检索本馆书目数据库之外，图书馆OPAC还提供几项辅助服务，如借书状况、办理续借、预约、新书推荐、超期公告、馆际互借、提建议或意见等。

2. 国际标准书号(ISBN)

ISBN是专门为识别图书等文献而设计的国际编号。国际标准化组织(ISO)于1972年颁布了ISBN国际标准，并在柏林普鲁士图书馆设立了实施该标准的管理机构——国际ISBN中心。现在，采用ISBN编码系统的出版物有图书、小册子、缩微出版物、盲文印刷品等。

由于图书与ISBN之间存在一一对应关系，因此在OPAC中，ISBN可以作为一个检索字段，为用户增加一种检索途径。

3. 国际标准连续出版物号(ISSN)

ISSN是国际连续出版物数据系统(ISDS)国际中心为在该系统登记的连续出版物分配的号码。采用ISSN编码系统的出版物有期刊、会议录等。

由于期刊与ISSN之间存在一一对应关系，在OPAC中，ISSN可以作为一个检索字段。

1.1.6　图书借阅程序

读者到图书馆借阅书刊，须带借书证(或一卡通)，利用OPAC，通过书名、责任者、主题词、分类号、ISBN等检索途径查询所需书刊，并记下索书号，再到书库取书，到借书柜台办理借阅手续。

1.1.7　电子资源

随着数字图书馆的发展，越来越多的电子文献出现在图书馆中。电子文献具有许多优点：一种电子文献可以供多个人同时阅读；不会发黄变旧；检索方便、快速、全面；复制、引用方便；价格低、品种多等。

一般学校都购买了一些电子文献数据库，在校园内供读者免费阅读。如超星数字图书馆；方正Apabi教学参考书；CNKI数据库；维普中文科技期刊全文数据库等。学会利用电子资源，是时代发展的要求。熟悉图书馆的一项基本要求就是要掌握图书馆每种电子文献数据库的使用方法。各种电子文献数据库都有自己独特的检索系统，检索系统是开启电子文献数据库的钥匙，熟练地使用检索系统是全面、快速、准确获取文献信息的基础和捷径。目前，国内期刊，硕士、博士论文方面的数据库很多，其中 CNKI 数据库使用较多；电子图书方面的数据库则是超星数字图书馆使用较多。

1.2 图书馆的类型和职能

1.2.1 图书馆的类型

在图书馆事业的发展进程中，社会上相继出现了各式各样的图书馆。这些图书馆的具体任务和服务对象不同，搜集、整理、保管和传播的文献资料的内容、形式及使用的方法也各有差异。因此，对图书馆进行分类研究，是图书馆学研究的一个重要方面。

在我国，通常使用的划分图书馆类型的标准主要有如下几种。

第一，按图书馆的管理体制（隶属关系）划分。如文化系统图书馆、教育系统图书馆、科学研究系统图书馆、工会系统图书馆、共青团系统图书馆、军事系统图书馆等。

第二，按馆藏文献范围划分。如综合性图书馆、专业性图书馆等。

第三，按用户群划分。如儿童图书馆、盲人图书馆、少数民族图书馆等。

目前，我国图书馆按其性质和功能划分为国家图书馆、公共图书馆、大学图书馆、学校图书馆、专门图书馆和其他图书馆等类型。

1. 国家图书馆

国家图书馆是政府所设立的国家藏书中心，负责收集和保存本国出版物，担负国家总书库的职能；也是馆际互借中心、国际书刊交换中心、全国的书目和图书馆学研究中心。国家图书馆也属于公共图书馆，只是保存文献的功能特别突出。我国除了中国国家图书馆（北京图书馆）外，还有国家科技图书馆。

2. 公共图书馆

公共图书馆是各级人民政府投资兴办、面向社会公众开放的图书馆。我国公共图书馆分为省（直辖市）图书馆、地（市）图书馆、县图书馆、乡镇图书馆和街道图书馆。公共图书馆分布广泛，可以满足人们就近利用图书馆读书的需要，是面向社会服务的图书馆的主体。

3. 大学图书馆

大学图书馆是高等院校的文献信息中心，是办好一所大学的三大支柱之一，是培养人才和进行科学研究的必要条件。其由于收藏图书丰富、系统、专深，在整个图书馆群体和藏书体系中具有非常重要的地位。我国大学图书馆主要是国家教育部门兴办的，也包括民营高校的图书馆。图书馆的主要服务对象是本校师生和职工。随着社会信息资源共享的发展,大学图书馆不仅彼此间广泛协作,也在不同程度上向社会开放,其公共服务性在不断提高。

4. 学校图书馆

学校图书馆指大学图书馆以外的其他各类学校的图书馆,包括小学、中学、职业学校、专业学校的图书馆。其功能主要是为学校教学和提高学生文化素质服务。

5. 专门图书馆

专门图书馆也称专业图书馆、科研图书馆或学术图书馆,一般指国家有关部门(研究机构)、行业协会、高等院校等以某个学科领域为主建立的图书馆。如中国科学院图书馆、中国社会科学院图书馆、中国地质图书馆、中国建筑图书馆,以及法律图书馆、金属图书馆、服装图书馆、佛教图书馆、标准图书馆、证券图书馆等。该类图书馆一般具有公共服务的性质,有的则有限制或有条件地向社会开放。由于专门图书馆重点围绕特定的学科领域收集文献信息,所以比较专深、系统,是重要的文献信息来源。现在越来越多的专业图书馆以网络图书馆、学科门户的形式出现,不但提供的文献信息更加丰富,也更便于跨越时空利用。

6. 其他图书馆

上述五类以外的图书馆都可以归入此类。如企业图书馆(包括技术图书馆和工会图书馆)、单位内部图书馆、部队图书馆等。这类图书馆基本是为某一单位(或系统)服务,有的具有一定的保密性,不向社会开放,是本单位人员利用图书馆的首选。这类图书馆的功能、规模差异很大,有的企业图书馆藏书逾百万册,有的则只有数千册;部队中研究机构的军事技术或军事情报图书馆属于专业性图书馆,而基层部队的图书馆则属于普及性图书馆。

1.2.2　图书馆的职能

英国哲学家卡尔·波普尔曾经做过两个思想实验:如果我们人类所有的机器和工具都被破坏了,而图书馆还存在着,那么人类仍然能够重新发展起来;如果图书馆连同所有的机器和工具一起都被破坏了,那么人类文明的重新出现,就会是几千年以后的事了。初看,这个结论也许有点耸人听闻,但仔细一想却是很有道理的,因为文献是保存人类记忆的装置,图书馆则是专门收藏文献的社会机构,只要记载人类智慧及其创造过程的文献存在,人类就会使消失于现实中、湮没在历史尘埃中的人类知识成果,包括各种生产工具、机器等,奇迹般地“复现”和“再生”。如果记载人类智慧及其创造过程的文献不复存在了,那么人类只能从头学习、摸索、积累了,这个过程无疑要长得多。卡尔·波普尔的思想实验,生动而深刻地揭示了文献及收藏文献的图书馆的社会作用。

1975年,国际图书馆协会联合会(简称“国际图联”)提出了图书馆的四项职能:保存人类文化遗产、开展社会教育、传递科学情报、开发智力资源。

1. 保存人类文化遗产

保存人类文化遗产是图书馆最古老的职能。图书馆是各国为保存本国各民族文化财富而建设的,它以文献为物质基础而开展业务活动。与以往不同的是,现代图书馆不仅保存手写和印刷的文献,还保存其他载体形式(录音带、电影片、音频、视频、多媒体光盘等)的文献资源,日积月累,日益丰富和系统化。保存的目的是更好地使用。进入信息社会以后,“馆藏”的概念已有了变化,从而赋予了这项职能新的内涵,形成多载体、全方位保存的格局。

2. 开展社会教育

图书馆作为没有围墙的大学和终身大学,是最佳的自学场所,发挥着社会教育的功能。图书馆既是科学普及的场所,也是学术交流的场所,还是一个文化场所,浓郁的文化氛围、优雅的学习环境,使人们在这里受到文化的熏陶,陶冶自己的情操。图书馆对提高一个国家、一个地区公民的科学文化素质有着重要的作用。图书馆要教育读者懂得获取文献资源的过程和方法,掌握进行终身学习所必需的技能。图书馆要为社会、为读者提供最完备的学习条件:资源、场地、设备。它还是学校教育的重要组成部分,是课堂教学的补充与延续。与此同时,丰富群众的文化生活也是图书馆教育职能的组成部分。进入信息社会以后,读者可以通过计算机网络进行远程文献检索、借阅,使图书馆的教育职能显得更加重要。使读者通过网络环境获得知识,培养自学能力和创新能力;使读者了解图书馆的信息资源;教育读者获取和利用这些资源,都是图书馆教育的重要任务。

我国在《普通高等学校图书馆规程》中规定:“高等学校图书馆必须贯彻国家的教育方针,履行教育职能和信息服务职能,为培养德、智、体、美等方面全面发展的人才,发展教育科学文化事业,建设社会主义物质文明和精神文明服务。”“高等学校图书馆应积极采用现代技术,实行科学管理,不断提高业务工作质量和服务水平,最大限度地满足读者的需要,为学校的教学和科学研究提供切实有效的文献信息保障。”图书馆不仅是师生开展教学、科研活动的必备条件,也是开展信息素质教育的主阵地,还是大学生安排课余时间的知识性休闲场所。

3. 传递科学情报

图书馆的收藏是为了利用,文献信息只有被读者阅读才能发挥其价值。因此图书馆要通过宣传、报道、开讲座、推荐、外借、阅览、复制、刻录、邮寄、互借、电子传递等途径,使读者迅速、准确地获得所需的文献信息,最大限度地“为人找书、为书找人”,发挥文献、信息、情报在社会传播主渠道的作用。图书馆还要通过情报服务、馆际互借、参考咨询服务、查询服务、翻译服务等手段,帮助读者获取最需要的信息,加快文献信息的传递速度,促进科学技术的发展。进入信息社会,人们对信息的依赖程度越来越高,图书馆传递文献信息的职能变得十分突出和重要,其已成为图书馆的首要职能。现在借助于遍布全国乃至全球的计算机网络,文献信息的传递速度更快,范围更大。

4. 开发智力资源

开发智力资源是图书馆承担各种职能的基础。随着人类社会的快速发展,文献数量爆炸式激增,信息污染加重,为人们利用文献带来了困难。图书馆通过对信息资源进行整理、分析、综合、指引,把大量、零散的文献信息组织成一个有序的文献信息系统的过程称为“信息流整序”。图书馆收集的文献信息都要进行科学、规范的“整序”。“整序”使图书馆建立起优化的馆藏图书排架系统和多功能的文献信息检索系统,使读者可以方便地通过计算机系统,以及书名、作者、主题、分类、出版社等途径迅速、准确地查到所需的文献信息。

图书馆开发智力资源包括三方面内容:第一,对到馆的文献进行分类、编目,以便科学排架,合理流通;第二,对馆外资源进行搜集、过滤,成为虚拟馆藏,形成更加宽广、快捷的信息通道;第三,使馆藏文献数字化,通过网络实现资源共享。

1.3 传统图书馆的借阅方式及检索步骤

1.3.1 馆内阅读

馆内阅读可分为全开架阅览和半开架阅览两种方式。

(1)全开架阅览是将书刊资料存列在书架上,供读者在室内自行取阅。阅毕放回原处或交管理人员归架,一般不办理借阅手续。

(2)半开架阅览是一部分经过挑选的书籍,借阅时要经管理人员取书或办理临时借阅手续。

1.3.2 外借服务

读者进入书库选好书(进入书架前最好拿上“代书卡”,其功能是防止读者选书的过程中弄乱书架),在出纳台办理借书手续。出纳台除了办理借书手续外,主要还办理还书手续和预约手续。读者可以向图书馆登记某种指定需要而暂时借不到的书,图书馆待该书到馆后按预约的顺序通知读者借书。

除了本馆馆藏文献外,图书馆还提供馆际互借服务,即通过图书馆之间的协作关系,为本馆读者借阅其他图书馆的文献。

1.3.3 图书馆纸质文献检索系统——OPAC

所谓纸质文献检索,是指从图书馆的馆藏纸质文献中查找出含有自己所需要的知识信息的文献的过程。图书馆纸质文献的检索随着科学技术的发展一般都经历了手工检索阶段、计算机检索和手工检索并存阶段、计算机检索阶段、Internet 检索阶段四个发展过程。由于当今图书馆都进行了信息化建设,因此馆藏纸质文献的检索主要是 Internet 检索,通过访问图书馆网站的 OPAC 主页来进行。

利用图书馆网站的 OPAC,读者在 Internet 上就可以检索到图书馆的馆藏书刊实时情况。例如,有没有某图书,有几本,借走了几本,还剩下几本,该图书在哪个书库的哪个书架上等。OPAC 是网络上的公共资源,凡互联网用户都可访问各校图书馆的 OPAC,同理,各校师生也可访问国内、外其他图书馆的 OPAC。由于各个图书馆使用的图书馆集成管理系统软件不同,所以不同的图书馆的 OPAC 界面一般是不一样的。此外,现在有一种发展趋势,就是将电子文献与纸质文献的检索集成在一起,读者在检索纸质文献的同时也进行电子文献的检索,极大地方便了读者。

要在图书馆借图书或期刊(过刊、现刊一般不外借),读者首先要到图书馆的读者服务部办理借书证,成为图书馆的一位读者,然后利用图书馆的 OPAC 检索图书馆的馆藏图书或期刊,从中找到自己想借的图书或期刊,这一步可以在 Internet 上进行而不必到图书馆的"检索台"电脑上操作或进入书库中从书架上查找。OPAC 能够帮助我们从图书馆的馆藏目录数据库中迅速找出符合我们输入条件的馆藏图书状态信息,因此,一定要学会使用 OPAC 检索图书和期刊。

利用 OPAC 查找图书馆的馆藏图书,一般可将检索方法分为简单检索和高级检索,有的还有分类检索。不论选择哪种检索方法,读者都要设置"检索条件"中的各项参数。主要参数如下。

(1)文献类型:是找"图书"还是找"期刊",是找"中文"的还是找"外文"的等。

(2)检索类型:是按"题名"("图书的书名")查找,还是按"责任者"("图书的作者")查找,也可以按"出版社"查找或按"ISBN"等查找。

(3)检索模式:是"前方一致"还是"任意匹配"或者"完全匹配"。

(4)结果显示方式:每页显示返回记录多少条,按什么排序等。

1.3.4 图书馆馆藏书刊检索举例

1. 已知图书信息时如何找书

例:到图书馆借阅《文献信息检索与论文写作》一书,已经知道其信息,如书名、作者、ISBN 等。

操作步骤如下。

第一步,从 Internet 访问学校图书馆的 OPAC 主页面。

方法是上网(可在任意地方,如宿舍、图书馆电子阅览室、图书馆检索台),在 IE 地址栏中输入学校图书馆的 OPAC 主页面网址,如 http://218.65.59.58:8081/,进入学校图书馆的 OPAC 主页面。

在 OPAC 主页面有许多功能菜单,如“馆藏查询”“读者查询”“分类查询”“网上续借”“读者挂失”“读者留言”“新书推荐”等。除“图书馆馆藏简单查询”之外,还有“高级检索”。

进行“图书馆馆藏简单查询”时要设定几个参数,说明如下。

① 查询种类,有“中文图书”“外文图书”“古籍”“全部图书”“中文期刊”“外文期刊”“全部期刊”“非书资料”共 8 个单项选择供选。要找什么就选什么。

② 检索方式,有“前方一致”“任意匹配”两个单项选择供选。所谓“前方一致”,是指所输入的检索条件出现在检索结果的最前面。例如,要借图书《高等数学》,检索途径选择为“题名”(按书名查找),检索条件框中输入“高等数学”,这时检索结果中就会出现《高等数学》《高等数学参考资料》《高等数学导论》《高等数学导学》《高等数学的理论和习题》《高等数学典型题》等书名中前四个字是“高等数学”的所有图书,而像《医学高等数学》《上海交通大学高等数学试题解析》等图书虽然其书名中也有“高等数学”四个字,但由于“高等数学”四个字不在书名的最前面,这些书就不会出现在检索结果中。如果选择的是“任意匹配”,检索结果中就会出现所有书名中含有“高等数学”四个字的图书。

③ 最大返回数,就是确定在检索结果列表中最多显示多少满足设定的检索要求的图书信息记录。例如,如果选择最大返回数为“最多返回 50 条”,而检索结果有 980 本时,就只能看到最开始找到的 50 本图书的信息,其余 930 本图书的信息不显示。

④ 图书出版年代,指设定要找的图书是哪个年份出版的。

⑤ 检索途径,有“题名”“题名拼音简码”“分类”“责任者”“ISBN/ISSN”“出版社”“主题词”“丛书名”“排架号”共 9 个选项供选择。选择“题名”,表示在后面的检索条件框中输入的是图书的书名;选择“题名拼音简码”,表示在后面的检索条件框中输入的是图书书名的拼音首字母缩写,例如,图书《高等数学》的拼音为 gaodengshuxue,其“题名拼音简码”为 gdsx。选择“责任者”,表示在后面的检索条件框中输入的是图书的作者名;选择“ISBN/ISSN”,表示在后面的检索条件框中输入的是图书的 ISBN,即要找的图书的国际标准书号。

第二步,设定检索参数。

查询种类选择“中文图书”,检索方式选择“任意匹配”,最大返回数选择“最多返回 50 条”,图书出版年代选择“所有年份”,检索途径选择“题名”,检索条件输入“文献信息检索与论文写作”。

第三步,查看检索结果,记下“索书号”。

设好检索参数后,点击“检索”按钮,稍等片刻,就会看到检索结果。

从检索结果可知,图书馆有我们想要借阅的图书《文献信息检索与论文写作》,其索书号为 G252.7/62。那么是不是用笔将此索书号记录下来到图书馆去借此书就行了呢?不是的,这时只是知道图书馆有此书,但图书馆有几本,是否被其他人借走,放在哪个书库等,所有这些信息我们还不知道。所以还要双击“题名”下面的“文献信息检索与论文写作”,了解更详细的情况。

打开上述页面就可以看到,图书《文献信息检索与论文写作》,图书馆共有 5 册,已经借出了 0 册，还有 5 册，这些书的存放地是“社科 3 阅览室”。至此，我们就可以拿出纸和笔将索书号“G252. 7/62”和存放地“社科 3 阅览室”记录下来。然后去图书馆“社科 3 阅览室”，按“索书号”先找到此书所在的书架，再从书架上找到此书，将书拿到“社科 3 阅览室”的出入口处办理借阅手续。

2. 未知图书信息时如何找书

例：想到图书馆去借有关“信息检索”或“文献信息检索”方面的图书，但并不知道所要借阅的图书的具体信息。

操作步骤如下。

第一步，设置检索参数。

查询种类选择“中文图书”，检索方式选择“任意匹配”，查询结果的“最大返回数”选择“命中全部返回”，图书出版年代选择“所有年份”，检索途径选择“题名”，检索条件输入“信息检索”。

第二步，在结果中选书。

在设定好检索参数后，点击“检索”按钮。

书名中含有“信息检索”的书很多，可以一本一本地点击“题名”下的书名，进入该书的“馆藏分布情况”页面，根据该书的“提要或附注”内容选择自己需要的图书。

也可以进一步缩小检索结果，在检索结果页面的下部，检索途径选择“题名”，检索条件填写“文献信息检索”，点击“二次检索”按钮。

3. 如何用高级检索查找图书

例：查找书名为《成功推销脱口秀》、作者之一是“叶昌德”、丛书名是“金牌脱口秀全书”、主题为“演讲”的图书。

操作步骤如下。

第一步，点击“高级检索”按钮，进入高级检索界面。

第二步，设置检索参数。

第三步，预约。在查找页面中可以看到，《成功推销脱口秀》全馆只有 2 本，并且未被人借阅。下面有“图书预约”区域，目前图书可以借阅，所以无须预约。

4. 如何用分类法检索图书

例：查找有关法律方面的图书。

操作步骤如下。

第一步，点击菜单栏中的“分类查询”，进入分类查询的界面。

第二步，点击选中“D 政治、法律”，再点击选中“D9 法律”。

第三步，选书。中国法律方面的图书有 5 540 种，我们可以“翻页”查看有没有想看的书。

1.4 数字图书馆

数字图书馆是一门全新的科学技术,也是一项全新的社会事业。简言之,数字图书馆是一种拥有多种媒体内容的数字化信息资源,能够为用户提供方便、快捷、高水平的信息化服务机制。

数字图书馆不是实体图书馆,它对应于各种公共信息管理与传播的现实社会活动,表现为种种新型信息资源组织和信息传播服务。它借鉴图书馆的资源组织模式、借助计算机网络通信等高新技术,以普遍存取人类知识为目标,创造性地运用知识分类和精准检索手段,有效地进行信息整序,使人们获取信息不受空间限制,很大程度上也不受时间限制。这些都构成了数字图书馆以下的显著特点。

1.4.1 数字图书馆的优势

1. 从用户的角度看数字图书馆的优势

(1)方便

用户能在自己家中、办公室、宿舍以及任何配备有连接互联网的电脑的场所查询或获取数字信息,不用去图书馆;用户不用来回办理借阅手续,只要在电脑前进行“点击”就可以了。当然有能上网的手机和平板电脑的用户就更方便了。

(2)全面

用户能充分获取所需的信息。一是从地域范围的角度来讲,用户所查询或获取的信息并不仅仅局限于一个图书馆,而是没有地域界限的,可能是全地区的、全国的,甚至全世界的。就是说,在数字图书馆时代,信息资源能得到充分共享。二是以前许多不能被借阅的珍本、善本等较为珍贵的资料也能以数字信息的形态出现在用户面前。

(3)快捷

检索途径多,检索速度快,传递速度快,远在“异国他乡”的信息“瞬间”就来到了面前的电脑屏幕上。

(4)无时间限制

不存在过了时间就借不到或看不到书的遗憾,随时可以对数字信息进行查询或获取。

(5)最大限度被利用

在版权保护许可范围内,数字化文献不需要复本,许多人可以在同一时间利用同一种文献,所以不存在“拒借”的问题。

(6)免费

图书馆从诞生起,就是一种公益性的机构,发展到数字图书馆,这种性质是不会改变的。2011 年，文化部（现文化和旅游部）提出图书馆等文化公益单位要对公众免费开放。因此，查询或获取数字图书馆的信息绝大多数是免费的。

（7）可扩展

利用数字图书馆，用户除了利用图书资源外，还可以享受到额外的服务，如信息导航、图书推荐、读者互动等。

2. 从图书馆的角度看数字图书馆的优势

（1）购买图书费用降低

纸质图书需要 30 元一本，而数字图书通常在 5 元左右就可以买到。这样降低了购书费用，同时可以购买更多的资源。

（2）存储空间小

数字图书馆是把信息以数字化形式加以存储，一般存储在电脑光盘或硬盘里，与过去的纸质资料相比，占地很小。

（3）加工方便

纸质图书通常需要采访、编目、典藏才能上架流通（这是一个比较烦琐的过程），而数字图书可以略去编目等环节，即买即用。

（4）提高图书馆的服务能力和效率

突破时空限制，图书馆变被动服务为主动服务，最大限度为用户服务，使图书馆的功能得到充分发挥。

1.4.2 我国主要的数字图书馆

1. 中国数字图书馆

中国数字图书馆是以国家财政投入建立的国家数字图书馆工程为基础，充分依托国家图书馆丰富的馆藏资源和国家数字图书馆工程资源建设联盟成员的特色资源，借助遍布全国的信息组织与服务网络，建立起来的目前我国规模最大的数字图书馆。

2. 中国学术期刊网

中国学术期刊网是清华大学和中国学术期刊光盘版电子杂志社主办的一个远程查阅网站，其中收录了国内 6 000 多种学术期刊 1994—2002 年的内容，并收录了 3 万多篇优秀博士、硕士论文。其采用有偿服务的方式，为人们提供资料和大量的信息。

3. 超星数字图书馆

超星数字图书馆是由广东省立中山图书馆与北京时代超星公司共同建立的有偿借阅网站。

4. 其他

我国华东师范大学、上海图书馆等单位建立的数字图书馆在不断完善与发展之中。

对数字图书馆概念的研究由来已久，不同学者从不同角度给出数字图书馆的定义，这里我们列举主要的数字图书馆定义，使读者能对其概念有初步理解。随着信息时代的发展，数字图书馆的作用不言而喻，它对国家、企业、个人等发展都有不同程度的推进作用。

数字图书馆是随着计算机和互联网技术的出现而出现的，它是应知识经济的社会发展和高速信息公路的迫切需求而发展的下一代新型网络资源组织模式。数字图书馆最早由美国人提出，1991 年美国俄亥俄州政府做出了启动俄亥俄网的决定，计划投资 2 500 美元建立州内图书馆网络中心，该网络定名 Ohio Link。1992 年，美国政府在制定"高性能计算与通信"(HPCC)国家攻关项目中，第一次将发展数字图书馆列为"国家级挑战"(National Challenge)项目之一。1994 年美国国家科学基金会(NSF)、美国国防部高级研究计划局(DAPRA)、美国国家航空航天局(NASA)联合发起的数字图书馆创始工程一期(Digital Libray Initiative ，DLI-1)正式启动，该项目为期 4 年，投资 2 440 万美元。其研究的重点集中在三个方面：第一，发展数字信息收集、存储和组织的技术与手段；第二，研制通过 Internet 进行信息检索的技术；第三，优化数字信息处理过程的用户界面。后在 DLI-1 的基础上用 5 年时间，投资 6 000 万美元，实施 DLI-2 项目。DLI-2 项目大大超过了 DLI-1 的学科分布，参与单位也增加了 4 个。

随着数字图书馆创始计划的提出，"数字图书馆"一词也就被计算机、图书馆以及其他领域所采用，与"数字图书馆"名称相近的还有"电子图书馆""虚拟图书馆"等概念。本节给出数字图书馆国内外有代表性的定义。

1.4.3　国外数字图书馆定义

(1)美国国会于 1993 年通过的《电子图书馆法案》(Electronic Library Act of 1993)定义。

该法案认为电子图书馆系统应具有如下四个方面的特征。

①利用一系列技术能够将包括教育和研究在内的大量信息发送到家庭、学校和社区，并能提供检索。

②交互的多媒体程序为正规的和非正规的教育与学习，尤其是科学、数学、地理、语言和综合性学科领域的教育与学习提供帮助。

③这些信息与服务可提高生产率，能为每个人的生活提供新的选择，并能改善他们的生活水平。

④这些信息与服务必须是每一个人都能享受的。

(2)1995 年召开的美国联邦信息基础结构与应用项目(IITA)数字图书馆专题讨论会所用的定义。

该定义比较能代表当时官方和研究群体对数字图书馆的理解与期望。会议指出"数字图书馆是向用户群体提供便于查找利用庞大的、经过组织的信息和知识存储库的手段的系统。这个信息组织的特点是没有预知的关于信息使用的详情。用户进入这个存储库，重新组织和使用之。这种能力由于数字技术的能力提高而大大增强”。

(3)1997 年 3 月美国国家科学基金会(NSF)桑塔菲分布知识工作环境计划研讨会定义。

数字图书馆的定义不仅是数字化的收益与信息管理工具两者的对应词，它更是一种环境，这个环境将收藏、服务方式及人结合起来，以支持数据、信息和知识的搜集、传播、利用及存储。

(4) William Y. Arms 定义。

其将数字图书馆非正式定义为："有组织的信息馆藏及相关服务，信息以数字化形式保存，并通过网络进行访问。"

(5)2001 年美国总统信息技术咨询委员会(PITAC)报告《数字图书馆：获取人类知识的通用途径》中的定义。

数字图书馆是获取人类知识的通用途径。所有公民在任何时间、任何地点都可以使用与互联网连接的数字设备，搜寻到所有人类知识。利用互联网，他们可以访问由传统图书馆、博物馆、档案馆、大学院校、政府机构、专门组织，甚至世界各地的个人所创建的数字藏品。这些数字图书馆提供的是传统图书馆、博物馆、档案馆馆藏资料的数字版本，其中包括文本、文件、视频、声音及图像。它们所提供的强大技术实现能力，使用户能够改善其查询功能，对查询结果进行分析，并且改变信息的形式以便交互。高速网络使各个不同数字图书馆群的用户能够协同工作，对其各种发现相互进行交流，并使用仿真环境、科学遥感仪器、流式音频和视频。不管数字信息存放的物理位置在什么地方，先进的搜索软件都能找到，并及时提供给用户。在这样的美好前景中，任何教室、任何群体和个人都会与世界最大的知识资源近在咫尺。

(6)美国数字图书馆联盟定义。

数字图书馆是一种提供信息资源的组织，包括软硬件、网络与专业人员，以一致性、永久性的方式将数字化馆藏进行选择、组织、提供查询、解释、传播与完整保存，以便于这些数字馆藏可以迅速、经济地提供给特定社区与人们使用。

(7)美国研究图书馆学会(ARL)归纳出的数字图书馆的五个定义要素。

①数字图书馆不是一个单一实体。

②数字图书馆需要使用技术来连接众多资源。

③对最终用户而言，多个数字图书馆和信息服务之间的链接是透明的。

④广泛地存取数字图书馆和信息服务是一个目标。

⑤数字图书馆馆藏并不局限于替代文献，其范围扩展至不能以印刷形式表达和分发的数字人工制品。

1.4.4 国内数字图书馆定义

在数字图书馆研究与建设中，国内学者也在积极探讨数字图书馆的含义，其中有代表性的定义如下。

1. 高文定义

数字图书馆是以电子方式存储海量的多媒体信息并能对这些信息资源进行高效的操作,如插入、删除、修改、检索、提供访问接口的信息保护等。

2. 孙坦定义

从社会需求和技术条件分析,数字图书馆的核心和本质是利用现代信息技术,以计算机网络为基础平台,构建一个有利于产生影响新知识的资源、工具和合作环境,这种作为环境的数字图书馆不仅仅局限于网络数字信息资源的开放利用,更是一个促进信息获取、传递、交流的知识网络。

3. 刘炜定义

数字图书馆是社会信息基础机构中信息资源的基本组织形式,这一形式满足分布式面向对象的信息查询的需要。其中,分布式是指跨地区、跨物理形态;而面向对象是指直接获取一次文献而不是获取一次文献的线索。

1.4.5　综合定义

数字图书馆是对以数字化形式存在的信息进行收集、整理、保存、发布和利用的实体,其形式可以是具体的社会机构或组织,也可以是虚拟的网站或者任何数字信息资源集合。在计算机界也通常指与此相关的非常广泛的技术研究领域。数字图书馆的内容特征是数字化信息,结构特征是不论其资源组织或用户利用都可以通过网络进行分布式的管理和存取,并具有个性化、人性化和动态化特征。随着计算机和网络技术的研究与发展,数字图书馆正在从基于信息的处理和简单的人机界面逐步向基于知识的处理与广泛的机器之间的理解发展,从而使人们能够利用计算机和网络更大范围地提升智力活动的能力,在所有需要交流、传播、存储和利用知识的领域,包括电子商务、教育、远程医疗等,发挥极其重要的作用。

不管从哪个角度定义数字图书馆,数字图书馆定义描述都具备如下几个基本共性,即信息资源的数字化、信息传递网络化、信息利用共享化、信息提供知识化、信息实体虚拟化等特点。数字图书馆的最终目的是帮助用户更好地、更快地、更方便地获取信息资源,使得无论何人何时何地都可以有效获取自己需要的信息资源。

1.5　数字图书馆产生背景

从宏观和整体角度来看,图书馆事业的发展和图书馆形态的演变,是在图书馆系统内部驱动力和外部推动力及社会环境的作用下发生和实现的。内部驱动力主要是图书馆因无法充分及时地满足社会需要和广大用户需求而产生的自我变革动力;外部推动力主要来自图书馆所赖以存在的信息环境的变化。社会经济结构、技术结构、文化结构等的变动与相互作用推动了信息环境的变化,进而对图书馆发生作用、产生影响,推动着图书馆的演进。

厘清数字图书馆的产生背景,也要从其产生的内在驱动力和外部推动力及社会环境等角度考虑。数字图书馆出现的时代背景——适应信息时代和信息社会需要的现代化(自动化、网络化、数字化等)图书馆;技术基础——20 世纪 90 年代建设信息高速公路需要集当代先进信息技术之大成,也为数字图书馆的试验提供了充分的技术准备;文化适应性——适应数字信息文化时代与文化领域信息化要求的必然是以数字信息资源为收藏主体和重点服务模式的数字图书馆。

1.5.1 内在驱动力

新的信息环境的变化(如信息高速公路热潮的兴起、Internet 网络的迅速推广与普及、电子信息资源的激增等)为数字图书馆的产生提供了条件和可能性,而从发生机理来看,数字图书馆的产生还有其内在的驱动力,即陷入困境的当代图书馆为摆脱困境寻求新的发展机会的自我变革动力。当代图书馆的困境主要体现在以下几个方面。

(1)图书馆经费的有限增长不仅赶不上文献量的爆炸性增长,更抵消不了期刊价格上涨的幅度,出现了严重的图书馆经济危机。人们对这种状况的根源进行了深刻的反思,经济问题也成为世界图书馆界从理论到实践的深入研究对象。美国图书馆学家 J. N. Davis 曾大声疾呼:“现在到了图书馆深思它的使命、任务和目标的时候,到了图书馆对传统的指导思想——收集其用户所需的全部资料并在本馆加以储存——提出质疑的时候了。”

(2)图书馆主要收藏书刊等印刷文献(虽然视听文献、缩微文献、机读产品、光盘出版物等有所增加),而传统印刷文献体积较大、存储密度低的弱点使图书馆的馆舍空间不堪重负。空间小已成为世界各国图书馆普遍存在的一种“慢性病”。在数字图书馆中使用的高科技产品则具有惊人的存储容量,非常显著地节省了馆舍空间。如果传统图书馆在书架上按直线方式排放 18.72 万册书,书架长度将达 2.34 万英尺①,占用图书馆空间 10 300 平方英尺(近千平方米)。而美国柯达公司生产的 Model 2000 型 Juke-box 提供的存储容量更是惊人地达到了 1.48 万亿字节,足以存储 300 页的图书 148 万册,几乎等同于一个规模较大的研究图书馆的馆藏。Model 2000 占地为 21 平方英尺(不足 2 平方米),而将 148 万册图书置于书架上将使书架长度达 18.5 万英尺,占用图书馆空间约 33 300 平方英尺(3 000 多平方米)。惊人的数字对比,既将大量书刊文献给图书馆空间造成的压力显现出来,又展示了新的存储介质巨大的容量。

(3)传统印刷文献的寿命有限,加大了图书馆文献保护的开支与难度。如美国国会图书馆 1994 年财政预算为 3.64 亿美元,但仍感到入不敷出,光是维护它总长度达 856 千米的书架上 8 600 万件文献中易损的部分,年度即需开支 5 000 万美元,使国会图书馆日感无力

① 1 英尺=0.304 8 米。

维持这笔庞大的文献保护开支。印刷文献存在的变质和自然老化的弱点，再加上各种自然的和人为的灾害（如历史上有名的亚历山大图书馆的焚毁、20世纪90年代初苏联列宁格勒图书馆因失火而损毁无数珍稀历史文献等），以及利用资料时人为的磨损和保管不善造成的霉烂、虫蛀、鼠咬的危害等，使不少印刷文献、有些甚至是十分珍贵的文献遭到了无可挽回的损害。而20世纪90年代，世界计算机界的"蓝色巨人"——IBM公司利用其先进的数字图书馆技术，将梵蒂冈图书馆等许多知名图书馆所珍藏的历史文件、图集等进行数字化存储，并通过网络供全世界的研究人员使用，既解决了存储问题，又极大地方便了人们对这类文献的存取和使用。

（4）严重的图书馆经济危机不仅使图书馆经费不足，购买的书刊品种和数量大大减少，服务能力和水平持续下降，而且使设备陈旧无法维修或更换，还无力购买或开发各种现代化信息服务系统与业务管理系统。再加上图书馆的社会地位不高、形象不佳等原因，图书馆的大量专业人员流失，又无法补充合格的专业图书馆员，于是服务水平和业务工作质量进一步下降，如此造成恶性循环，直接诱发图书馆事业的停滞、危机甚至倒退。

（5）传统图书馆以收藏书刊等印刷文献为重点，长期"重藏轻用"，即使开展了信息服务，也因手段落后、服务形式单一、所提供的信息往往是教科书式的过时信息等原因，而不能充分满足图书馆用户的需求和社会的需要。在现代信息环境中，图书馆再也不是最大的、唯一的信息来源，电视、广播、报纸、杂志、网络、多媒体等为人们提供了图像、声音、文字、动画等全方位的信息，这些信息渠道往往比图书馆更为快捷、方便和直接。对相当大一部分用户来说，通过上述渠道所获取的信息几乎就可以满足其日常工作、社会活动和科研对信息的需要。Internet近几年用户数量的爆炸性增长即说明了这一点。

总之，传统图书馆的困境是客观存在的，它的形成原因也非常复杂。陷入困境的图书馆要继续发展、摆脱困境，就必须审慎地反思、积极地思变。在20世纪90年代的图书情报刊物中，经常可以看到众多由词头"re"构成的英文单词，如图书馆"工程重建"（reengineering）、图书馆服务"重新设计"（redesigning）、图书馆"重新组织"（reorganizing）、图书馆"重新结构化"（restucturing）、图书馆员"重新培训"（retraining）等，甚至还有图书馆"重新起步"（restart）的说法。这些新词体现了人们认识到在当今全新的信息环境中需要改造、变革传统的图书馆。变革的原因一是为了适应新信息环境的需要，二是摆脱困境和进一步发展图书馆事业。变革的可能方向就是积极不懈地努力发展数字图书馆。

1.5.2　外部推动力

1. 信息高速公路建设中的数字图书馆

20世纪90年代以来，全球范围内掀起了新一轮的信息化浪潮，这就是以美国为策源地、波及世界许多国家和地区的国家信息基础设施（NII，俗称信息高速公路）建设热潮。信息基础设施的建设，是图书馆所处信息环境发生变化的重要源，也是数字图书馆可能得以实现的重要推动因素。因为信息基础设施建设中将图书馆文献信息资源放在重要位置，从而对图书馆提出了更高的要求；信息基础设施建设中需要应用大量的高新信息技术，可以说是集现代信息技术之大成，而数字图书馆建设所需的信息技术大部分都可以包容于其中，从而为数字图书馆的开发和试验进行了技术储备；另外，数字图书馆示范项目已被列入全球信息基础设施(GII)建设规划中，各网和地区也都相应地重视建设适合小国信息高速公路需要的数字图书馆，从这个角度看，数字图书馆产生的背后有政策驱动因素存在。

(1)全球信息高速公路建设的热潮。1993 年 9 月美国宣布实施为期 20 年、耗资 4000 亿美元、“永久改变美国人生活、工作和相互沟通方式”的 NII 计划后，包括中国在内的许多国家和地区都做出了积极反应，纷纷出台了各自相应的计划。

(2)信息高速公路中图书馆的重要性。这方面国内外都有大量的专题文章加以讨论，无须多加介绍。需要指出的是，数字图书馆是 NII 五大要素(信息资源、信息设施、信息系统、信息网络、信息主体)中信息资源要素极其重要的组成部分，同时也是重要的应用信息系统。这种地位和作用，反映了 NII 对数字图书馆的需要，也反映了社会整体的信息需求。

(3)数字图书馆是 GII 重要示范项目之一。1995 年，广受重视的 NII 出现了向区域信息基础设施(RII)和全球信息基础设施(GII)发展的重大趋势。

(4)信息高速公路建设及其最终实现将最大限度地利用当前及未来众多的信息技术，而建设数字图书馆可以直接利用这些信息技术成就。这就是说，信息高速公路建设所需的技术奠定了数字图书馆建设的技术基础。

信息高速公路以计算机技术、网络通信技术、多媒体技术等先进的信息技术为基础，以光导纤维、数字卫星系统等为主要信息传输载体，以最快速度传递和处理信息、最大限度地实现全社会信息资源共享和高度社会经济信息化为目的，运用遍及各个地区的大容量、高速交互式信息网络把政府机构、科研单位、公司企业、医疗部门、图书馆、学校、家庭等的信息终端连接起来，从而构建面向未来的社会基础设施。因此，信息高速公路建设所涉及的信息技术是极其广泛的。信息高速公路的建设既有赖于这些技术的发展，又将推动计算机技术、通信技术、网络技术、多媒体技术、分布式数据库技术等的发展，而这些技术正是发展数字图书馆所需要的。可以说，信息高速公路的建设使数字图书馆的实现成为可能。

2. Internet 的迅速推广与普及

Internet 的迅速推广与普及构成了现代信息环境的第二个重要变化。它为数字图书馆的出现提供了现实的网络环境和丰富的电子资源。

Internet 最早起源于 ARPA 资助建立的 ARPAnet。20 世纪 80 年代初，NSF 对 ARPAnet 进行了重建，同时将大量的学术、教育、研究和非营利机构并入网内，并将网络改称为 NSFnet。随着计算机、远程通信技术的发展和社会对信息交流与共享需求的增长，大批各种各样的网络连接到 NSFnet 上，人们将这个以 NSFnet 为主干并连接了大量具有不同软硬件的计算机网络称为 Internet。可见 Internet 就是网络的网络，是用广域网把无数局域网互相连接起来(利用 TCP/IP 协议)的网络。

Internet 为数字图书馆的产生提供了现实的网络环境。使用户能通过网络联机存取图书馆内外的信息资源是数字图书馆的目标之一。用户在图书馆内的终端，或在家中、办公室、实验室等与数字图书馆网关相连的终端前，将局域网和广域网与 Internet 相连，即可即时存取国际互联网上浩瀚的信息。Internet 在网络技术、网络化信息资源、网络服务应用等方面都堪称现代化信息服务的典范，所以数字图书馆的建立和实现当以 Internet 为依托，并要充分利用 Internet 所提供的网络环境、网络化信息资源与服务。

Internet 是一座巨大的信息资源宝库，曾被人们称之为“世界第一流的信息超级市场”。既有美国白宫、国防部、NASA 等政府机构和美国国会图书馆（LC）、美国国立医学图书馆（NLM）、美国国立农业图书馆（NAL）等国家图书馆提供的信息资源，又有联机计算机图书馆中心（OCLC）、RLIN 等联机图书馆网络提供的信息资源，还有 DIALOG、Compuserve、American Online、Prodigy 等商业信息服务机构提供的信息资源；全文文本有杂志论文、电子报刊、电子杂志、电子快讯、研究报告、政府出版物和议会资料等；二进制信息有从 PC 机到大型机的各种软件资料、图像文件和音频文件等；数据库信息有 OPAC 及各种商业性数据等。据不完全统计，全世界已有包括 LC 在内的 600 多所图书馆及 400 多个学术机构将其 OPAC 数据库通过 Internet 免费对外开放。Internet 由于用户群不断扩大，以及大量用户不停地加入各种信息（文字、图片、声像等均可），已成为目前世界上资料最多、门类最全、规模最大的全球信息库。数字图书馆不仅需要 Internet 这样的网络环境，而且要为用户提供连接 Internet 的可能性，使网络信息资源成为数字图书馆的重要外部信息源。

图书馆可以利用 Internet 网上的应用服务系统开发专门的应用服务，这样不仅可以从 Internet 检索信息，还能向 Internet 贡献自己拥有的信息资源。电子邮件（E-mail）、远程登录（telnet）、文件传送（FTP）是 Internet 网络提供的最基本的三种信息服务应用工具，近年来又有许多建立在上述三种应用协议上的高级应用服务问世，如 Archie、Gopher、WAIS、WWW 等。它们为图书馆开展网络化信息服务提供了有利条件。现在很多图书馆都在 Internet 上建立了本馆的 Gopher 系统，如美国国会图书馆通过自建的 Gopher 系统为广大用户提供美国政府出版物和珍本资料的全文与影像，同时还以专业化的信息分类方法收集网络信息；美国国会图书馆至 2000 年将馆藏 500 万件历史文献数字化转换后通过 Internet 供全球共享。有些图书馆还以 Internet 为基础，开发了多种基于网络的电子文献传递系统，包括利用 Internet 的 FTP 传送电子与非电子文献系统、利用 Internet 检索联机数据库和 OPAC 传递文献的系统、直接检索 Internet 资源并对其进行传递的系统等。著名的如美国研究图书馆组织（RLG）的 Ariel 文献传递系统、美国科罗拉多州研究图书馆联盟（CARL）的 UNCOVER 电子文献传递系统等。

Internet 通过计算机网络互联而连接了庞大的信息资源，如网上出现的“虚拟图书馆”框架。其基本构成模式是：由世界上某学科声望很高的一个学校（或机构）负责收集、整理 Internet 上有关该学科的信息、资料，提供友好、全面、深入、有权威的信息引导及咨询服务，建立该学科的信息中心，该学科信息中心之下可能又建立若干子学科信息中心。在这些学科信息中心之上，再由一个或几个有能力、有条件的机构负责引导用户到各学科信息中心，并向用户提供有关咨询服务，从而逐步形成覆盖绝大多数学科的“虚拟图书馆”。这样，全世界的网络用户就可以不受时间、空间的限制，共享全球高质量的、经过筛选和过滤的信息资源。我们认为，这种所谓的“虚拟图书馆”只是网络环境中的一种高质量的信息服务手段和方式，并且需要有关的机构（有时会是真实的图书馆）来完成。数字图书馆的建设也需要借鉴这种控制和过滤 Internet 信息的“虚拟图书馆”服务方式。

总之，Internet 计算机网络的迅速推广和普及有力地推动了图书馆信息环境的变化，为图书馆的信息资源和信息服务在深度与广度上发生质的变化提供了可能性。作为未来信息高速公路的雏形和最重要的基础设施之一,Internet网络以其无孔不入的强渗透性融入了人类社会的各个领域,它将促成人类文化结构的重大变动——全新的电子信息文化正在形成。正如适应印刷文化需要的图书馆是纸介质印刷文献图书馆一样,适应电子信息文化需要的则将是以电子信息资源为主体的数字图书馆。

3. 电子信息资源的激增

电子信息资源的激增构成了现代图书馆信息环境的第三个变化。有人说:"电子出版物的出现和蓬勃发展促进了数字图书馆的产生",这种说法虽然过于简单,但在某种意义上反映了电子出版物等电子信息资源对于数字图书馆的重要性,它们的确是数字图书馆的重要物质基础。

Internet上有大量的电子信息资源,但也有相当大一部分并未通过Internet提供使用。电子信息资源虽然种类繁多并可从多种角度划分,但基本上可分为联机存取的和单独发行的两大类。前者以数据库和网络为基础,以计算机主机硬盘或光盘为存储介质,通过联机方式向用户提供服务;后者则以机器可读磁带、软磁盘、只读光盘、交互式光盘(CD-ROM)、集成电路卡(IC-Card)等为载体,以单个发行的方式向用户提供服务,其中CD-ROM是最具代表性的主流产品,其发展尤为引人注目。概括地说,所有以电子数据的形式把文字、图像、声音、动画等多种形式的信息存储在光、磁等非印刷纸介质的载体中,并通过网络通信、计算机或终端等方式再现出来的信息资源,都属于电子信息资源的范畴。很显然,这是一个很宽泛的、非本质的概括。也有人把电子出版物分为联机数据库型、计算机通信型、封装型三种,从这个角度看,电子出版物无疑是电子信息资源的主体。不管如何划分,电子出版物无疑构成了数字图书馆的重要馆藏,是其得以产生的信息资源基础。

(1)数据库——联机存取类电子信息资源的主体。数据库数量和容量不仅发展速度惊人,而且依然保持着高速增长的势头。数据库的种类有文字型(包括书目、文摘、专利、指南、辞典和全文文本数据库等)、数值型、图像型、事实型、多媒体型、超文本型、软件型等多种形式。

(2)光盘出版物——单独发行的电子信息资源的主流。近些年,光盘出版物因容量大、价格适中等优点得以迅速发展,出现了持续爆炸性增长的势头。光盘出版物从内容上看主要有以下几类:字典、辞典、百科全书;书刊及馆藏资料目录,专业/学科的文摘、索引、题录;全文数据库;教育、科技、社科类图书;专利;副图、画册、手册、邮票集;各类软件等。其中尤以词典、百科全书、数据库、娱乐教育、学校教材等类光盘出版物发展最快。人们相信,将有许多新的数据库和取代现有数据库的CD-ROM产品出现,因为CD-ROM技术已得到各界认可,而且CD-ROM产品数量的持续高速增长体现了其巨大的市场潜力和发展前景。世界上已有不少知名的CD-ROM出版商,如图书馆界很熟悉的ADONIS和UML。欧洲的ADONIS是Backwell科学出版公司、Elsevier出版集团和Springer国际出版集团共同开发的文献传递服务系统,1995年时将生物医学、药学、生物化学、生物技术等方面640种以上的期刊用页点阵信息存储方式制成CD-ROM出版物,50张CD-ROM共收录了20万篇以上的期刊论文;美国 UMI(大学缩微公司)的商业期刊光盘(BPO)把 340 种商业、经济方面的期刊论文也以页点阵方式制成 CD-ROM,向全世界发行。针对 CD-ROM 的急速发展,国外曾有人评价说:"如果说 20 世纪 80 年代是微机的天下,那么 20 世纪 90 年代将是 CD-ROM 的天下。"纸张型索引、大量的参考工具书和馆藏以及较重要的目录和数据库都将被迅速地转换到 CD-ROM 上。这种转换将影响到查目指导、预算分配和图书馆内部设计等。显然 CD-ROM 出版物将是数字图书馆需要采集的信息资源品种,而 CD-ROM、WORM 等也将是数字图书馆改造传统馆藏、进行数字化转换、保存重要典籍文献的主要存储介质。

(3)电子期刊、电子报纸。最早的电子期刊试验是 1976 年 NSF 主持的"电子信息交换系统"(EIES)项目中进行的电子期刊试验。其后有关方面进行了一系列的电子期刊试验,如 1978—1979 年的"The Electronic Alternative"项目、1980—1984 年的"BLEND"项目(英国伯明翰与拉夫堡电子网络发展项目)、1991 年的"TULIP"项目(Elsevier 出版集团的大学许可证计划)、1993 年的"SJPS"项目(Springer 期刊评论服务)和"Red Sage"项目(Springer 国际出版集团与 AT&T 贝尔实验室、加利福尼亚大学合作项目)以及 ADONIS、Un-cover、UMI、ACS/POD、LULTP 等众多研究与试验。经过 20 年的发展,电子期刊已从最初第一代的软盘期刊、第二代的 CD-ROM 期刊,发展到了第三代的联机网络期刊。目前虽然是两代电子期刊并存的局面,但联机网络期刊是最重要也是最有发展前途的,因为随着 Internet 计算机网络的普及,越来越多的期刊开始通过网络出版发行。世界上第一份联机网络电子期刊是 1991 年 9 月由美国科学促进会(AAAS)和 OCLC 合作开发的《最新临床实践联机杂志》(*The Online Journal of Current Trials*)。著名的美国《时代》周刊也于 1993 年 9 月发行了电子版,通过 American Online 公司将杂志所有文章传送给用户,该刊订户已超过了 18 万。从现状和目前的态势来看,电子期刊虽还不足以取代印本期刊,但它的发展潜力很大。

电子报纸将报纸的内容通过计算机网络以联机方式进行传送。目前美国已有几十种报纸采用了联机网络出版方式,其中包括发行量最大的几家日报,如《华盛顿邮报》《洛杉矶时报》《纽约时报》《芝加哥先驱论坛报》等。电子报纸当前虽很不成熟,但被认为是报业的未来发展方向。

以上择其主要地概述了数据库、光盘出版物、电子期刊与报纸等电子信息资源的迅猛发展情况,技术的推动固然是关键,但它们迎合了社会需要、用户需求也是其市场和应用能不断扩大的重要原因。总之,Internet 网络上的信息资源和其他非 Internet 信息资源将构成数字图书馆重要的信息资源基础。

1.5.3 社会背景

1. 数字图书馆是社会信息化发展的必然产物

在现代社会中,信息资源成为战略资源,信息产业发展迅速,为图书馆发展提供良好的机遇。数字图书馆实际上就是伴随着网络迅速发展而产生的,它体现了数字化社会对信息共享和信息开放的根本要求,是社会信息化发展的必然产物。数字图书馆建设使人类社会信息资源的共享达到一定的高度,为文化传播打开新的大门。如同工业经济离不开交通和能源一样,数字图书馆也是高科技经济的基础设施和必要条件,数字图书馆所收藏的各类信息对于知识经济的整个过程都是必不可少的。数字图书馆凭借高新技术可以快速地传播文化知识,从而不断推动全民族文化素质的不断提高,促进社会的进步和发展。

2. 数字图书馆是评价一个国家信息基础水平的重要标志

自从1993年美国国会图书馆与Internet连接,宣布它将迈向数字化时代以来,世界各国开始把图书馆列入信息高速公路的重要组成部分,纷纷加强对数字图书馆的研究。1993年美国提出“国家信息基础结构”(NII)行动计划,继而又提出建设全球信息基础设施(GII)的主张,将信息高速公路建设置于美国技术政策和产业政策的核心位置,在世界范围内引起了强烈反响。Internet的信息资源作为NII的五大要素之一,与具有大量信息资源的数字图书馆关系密切,而且数字图书馆是NII的重要应用信息系统。信息高速公路建设所需技术包含的要素奠定了数字图书馆建设的技术基础;数字图书馆的目的之一是使用户能够通过网络联机存取图书馆的信息资源,Internet的推广和普及为数字图书馆提供了现实的网络环境。

3. 数字图书馆是21世纪全球文化竞争的焦点之一

在网络时代,谁最先掌握了技术和资源库,谁就掌握了先机。数字信息资源网上交流具有先天的优势,它拥有一个非常庞大的潜在的受众群体。这种竞争既是科学技术的竞争,也是文化和意识形态的竞争,更是知识经济时代的市场竞争。因此,大力加强建设数字图书馆,其意义和影响将是深远的,它是参与国际竞争的坚实文化保障系统,而且为国家创新体系的建立提供了充足的信息流通环境。中国数字图书馆在激烈的网络文化竞争中,为弘扬中华民族优秀文化,抢占互联网上中文信息资源的制高点,将中国文化推向世界发挥着积极的推动作用。建设数字图书馆工程对于我国力争在未来的全球性竞争中取得主动权具有重要的社会和经济意义。

4. 数字图书馆建设有利于带动相关行业的发展

数字图书馆工程不仅是高科技的项目,也是跨部门、跨行业的大文化工程。在1995年美国政府蓝皮书中,数字图书馆被认为是“国家级挑战”,置于国家信息基础设施的高度上通盘考虑。这种政策上的倾斜引起了美国科学界、产业界的高度重视,也带动了许多行业在资金上的投入。数字图书馆工程的启动必将带动相关产业,特别是信息产业和文化产业的蓬勃发展,并通过知识的有效传播,最终关联到各行各业,从而产生巨大的经济效益和社会效益。

总之,数字图书馆是在政治、经济、文化、科学技术等因素作用下产生的。数字图书馆的发展促进社会的进步。

1.6 数字图书馆的特点及作用

1.6.1 数字图书馆的特点

探讨数字图书馆的特点是为了更好地利用数字图书馆的作用，当前数字图书馆在网络环境下呈现出六大特征：信息资源数字化、信息内容动态化、信息组织智能化、信息服务网络化、信息利用共享化、信息服务知识化。

1. 信息资源数字化

信息资源数字化是数字图书馆的内容特征。数字图书馆与传统图书馆的最大区别在于数字图书馆的本质特征就是信息资源存储与传递的数字化。数字是信息的载体，信息依附于数字而存在，离开了数字化的信息资源，数字图书馆就成了无源之水，无本之木。所以在数字图书馆建设初期，主要任务是资源的数字化，只有有了充足的数字化资源，数字图书馆才有根基，数字图书馆才能利用各种技术手段为用户提供服务。

2. 信息内容动态化

信息内容动态化是数字图书馆的形式特征。数字图书馆将图书、期刊、数据库、网页、多媒体资料等各类信息载体与信息来源在知识单元的基础上有机地组织并连接起来，以动态分布方式为用户提供服务。

3. 信息组织智能化

信息组织智能化是数字图书馆的结构特征。数字图书馆不仅组织和提供信息，而且还是一个促进信息传递、获取、交流的知识网络，能够提供附加值更高的知识以及知识导航的服务。随着计算机技术和网络技术的发展，数字图书馆将不断向智能化方向发展。

4. 信息服务网络化

在信息资源数字化的基础上，数字图书馆需要通过以网络为主的信息基础设施来实现。其服务范围是传统图书馆无法比拟的，计算机网络把分散在各地的网络资源有效地连接起来，通过网络进行分布式的管理和存取，使用户能够在网络到达的任何地方，不受时间、地点的约束，自由而便捷地利用多种方式获取自己所需的信息。网络化技术的发展为数字图书馆的无缝服务提供了便捷，数字图书馆可以在任何时间、任何地点，为任何人提供所需服务。

5. 信息利用共享化

在数字化和网络化的基础上,数字图书馆的信息利用既体现出跨地域、跨行业的资源无限与服务无限的特征,又体现出跨地域、跨国界的资源共建的协作化与资源共享的便捷性。信息传递的网络化,使得众多的图书馆能够借助网络获取各类数字信息,以满足用户日益增长的信息需求。世界各地的人们都可以通过互联网访问任何一个数字图书馆,对其信息资源进行权限内的自由使用。这种使用不受地理位置和时间的影响,使数字图书馆真正实现了信息资源在全球范围内的充分共享。

6. 信息服务知识化

知识服务以对互联网信息进行搜索查询为基础,为用户提供有用的信息和知识。一般来说,知识服务可以为用户提供新闻摘要、问答式检索、论坛服务、博客搜索、网站排名、情感计算、倾向性分析、热点发现、聚类搜索、信息分类等信息和知识。知识服务的提出与知识管理等概念的提出同技术的发展密切相关,其内涵在不断发展变化之中,有研究者对知识服务进行了总结,认为知识服务首先是一种观念:一种认识和组织服务的观念。从观念上看,知识服务之所以不同于传统的信息服务,主要表现在如下几个方面。

(1)知识服务是用户目标驱动的服务,它关注的焦点和最后的评价不是“我是否提供了您需要的信息”,而是“通过我的服务是否解决了您的问题”。传统的信息服务基点、重点和终点则是信息资源的获取。

(2)知识服务是面向知识内容的服务,它非常重视用户需求分析,根据问题和问题环境确定用户需求,通过信息的析取和重组来形成符合需要的知识产品,并能够对知识产品的质量进行评价,因此又称为基于逻辑获取的服务。传统信息服务则是基于用户简单提问和基于文献物理获取的服务。

(3)知识服务是面向解决方案的服务,它关心并致力于帮助用户找到或形成解决方案。因为信息和知识的主要作用体现在对解决方案的贡献,解决方案的形成过程,又是一个对信息和知识不断查询、分析、组织的过程。因为知识服务将围绕解决方案的形成和完善而展开,与此对应的传统信息服务则满足于具体信息、数据或文献的提供。

(4)知识服务是贯穿于为用户解决问题工程的服务,贯穿于用户进行知识捕获、分析、重组、应用过程的服务,根据用户的要求来动态地和连续地组织服务,而不是传统信息服务的基于固有过程或固有内容的服务。

(5)知识服务是面向增值服务的服务,它关注和强调利用自己独特的知识和能力,对现成文献进行加工形成新的具有独特价值的信息产品,为用户解决其他的知识和能力所不能解决的问题。它希望使自己的产品或服务成为用户认为的核心部分之一,通过知识和专业能力为用户创造价值,通过显著提高用户知识应用和知识创新效率来实现价值,通过直接介入用户过程的关键部分来提高价值,而不仅仅是基于资源占有、规模生产等来体现价值。

1.6.2　数字图书馆的作用

信息技术、通信技术、网络技术等发展推动了数字图书馆建设的迅速发展，数字图书馆建设对一个组织、一个国家，甚至全世界影响重大，具体可以概括为如下几个方面。

1. 数字图书馆是一个数字资源中心

传统图书馆向数字图书馆转化过程中，积累了大量的资源，为了能更好地保存资源、利用资源，资源的数字化是一种有效手段。经过十多年的发展变化，日积月累，数字图书馆拥有了海量的数字资源，此类资源包括卫星、遥感、地理、地质、测绘、气象、海洋等科学技术数据和人口、经济等统计数据。数字图书馆的建设很大程度上是一个数字资源中心的建设，数字图书馆的早期资源主要来源于纸质资源数字化，而随着网络技术的发展，电子出版物日益成为数字图书馆数字资源的主要来源。目前互联网也是数字图书馆数字资源一个庞大的来源地，通过对网络资源的加工整理，有越来越多的资源可供数字图书馆使用。

数字图书馆首先是资源的数字化，只有拥有充足的数字化资源，才能通过网络为广大用户提供优质的信息服务与知识服务。

2. 数字图书馆是一个教育平台

现代社会工作生活环境下，人们需要进行终生教育学习。但限于时间原因，每个人重新走入大学学习，是不太现实的。网络化数字环境下，数字图书馆成为业余教育中心、在职教育中心、趣味教育中心。在这里人们可以进行各种有益的学习与沟通，既能丰富人们的生活，又能提高人们的素养，为整个人类发展做出贡献。

3. 数字图书馆是传承文化的平台

图书馆承担着保存和传承人类文明的重要职责。在人类社会数千年的历史发展进程中，图书馆随着社会的发展而发展。在我国，图书馆的发展已有百年历史，改革开放后，我国形成相对完善的公共图书馆服务体系，为提升全民族素质、推动社会文明进步做出了重要贡献。

数字图书馆也是传承文化的平台，各种文化可以在这里得到延伸，人们通过网络，就可以方便地学习、了解各种文化历史。显然数字图书馆为各国家、各民族的文化传承与弘扬提供了支持。文化平台主要包括图书馆、博物馆、档案馆、大学、政府部门提供的各种文化资源。人们通过此平台可以便捷地获取有关历史文化的知识，加深对民族的认同感。通过该平台可以向世界展示各自的经济文化等各个方面的发展水平，为人类的文明进步和发展做出应有的贡献。

4. 数字图书馆是国家新信息基础设施的重要组成部分，成为国际高科技竞争中新的制高点

(1)数字图书馆将是21世纪全球文化科技竞争的焦点之一。由于美国以信息产业带动经济高速发展已成为不争的事实，因此西方各主要发达国家及许多发展中国家也都纷纷制订自己的信息社会发展计划，以求得在未来的竞争中立于不败之地。在网络时代，谁最先掌握了技术和资源库，谁就掌握了先机。这体现了启动中国数字图书馆工程的重要性。

(2)数字图书馆工程不仅是高科技项目，也是跨部门、跨行业的大文化工程，必须由政府出面来统一规划、组织和协调，并在资金和政策方面给予支持与保障。例如在1995年美国政府蓝皮书中数字图书馆被认定为"国家级挑战"，置于NII的高度上通盘考虑，这种政策上的倾斜，带动了美国科学界、产业界的高度重视，也带动了各种基金会在资金上的投入。

(3)数字图书馆工程已经获得了可靠的技术保障和可观的效益前景。以美国为代表的数字图书馆的建立和运行，十分有效地获得了信息资源的增值效益，在资源建设和知识创新方面取得明显的进展。同时，这些国家也明确了数字图书馆的基本构造、技术手段和运行方式，开发了相关技术和设备，并取得了十分宝贵的工程经验。

(4)不仅要开发数字图书馆，而且还要在此基础上，陆续把其他国家级的文化信息资源单位，如图书馆，档案馆，博物馆，文化艺术、音像影视，新闻出版、旅游、体育等有关的文化信息资源的精华，发展为数字式资源库，并用这些丰富的信息资源构成图书信息资源网，通过Internet向全球传播。

(5)在传统文化的电子时代，作为中华文明发源地的中国，并不一定理所当然地会成为全球最大的中文信息中心。建设中国数字图书馆工程，实际上也就是建设中文Internet。这对于我们继承和弘扬中华文化，力争在未来的全球性竞争中取得主动权具有重要的社会和经济意义。目前，已经有一些国家和地区在关注中文Internet的建设，如果我们不牢牢抓住机遇，就势必要在中文信息方面失去主导地位，从而丧失巨大的社会和经济利益。这体现了启动中国数字图书馆工程的紧迫性。

5. 数字图书馆是传统图书馆向现代化图书馆发展的必由之路

2011年在贵阳的图书馆学年会上，时任国家图书馆馆长、中国图书馆学会名誉理事长周和平比较好地诠释了数字图书馆的必由之路。他指出自20世纪90年代以来，计算机技术、网络技术和信息处理技术迅猛发展，深刻地改变了人们的学习方式、工作方式、生活方式和思维方式。20世纪70年代，第一台个人计算机出现，此后，计算机性能不断提高，迅速普及。与此同时，互联网开始进入人们的生活，1994年中国正式接入国际互联网，网络作为一种新的信息交流和通信工具，成为人们获取信息的重要来源。信息处理技术和多媒体技术飞速发展，并得到广泛应用，越来越多的文字、图片、声音、影像资料以数字形式出现，成为影响社会发展的重要力量。

越来越多的国家认识到信息对于提高国际竞争力、增强综合国力的重要性，相继提出了“信息高速公路”计划，建立信息网络，支持国家创新与经济社会发展，人类社会快步进入一个前所未有的信息化时代。在此背景下，数字图书馆作为网络环境下一种新的信息资源组织与服务形式应运而生。数字图书馆是网络环境和数字环境下图书馆新的发展形态，它利用现代信息技术，对海量、分布、异构的数字资源进行整合，形成有序的整体，通过各种媒体提供友好、高效的服务，使人们随时随地获取信息和知识。数字图书馆具有以下几个显著特点：①海量的资源规模；②有序的资源内容；③基于多种媒体的服务；④高度共享的平台。

正因为具有上述特点，数字图书馆作为图书馆发展的新形态，是图书馆在网络环境和数字环境下的必然选择和必由之路，其迅猛发展为传统图书馆提供了新的发展机遇和广阔的发展空间，大大提升了传统图书馆的服务能力，拓展了服务范围，丰富了服务手段，由此也深刻地改变了人们的学习习惯和获取知识的方式，越来越受到世界各国的普遍关注和社会公众的广泛欢迎。

一些发达国家乃至发展中国家陆续将数字图书馆建设作为国家信息基础设施的重要工程和国家级战略研究方向，进行研究和开发，世界图书馆事业全面进入数字图书馆发展时期。1990年日本国立国会图书馆启动“关西数字图书馆”计划，1993年英国启动“电子图书馆”计划，1994年和1998年美国先后启动“数字图书馆先导研究”一期和二期计划，2000年法国启动“文化精品数字化”项目，2005年欧盟启动欧洲“数字图书馆”计划，2009年联合国教科文组织正式开通世界数字图书馆网站，2010年中、日、韩三国国家图书馆共同启动“亚洲数字图书馆”计划。经过近二十年的发展，发达国家的数字图书馆研究与建设实践已经经历了资源的大规模数字化、关键技术的攻关研发和集成服务系统的建设等阶段，进入了较为成熟的稳步发展时期。

6. 数字图书馆能加快全球信息化进程，实现知识共享，缩小数字鸿沟

“数字鸿沟”又称为信息鸿沟（digital divide），本意是数字差距或者数字分裂。联合国开发计划署的顾问Dannisi指出，数字鸿沟实际上表现为一种创造财富能力的差距。

数字鸿沟的概念最先由美国国家远程通信和信息管理局（NTIA）于1999年在名为《在网络中落伍：定义数字鸿沟》的报告中提出。随后，数字鸿沟最早正式出现在美国的官方文件里面——1999年7月份美国官方发布的名为《填平数字鸿沟》的报告。2000年7月，世界经济论坛组织（WEF）向8国集团首脑会议提交专题报告《从全球数字鸿沟到全球数字机遇》。当年召开的亚太经济合作组织会议上，数字鸿沟成为世界瞩目的焦点问题。美国“全国城市联盟”的技术计划指导Keith Fulton认为，必须落实培训和教育方面的投资，数字鸿沟并不仅仅指是否拥有计算机。历史上发生过“工业革命”，但许多国家在工业革命中各行其道，许多国家落在后面。

美国商务部的“数字鸿沟网”把数字鸿沟概括为：“在所有的国家，总有一些人拥有社会提供的最好的信息技术。他们有最强大的计算机、最好的电话服务、最快的网络服务，也受到了这方面的最好的教育。另外有一部分人，他们出于各种原因不能接入最新的或最好的计算机、最可靠的电话服务或最快最方便的网络服务。这两部分人之间的差别，就是所谓的'数字鸿沟'。处于这一鸿沟的不幸一边,就意味着他们很少有机遇参与到以信息为基础的新经济当中,也很少有机遇参与到在线的教育、培训、购物、娱乐和交往当中。"这一定义主要从经济、技术角度入手,虽然没有包括文化、民族、性别、代际方面的差异,但是道出了数字鸿沟的主要原因和表现,因而具有一定的代表性。

一些学者也认为,所谓的"数字鸿沟"应当被称为"知识鸿沟"或者"教育鸿沟"。在互联网时代,个人计算机的主要用途已经由计算转化为信息搜索、信息交换和信息处理了。所谓"知识鸿沟",就是一方面闲置着大量的劳动力,另一方面,这些劳动力却因为知识储备不足而无法被吸收到最具价值创造潜力的、占国民经济比重高于 70%的经济过程中,从而不得不拥挤在只占国民经济价值总额 30%以下的传统农业和工业部门内。数字鸿沟的存在,造成许多不均等的机会出现,主要表现在如下。

(1)富国的先行优势

联合国秘书处公布的资料认为,通过信息技术和知识来创造价值的"新经济"是一种"富国现象"。少数发达国家特别是美国搭上了信息革命的头班车,在"知识权力"集中过程中,通过技术创新、产业重组和全球垄断获取"先行优势",已经牢牢占据了信息革命和知识经济的制高点。广大发展中国家尚处于工业化阶段,部分国家尚处于农业经济向工业经济转型时期,信息革命和知识经济的到来,使发展中国家肩负双重发展重任,部分国家不堪重负,已经被边缘化。

知识经济的出现,使信息(知识)和人才成为生产函数中极为重要的内生变量,这客观上弱化了发展中国家原有的普通劳动力、土地和资源优势,降低了发展中国家的国际竞争力和南南合作的潜力。知识和人才有其流动性和聚集效应,发展中国家知识创新体制落后、能力不足,而本国人才特别是高科技人才流失严重,遂在全球科技和人才竞争中处于下风。信息技术和产业在发育初级需要高投入,背负重债和财政困难的发展中国家无力承担大规模的信息基础设施建设,而普通民众也无力支付高额教育和通信费用,发展中国家在与信息秩序相关的规则制定过程中几乎无发言权和影响力。因此,越来越多的发展中国家和穷人被隔离在"数字鸿沟"另一边。南北国家"数字鸿沟"问题,是南北经济差距的产物,同时又加剧了这一差距,形成恶性循环。

(2)美国国内分化成为社会问题

美国的贫富差距自 1973 年以来已经达到创纪录的水平,信息化进一步推动财富在信息技术所有者、企业家和金融家中的高速集聚。富者愈富、贫者愈贫的现实及趋势,使社会不满情绪上升,不稳定因素增多。

(3)工作、学习和生活

位于鸿沟的更不幸运一方,就意味着有更少的机会参与到以信息为基础的新经济中。在这种新经济中,更多的工作与计算机相关。美国政府在其设立的"填平数字鸿沟"政府网站上指出了为所有美国人创造数字机会的重要意义:可获得计算机和互联网,并拥有使用这些技术的能力,对于充分地参与美国的经济、政治和社会生活来说,正变得越来越重要。

人们利用 Internet,寻求商品和服务的最低价格;在家工作或者创业,利用远程教学获得新的技能,在健康方面基于更多的信息而做出更好的决定。

使用这些技术对于工作来说越来越重要，而在迅速增长的信息技术部门中工作，更可获得几乎比其他部门高出80%的报酬。创造性地运用技术，同样可以在教师教学和学生学习的方式上形成很大的区别。在一些课堂里，教师使用 Internet 以跟上本专业的最新进展，和他们的同事交流授课计划，更多地和家长沟通。学生们则可登录美国国会图书馆，下载历史事件的原始文件，可以通过互联网，利用过去只有天文学专家才能使用的望远镜，探索宇宙奥秘；并且可以投身于更多的“边做边学”活动。同时还有基于互联网的可供其他学生利用的大量学习资源——有关濒危物种、声音的感知、美国法官制度探索等网站的建立，等等。

(4)数字鸿沟就是数字机遇

8国集团首脑会议结束后，以日本富士通和东芝为首的全球电子商务企业对话协会成员提出要为非洲50万个偏远村镇提供数字接入等。这些公司勇于承担解决数字鸿沟问题的重任其实还是从自身长远利益考虑，他们确信只有帮助大多数国家成为“网络经济和社会的正式参与者”，才能拓宽公司现有的市场规模。正如思科公司总裁钱伯斯所说，“所有参与因特网革命的公司都有机会去消除这场信息技术革命带来的数字鸿沟，同时它们也会最终享受到消除数字鸿沟后所带来的市场机遇。”

亚洲很多国家和地区都在认真对待数字鸿沟的风险，积极通过改善信息技术基础设施来使每个人分享信息和通信基础设施革命所带来的机遇。

一位世界银行集团高级官员曾经指出，低收入人群和国家若想分享信息和通信基础设施革命所带来的机遇，除了需要获得相关的高质量教育外，更为主要的是还需拥有能确保平等享用现代信息和通信技术的基础设施。

由此可见，数字鸿沟实际上是一种创造财富能力的差距。中国如何抓住机会实施方法得当的技术融入，跳过这一差距，直接进入信息技术和电子商务领域，是摆在我们面前的重要问题。但是如果这种融入进行不当，我们就可能完全错过机会。

在数字时代，计算机与互联网是日常生活中最重要的部分，图书馆特别是公共图书馆为公众开启了一扇通往全球信息之门，将全世界的信息带到每个社区，使所有社区成员能获取电子资源并发展技能，使之参与到全球经济活动中，这是图书馆对社区乃至国家的主要贡献。

正因为数字图书馆给社会带来巨大影响，各个国家、各个组织都在加紧实施数字图书馆工程项目，希望以此来加速信息、知识的共享，实现经济的新一轮发展。

1.7　数字图书馆典型工程项目

数字图书馆建设发展到现在，国外有二十多年历史，国内也有十多年历史，它的发展历史，很大程度上体现在数字图书馆工程建设的项目上。基于此，此部分主要介绍国内外主要的数字图书馆工程项目，这当中又以美国的建设起步最早，成就最为突出。

1.7.1 国外工程项目

欧美及亚洲一些发达国家和地区在数字图书馆方面起步较早,而且发展速度也较快。当中最为突出的是美国。美国于1991年率先开始研究数字图书馆,其水平目前已居世界各国前列。其后,英国、法国、德国、意大利等国也相继开始投入巨资开发本国的数字图书馆。此外,各国之间加强合作,美、英、法、日、加、德、意、俄8个国家的国家图书馆联合成立了一个名叫“G8数字图书馆联盟”的项目,内含各国文化历史精华,目前已完成。

在亚洲,日本的数字图书馆投资4亿美元建设日本国会图书馆关西工程,并于2002年完成一期工程。其成为当时日本最大的数字图书馆及亚洲地区的文献提供中心。新加坡政府在1994年就提出了“2000年图书馆发展”计划,建立一个无边界电子图书馆网络,把全新加坡的公共图书馆和500多个学术与专业数据库连接起来。其后,又于1996年3月成立了一个华文国际网络指导委员会,其目标是要使新加坡成为一个华文因特网的发展中心。我国台湾地区也于1994年制订了建设“亚太智能信息服务中心”计划,该计划投资额上百亿美元,准备用6年时间完成。由于美国的数字图书馆项目具有很强的示范效应,本节主要以美国的数字图书馆项目为例介绍。

1. 美国数字图书馆首创计划一期(Digital Library initiative 1,DLI-1)

该项目由美国国防部、美国国家航空航天局、国家基金委合作出资,由加州大学伯克利分校、加州大学圣巴巴拉分校、卡内基梅隆大学、伊利诺伊大学厄尔巴那分校、斯坦福大学、密西根大学6所大学分别承担,工程为期4年,总投资2 440万美元。

2. 美国数字图书馆首创计划二期(Digital Library initiative 2,DLI-2)

DLI-2在DLI-1的基础上,从多方面促进数字图书馆的研究与发展,资助单位由原来的3个增加到7个,新增加的4个分别为国会图书馆、国立医学图书馆、人文学科基金、联邦调查局,工程总投资到2000年为止达到6 000万美元。DLI-2从纵深领域扩大了数字图书馆的应用领域。

3. 美国记忆(American Memory)

“美国记忆”是由美国国会图书馆发起的,主要宗旨是要“组合成一个数字图书馆,其馆藏为原始资料的复制品,用以支持对美国历史和文化的研究”。该项目从1995年到2000年,实现500万件文献的数字化,是美国建国以来的历史遗产文化的集中反映。

4. 美国国家科学数字图书馆(National Science Digital Library,NSDL)

该项目1998年由NSF赞助建立,旨在成立拥有一个科学、数学、工程与技术资源的在线图书馆。NSDL致力于在互联网上建立一个实用的可供广泛接入和方便使用的分布式资源网络与学习机制。在这个环境中,个人或集体可充分和动态地调用各种数字化资料、实时数据集、多媒体数据、学习与模拟软件、虚拟现实系统、合作学习系统、远程实验室、虚拟实验室等学习资源和工具,来检索、参考、核实、集成和传递信息,对数据进行个性化处理,在数据和工具基础上进行合作学习。项目为期3年,总投资6 000余万美元。

5. G8 全球数字图书馆联盟

1995 年 5 月 29 日，法、日、英、加、德、意等国的国家图书馆在法国成立 G7 全球数字图书馆集团，1996 年俄罗斯加入组成 G8 集团，并开始实施全球信息示范计划（Global Information Society Pilot Project），目标是从现存的数字化项目中组织一个大型的人类知识的虚拟馆藏，通过网络为广大公众服务。近几年又有 6 个新成员加入联盟，包括比利时、捷克、瑞士、西班牙、葡萄牙以及荷兰。G8 是数字图书馆联盟的成功典范，数字图书馆发展的趋势也是走联盟、联合与合作之路，从而有效节约成本，最大限度地实现资源共享。

6. OCLC

OCLC 创建于 1967 年，总部在美国俄亥俄州都柏林，全名 Online Computer Library Center，是世界上最大的提供网络文献信息服务和研究的机构。它是一个面向图书馆的、非营利性质的组织，以推动更多的人检索世界范围内的信息、实现资源共享并减少获取信息的成本为主要目的。OCLC 主要提供以计算机为基础的联合编目、参考咨询、资源共享和保存服务。据统计，使用 OCLC 产品和服务的用户已有 86 个国家与地区的 45 000 个图书馆和教育科研机构。

7. IBM 数字图书馆计划

“IBM 数字图书馆计划”将信息存储、管理、查询检索与发行集成在一起，面向各类信息源，使信息源用户能方便地将自有信息转化为数字化多媒体形式，并在广域网上传播。该计划共有 14 个项目：EMI（百代）音乐出版发行项目、Lutherhalle Wittenberg 博物馆项目、Marist 学院项目、佛罗里达州立大学数字图书馆项目、梵蒂冈图书馆项目、科学信息研究院项目、洛杉矶市立图书馆项目、印第安纳大学音乐学院音乐数字图书馆项目、德温特信息公司专利信息数字图书馆项目、CWRU 大学数字图书馆项目、西班牙档案馆数字图书馆项目、清华大学数字图书馆项目、中国石油天然气总公司档案数字图书馆项目、中国历史地图集电子版资源库项目。

8. Google 数字图书馆计划

Google 为了实现其“组织全球信息，并使之在全球范围内可获取和可利用”的使命，在 2004 年 7 月推出了 Google Print 服务，与五大图书馆的合作计划（Google Print Library Project）是其中的一个组成部分。此前，Google 在与出版商的合作项目（Google Print Publisher Program）中，已与多家出版社建立合作关系，收集这些出版社已出版或即将出版的出版物，同时也与作者建立联系，收集他们自出版或已经不再版的图书。Google 为了获得更多的图书来源，才推出了与图书馆的合作计划。在这项计划中，预计数字化图书数量将达到 3 000 万册。从目前情况来看，Google 同目前参与合作的几家图书馆签署的合同各不相同。

参与 Google 数字图书馆的五个合作方，并不是毫无保留地奉献出其全部馆藏。斯坦福大学最初计划先提供 200 万册，并最终准备将其 800 万册藏书全部进行数字化处理。哈佛大学图书馆虽然馆藏图书最多，共有 1 500 万册，但出于对图书的保护，只打算先让 Google 扫描其馆藏图书中的 4 万册，如果 Google 能保证在扫描过程中不对图书造成任何损伤，哈佛大学图书馆愿意把所有馆藏图书制作成电子版放到网上。出于对版权问题的慎重考虑，组约公共图书馆提供的馆藏最少,只同意将已进入公共领域的图书中的一部分制作成电子版,但其中有不少为易碎的珍藏。将这些图书数字化制作成电子版后,Google 将根据图书的版权情况提供不同层次的服务。对于已进入公共领域的图书(即版权保护期已过),Google 允许用户浏览图书的全文,这其中包括许多珍贵的绝版原著;对于那些仍受版权保护的图书,如果能与这些出版物的出版商或作者建立合作关系,将根据协商的程度,在网上提供其部分章节或全文,如果未能建立联系,那么在网上只会刊登节录,用户只能在网上阅读其目录、内容摘要或专家评论。用户通过 Google Print 不仅能够根据书名、ISBN 等属性检索,还能对图书进行全文检索,查看图书的相关信息以及有关该书的在线评论。同时 Google 与一些在线销售商建立链接,提供图书的网上购买途径。此外,Google 已将 OCLC 的联合目录纳入其索引库,用户通过输入地址代码,可以获得图书收藏馆的信息(但目前仅限于美国)。

9. 其他

此外还有英国的电子图书馆项目(eLIB)、日本的数字图书馆联合研究项目、法国的国家书目数据库项目、加拿大的国家数字图书馆创始计划、德国的科学图书馆的现代化和理性化项目、澳大利亚的国家图书馆和博物馆的数字化项目、新加坡的 2000 年图书馆发展计划等项目。

1.7.2 国内工程项目

1996 年,第 62 届国际图书馆协会联合会(IFLA)大会在北京召开,数字图书馆成为该会议的一个讨论专题,数字图书馆工程建设才开始在国内启动。IBM 公司和清华大学图书馆联手展示"IBM 数字图书馆方案"。1997 年 7 月,"中国试验型数字式图书馆"项目由文化部向国家计委(现国家发展和改革委员会)立项,由国家图书馆、上海图书馆等 6 家公共图书馆参与,该项目的实施是中国数字图书馆建设开始的标志。1998 年,在国家科技部的支持和协调下,国家 863 计划智能计算机系统主题专家组设立了数字图书馆重点项目——中国数字图书馆示范工程,这是一个由国内许多单位联手参与的大文化工程。该工程于 1999 年启动,首都图书馆成为中国数字图书馆工程首家示范单位,从此数字图书馆在中国开始升温。1998 年 10 月,文化部与国家图书馆,启动了中国国家数字图书馆工程,该工程由中国数字图书馆有限责任公司负责,标志着中国数字图书馆工程进入实质性操作阶段。1999 年初,国家图书馆完成数字图书馆试验演示系统的开发。同年 3 月,国家图书馆文献数字化中心成立,年扫描量 3 000 万页以上。与此同时,部分省、市的数字图书馆研究项目也开展起来,如辽宁省数字图书馆项目、上海数字图书馆项目的研究。2000 年底,文化部在海南召开中国数字年图书馆工程资源建设工作会议,讨论制定《中国数字图书馆工程一期规划(2000—2005 年)》,推荐使用资源加工的标准规范。2000 年 1 月,北京世纪超星信息技术发展有限责任公司投资兴建数字图书馆,即超星数字图书馆,它应用世纪超星自主开发的图像扫描资料数字化技术,使扫描的图像能直接在网络上迅速传输,跨越了图书档案资料必须转化为文本的传统思路。同年 5 月,超星数字图书馆被列入"国家 863 计划中国数字图书馆示范工程",成为图书馆数字化的国家标准。当时,超星数字图书馆所拥有的数字图书数量位居全国商业网站之首，馆藏图书资料超过 3 500 多万页（10 余万册），并且以每天新增图书资料 10 多万页的速度迅速扩容。美国加州图书馆管理专家评价说："就技术和规模而言，超星数字图书馆系统已在全世界居于领先地位，与之相比，美国至少要落后五年。"2001 年初，国家计委批准立项"全国党校系统数字图书馆建设计划"，总投资达 1.9 亿元。北京大学、东北师范大学等院校相继成立数字图书馆研究所，在全国范围内掀起了数字图书馆建设和研究的高潮。2001 年 5 月 23 日，国家重点科技项目"中国试验型数字式图书馆"通过专家技术鉴定，中国数字图书馆已经进入初步实用阶段，中国的数字图书馆研究、建设已经初具规模。此外，广东省立中山图书馆、南京图书馆、辽宁省图书馆、深圳图书馆、首都图书馆、清华大学图书馆、复旦大学图书馆等的数字化建设都取得了一定的进展，并在图书馆主页上开辟了"数字图书馆"窗口。以下简单介绍国内目前使用广泛的几个数字图书馆工程项目。

1. 超星数字图书馆

超星数字图书馆成立于 1993 年，是国内专业的数字图书馆解决方案提供商和数字图书资源供应商，是国家 863 计划中国数字图书馆示范工程项目，2000 年 1 月，在互联网上正式开通。它由北京世纪超星信息技术发展有限责任公司投资兴建，涉及哲学、宗教、社科总论、经典理论、民族学、经济学、自然科学总论、计算机等各个学科门类，包括数百万册电子图书、500 万篇论文，全文总量 10 亿余页，数据总量 1 000 000 GB，提供大量免费电子图书，并且每天仍在不断地增加与更新，为当时世界最大的中文在线数字图书馆。

2. CNKI 数字知识库

国家知识基础设施（National Knowledge Infrastructure，CNKI）的概念，由世界银行于 1998 年提出。CNKI 工程是以实现全社会知识资源传播共享与增值利用为目标的信息化建设项目，由清华大学、清华同方发起，始建于 1999 年 6 月。在党和国家领导以及教育部、中共中央宣传部、科学技术部、国家新闻出版署、国家版权局、国家发展和改革委员会的大力支持下，在全国学术界、教育界、出版界、图书情报界等社会各界的密切配合和清华大学的直接领导下，CNKI 工程集团经过多年努力，采用自主开发并具有国际领先水平的数字图书馆技术，建成了世界上全文信息量规模最大的"CNKI 数字图书馆"，并正式启动建设《中国知识资源总库》及 CNKI 网络资源共享平台，通过产业化运作，为全社会知识资源高效共享提供最丰富的知识信息资源和最有效的知识传播与数字化学习平台。

CNKI 工程的具体目标：一是大规模集成整合知识信息资源，整体提高资源的综合和增值利用价值；二是建设知识资源互联网传播扩散与增值服务平台，为全社会提供资源共享、数字化学习、知识创新信息化条件；三是建设知识资源的深度开发利用平台，为社会各方面提供知识管理与知识服务的信息化手段；四是为知识资源生产出版部门创造互联网出版发行的市场环境与商业机制，大力促进文化出版事业、产业的现代化建设与跨越式发展。

3. 百度文库

百度文库是供网友在线分享文档的开放平台。基于该平台，用户可以在线阅读和下载涉及课件、习题、考试题库、论文报告、专业资料、各类公文模板、法律文件、文学小说等多个领域的资料，不过需要扣除相应的百度积分，平台所累积的文档，均来自热心用户上传。百度自身不编辑或修改用户上传的文档内容。用户通过上传文档,可以获得平台虚拟的积分奖励,用于下载自己需要的文档。下载文档需要登录,免费文档可以登录后下载,对于上传用户已标价了的文档,下载时则需要付出虚拟积分。当前平台支持主流的.doc(.docx)、.ppt(.pptx)、.xls(.xlsx)、.pdf、.txt 文件格式。百度文库是 web2.0 发展模式下的产物,充分利用 web2.0 环境用户的智慧,实现共享共取的数字资源库。

4. CALIS 项目

中国高等教育文献保障系统(China Academic Library & Information System,CALIS),是经国务院批准的我国高等教育"211 工程""九五""十五"总体规划中三个公共服务体系之一。CALIS 的宗旨是,在教育部的领导下,把国家的投资、现代图书馆理念、先进的技术手段、高校丰富的文献资源和人力资源整合起来,建设以中国高等教育数字图书馆为核心的教育文献联合保障体系,实现信息资源共建、共知、共享,以发挥最大的社会效益和经济效益,为中国的高等教育服务。

CALIS 管理中心设在北京大学,下设了文理、工程、农学、医学 4 个全国文献信息服务中心,华东北、华东南、华中、华南、西北、西南、东北 7 个地区文献信息服务中心和 1 个东北地区国防文献信息服务中心。从 1998 年开始建设以来,CALIS 管理中心引进和共建了一系列国内外文献数据库,包括大量的二次文献库和全文数据库;采用独立开发与引用消化相结合的道路,主持开发了联机合作编目系统、文献传递与馆际互借系统、统一检索平台、资源注册与调度系统,形成了较为完整的 CALIS 文献信息服务网络。迄今参加 CALIS 项目建设和获取 CALIS 服务的成员馆已超过 500 家。"十五"期间,国家继续支持中国高等教育文献保障系统公共服务体系二期建设,并将"中英文图书数字化国际合作"计划(CADAL)列入该公共服务体系建设的重要组成部分,项目名称定为"中国高等教育文献保障体系-中国高等教育数字化图书馆"(China Academic Digital Library & Information System,CADLIS)。项目和总体目标明确为:在完善"九五"期间中国高等教育文献保障系统(CALIS)建设的基础上,到 2005 年底,初步建成具有国际先进水平的开放式中国高等教育数字图书馆。它将以系统化、数字化的学术信息资源为基础,以先进的数字图书馆技术为手段,建立包括文献获取环境、参考咨询环境、教学辅助环境、科研环境、培训环境和个性化服务环境在内的六大数字服务环境,为高等院校教学、科研和重点学科建设提供高效率、全方位的文献信息保障与服务,成为中国经济和社会发展的重要基础设施。CALIS 管理中心在"十五"期间继续组织全国高校共同建设以高等教育数字图书馆为核心的文献保障体系,开展各个省级文献服务中心和高校数字图书馆基地的建设,进一步巩固和完善 CALIS 三级文献保障体系,为图书馆提供"自定义、积木式、个性化"的数字图书馆解决方案,大力提高 CALIS 综合服务水平,扩大 CALIS 服务范围,为高等教育事业和经济文化科技事业的发展发挥更大的作用,取得良好的社会效益和经济效益。

5. 国家数字图书馆工程项目

国家图书馆是最早研究数字图书馆的机构之一,1995 年成立研究小组开始跟踪国际数字图书馆的建设与发展趋势及技术。国家图书馆一期馆舍于 1987 年建成,但由于其逐渐不能满足广大用户的需求,1999 年决定扩建二期馆舍并与数字图书馆建设项目合并。二期工程业务建设的重点是数字图书馆业务功能的实现，以及中文书刊和电子资源的服务扩展。二期建设总体目标是：①数字时代继续履行国家图书馆的职能，有重点地采集、建设和长期保存数字资源，在互联网上形成过大规模的、高质量的中文数字资源群，建成世界上最大规模的中文数字资源保存基地；②建设支撑数字资源生命周期管理的技术支撑平台；③通过国家骨干通信网向全国全球提供高质量的、以数字中文信息为主的服务，建成世界上最大的中文数字资源服务基地；④构建以国家图书馆为服务中心，以国内各大图书馆为服务节点的数字资源传递和服务体系，构建国家数字图书馆与国内各大公共图书馆数字资源的无缝传递与服务体系，为其他行业、数字图书馆系统提供支撑服务体系，为全国文化信息资源共享工程提供服务支撑。

截至 2007 年底，国家图书馆拥有传统馆藏文献 2 631 万册（件），数字资源约 200 TB。其中自建数字资源约 130 TB，外购中文数据库 55 个，外文数据库 72 个，包括中外文期刊、图书、学位论文、会议论文等全文 160.8 万篇，外文会议论文全文 6 279 种等，几乎涵盖了各个学科领域。在自建数字资源中，古代文献主要包括特色馆藏数字化影像与全文数据，有甲骨、拓片、敦煌文献、地方志、西夏文献等，约占自建数字资源总量的 15%；近现代文献包括民国家图书馆书、民国期刊、博士论文、中文电子图书、在线讲座与展览、馆藏书目数据、全国联合编目数据、音频、视频等，约占自建数字资源总量的 85%。其中 67%的数字资源已通过互联网提供使用，其他部分待存储系统建成后陆续公开发布。同时，国家图书馆在外购数据库建设中加大了争取使用范围和权限的力度，目前已有 30 个数据库可通过代理服务器访问，41.8 万册中文电子图书可通过读者卡远程访问，18 个数据库可通过远程账号访问。此外，国家图书馆还将在解决知识产权问题的前提下，争取每年购买并在广域网发布电子新书 1 万种，提供使用的数据库不少于 100 个，其中全文数据库不少于 60%。

第2章 数字图书馆发展演化

数字图书馆的发展是随着经济、信息技术、信息素养、信息需求的发展而演化的。经济的发展是数字图书馆发展的基础,信息技术的快速发展是数字图书馆发展的动力,而人的信息素养与信息需求的变化为数字图书馆的发展提供了方向。数字图书馆的发展变化应以满足人们的信息需求为目的,随时为人们提供信息服务、知识服务,为社会的经济发展服务。

随着信息技术特别是网络技术的发展,信息资源急剧增加,信息越来越海量化,人们面对海量信息也开始感觉到无所适从,越来越难以找到自己所需要的信息。为改变这种状况,图书馆开始以信息资源、信息服务为发展重点,自动化、系统化思想开始在各个图书馆得到体现。数字图书馆的建设计划也随之成形。数字图书馆的出现是历史的必然,它改变了人们获取信息资源的方式,也改变了人们的生活方式。不管是哪种形态的图书馆,都是为了帮助人们更好地获取信息,图书馆可以将原先分散的、无序的信息资源进行集中化、有序化、可存储化、可传播化、可获取化,通过该平台人们可以有效、方便地获得自己想要的信息或知识。本章主要从不同角度来探讨数字图书馆发展演化的进程。

2.1 数字图书馆概念内涵

目前世界范围内出现数字图书馆研究热潮,由于研究角度不同,研究者们对数字图书馆概念的理解与定义也就不同,正如 Marchionini 在《图书情报学百科全书》的“数字图书馆研究与发展”一章中指出的那样,“数字图书馆是在不同群体中有不同意义的概念。对于工程和计算机科学群体而言,数字图书馆是一个管理结构化的多媒体数据的新型分布式数据库服务设施的隐喻。对于政治与商业群体而言,这个词代表一种新的世界情报资源与服务的市场。对未来派群体而言,数字图书馆代表着威尔士的世界大脑的表现形式”。

美国国会于 1993 年通过《电子图书馆法案》(Electronic Library Act of 1993),该法案认为电子图书馆系统应具有四个方面的特征:①利用一系列技术能够将包括教育和研究在内的大量信息发送到家庭、学校和社区,并能提供检索;②交互的多媒体程序为正规的和非正规的教育与学习,尤其是科学、数学、地理、语言和综合性学科领域的教育与学习提供帮助;③这些信息与服务可提高生产率,能为每个人的生活提供新的选择,并能改善他们的生活水平;④这些信息与服务必须是每一个人都能享受的。

1995 年召开的美国联邦信息基础结构与应用项目(IITA)数字图书馆专题讨论会指出“数字图书馆是向用户群体提供便于查找、内容庞大的、经过组织的信息和知识存储库的手段的系统。这个信息组织的特点是没有预知的关于信息使用的详情。用户进入这个存储库,重新组织和使用之。这种能力由于数字技术的能力而大大增强”。

1997 年 3 月美国国家科学基金会(NSF)桑塔菲分布知识工作环境计划研讨会提出,数字图书馆的定义不仅是数字化的收益与信息管理工具两者的对应词,它更应是一种环境,这个环境将收藏、服务方式及人结合起来,以支持数据、信息和知识的搜集、传播、利用及储存。

从数字图书馆的概念、内涵可以看出,数字图书馆发展演化趋势是渐进式的。同时也表明信息用户对数字图书馆的一种期望。

2.2 数字图书馆服务模式

从数字图书馆服务模式角度看,可将其分成 1.0 与 2.0 阶段。图书馆 2.0 概念最早出现在“Campus Library 2.0”一文中,之后相继有不同的研究者在不同的场合提出图书馆 2.0 的概念,对图书馆 2.0 做了不同的阐释。其中 TALIS 的白皮书 *Do Libraries Matter? The rise of Library* 2.0 提出了图书馆 2.0 的几项原则:①图书馆无处不在;②图书馆没有障碍;③图书馆鼓励参与;④图书馆使用具弹性的最好的单项系统;⑤图书馆 2.0 应该能够激发热情;⑥能集成一体化的图书馆知识服务;⑦能使服务对象扩大化。该白皮书对图书馆 2.0 进行了比较好的阐述。

Michael Casey 在“Library Crunch”中对图书馆 2.0 的解释是“图书馆 2.0 是一个能够让图书馆快速地反映市场需求的运作模式。这并不表示要放弃既有的读者或使命。它是一种快速改变的、弹性的组织架构,是 web2.0 工具及使用者参与的哲学,能够使图书馆处于一个更加巩固的位置,并有效地、有效率地满足更多使用者的需求”。

图书馆 2.0 与图书馆 1.0 相比,更具有个性化和丰富性以及信息服务的多样性,但图书馆 2.0 并不是图书馆 1.0 的替代,而是一种补充。或者说,图书馆 1.0 是基础,图书馆 2.0 是升华。图书馆 2.0 的精髓就是以人为本,提升用户使用数字图书馆的体验。相比于图书馆 2.0,图书馆 1.0 时代用户极少参与图书馆的信息建设,用户的地位是被动的,只是信息的消费者,而不是信息的制造者。J. Maness 对图书馆 1.0 和图书馆 2.0 做了比较,指出图书馆 2.0 不仅是关于搜索的,还是发现的;不仅是访问的,还是共享的;不仅作为人类个体搜索和利用信息,而且作为社群也是如此。图书馆 1.0 与图书馆 2.0 在服务模式上的差别,形成了数字图书馆两个不同的发展阶段。

2.3　数字图书馆体系结构角度划分

从数字图书馆体系结构来看,可将数字图书馆的发展阶段划分为基础结构阶段,分布式结构阶段,基于网络、P2P、面向服务、Cyberinfrastructure 的下一代结构阶段。随着信息技术的发展以及数字图书馆面临的具体需求,人们对数字图书馆提出更多要求,其体系也随之演化。数字图书馆体系结构的演化也充分体现了数字图书馆的发展演化过程。

1. 基础结构阶段

数字图书馆建设最初体系结构采用两层结构,两层模式将更多的任务放在客户端处理,加重了客户端的负担。IBM 提出三角形客户机/服务器模型的数字图书馆体系架构,该结构包括图书馆服务器、对象服务器以及客户机,核心是图书馆服务器。三角形结构中,数据层数据直接送回到用户,无须经过中间层,而用户只能访问服务器,保证了数据的安全性,数据传输减少,系统性能得到提高。1995 年,Robert Kahn 和 Robert Wilensky 在"分布式数字对象服务的框架"一文中提出 Kahn-Wilensky 信息体系结构,即后来所说的 K-W 结构。文中阐述了通过句柄(Handle)机制有效实现分布式数字对象的识别、调用等服务。William Y. Arms,Christophe Blanchi,Edward A. Overly 在 K-W 结构基础上,提出数字图书馆体系结构的八条原则,并将数字图书馆的体系结构描述为用户界面、句柄系统、搜索引擎系统、资源库系统四个部分。

2. 分布式结构阶段

解决分布式异构环境下信息资源的共享,主要采用中间件技术,出现了很多基于协议解决方案的中间技术,比较典型的有 Z39. 50、OAI、Dienst、Emerge、SDLIP 等。

3. 基于网络、P2P、面向服务、Cyberinfrastructure 的下一代结构阶段

2004 年 6 月在意大利召开的"数字图书馆的体系结构:对等网、网络和面向服务"会议中,学者围绕网络(grid)、对等网(peer to peer network,P2P)与面向服务(service-oriented architecture,SOA)等技术讨论构建数字图书馆新体系结构问题。德国的 Ingo Frommholz 在"Supporting Information Access in Next Generation Digital Library Architecture"一文中也指出网络、对等网与面向服务等技术构建下一代数字图书馆体系结构成为可能:①设计高效低成本的下一代数字图书馆体系结构,使数字图书馆技术向更广泛的用户群体开放;②快速适应 DL 服务及相关 IT 领域的发展;③促使更广泛的内容与服务提供者的动态联邦模式。文中列举了三种典型的数字图书馆体系结构:①基于网络的虚拟数字图书馆体系结构,该体系结构的典型代表是 DILIGENT 项目,其目标是构建一个有成本效益的为大量动态虚拟 e-Science 组织提供存取知识共享和合作研究的安全、可协调、动态的试验平台。②面向服

务的分布式的数字图书馆体系结构,该体系结构典型代表是BRICKS系统,目标是设计、开发和维持一个文化遗产领域面向用户和服务的知识资源共享空间。③基于web的集中式文档协作体系结构,该结构典型代表是COLLATE系统,它是为分布式用户群而设计的基于内容和注释工作的知识工作环境。它既支持单个用户工作模式,也支持某一领域专家之间的资源共享和合作研究模式。Atkins报告提出了“Revolutionizing Science and Engineering Through Cyberinfrastructure”,报告将Cyberinfrastructure定义为全面整合硬件、软件、网络、中间件的系统,它支持基于Internet的高级数据获取、存储、管理、整合、挖掘与可视化。同时报告对Cyberinfrastructure与Infrastructure进行了比较,认为Cyberinfrastructure是分布式的计算机、信息与通信技术体系结构,它是一种具有高度自动化、高信息量、高度合作协作分享的网络环境。如果Infrastructure为满足工业经济需求而产生的话,那么Cyberinfrastructure是为满足知识经济需求而产生的。由此可见,数字图书馆发展到今天,应该基于Cyberinfrastructure为用户在广域网环境中提供知识层次的增值服务,更好地满足科学与研究工作的需要。

2.4 数字图书馆建设内容角度划分

从数字图书馆建设的主要内容来看,可将数字图书馆的发展演化划分为数字化技术与概念探索阶段,数字图书馆的自动化阶段,数字图书馆的建设阶段,数字图书馆信息、知识集成服务与增值信息服务阶段。各阶段具有渐进层次关系,体现了数字图书馆发展建设的演化过程。

1. 数字化技术与概念探索阶段

1945年,美国著名科学技术管理学家布什(V. Bush)先生在《大西洋月刊》上发表了“As We May Think”一文。文中首次提出将传统的图书馆馆藏文献的储存、查找机制与计算机结合起来,构思并描述了他所设想的一种Memex装备机械化的个人文档与图书馆,即台式个人文献工作系统,能存储、记录和通信的装置。1948年美国数学家维纳(N. Wiener)成为第一个指出电子计算机将在图书馆运作中大显身手的学者。1965年,Licklider将全计算机化的图书馆命名为“未来的图书馆”(library of the future)。Ted Nelson于1974年发明并命名了“超文本”(hypertext)和“超空间”(hyperspace)概念,探讨了数字图书馆的定义与结构等问题,但未曾真正建立起一个可运作的系统。1978年美国著名图书馆学家兰卡斯特(F. W. Laneaster)出版了《走向无纸的时代》和《电子时代的图书馆员》两部论著,描述了电子图书馆的前景。1979年英国不列颠图书馆的哈利(A. J. Harley)提出了“虚拟图书馆”的概念。20世纪80年代中期,日本政府曾制订过建设电子图书馆的计划。1988年NSF的伍尔夫(W. Wulf)撰写国际合作白皮书时正式提出了数字图书馆的概念。1989年M. Kibby与N. H. Evans在“网络就是图书馆”一文中指出:“理想的电子图书馆并非一个存储一切信息的单个实体。它通过网络提供系列化的收藏和服务。"1992 年,A. J. Harley 将虚拟图书馆定义为"利用电子网络远程获取信息与知识的一种方式"。

2. 数字图书馆的自动化阶段

1988 年,NSF 实施"水星计划",目的是利用现代技术建立一个规模较大的电子图书馆演示模型。1989 年,卡内基梅隆大学进行图书馆自动化研究,目标是建立一个电子传输全文系统。1991 年,伊利若斯技术学院国际关系系图书馆进行电子文献储存,用于国际关系与商业活动方面的资料收集。1993 年,哥伦比亚大学实施"两面神计划",提供联机检索法律文献。该时期的图书馆项目,主要是实现图书馆的自动化,代替人进行图书馆的各项工作。

3. 数字图书馆的建设阶段

1993 年,各国有关信息高速公路规划的出台,使数字图书馆建设更加火热。1993 年,NSF、DARPA、NASA 联合发起数字图书馆先导计划(Digital Library Initiative,代号 DLI),其中 1994—1998 年阶段被称为 DLI-1,第二期工程 1999 年正式开始,被称为 DLI-2。随着美国数字图书馆先导计划的实施,"数字图书馆"一词迅速被计算机科学界、图书馆界,以及其他各领域所采纳,数字图书馆的研究也如火如荼地进行,数字图书馆项目在全世界范围内迅速铺开。

4. 数字图书馆信息、知识集成服务与增值信息服务阶段

该阶段主要解决在异构分布式环境下资源的互操作问题,同时强调在海量的数字资源中,怎样为用户提供有用的知识,注重信息的增值服务问题。

2.5 著名学者观点

许多学者也根据研究数字图书馆的发展变化,给出其独到的观点,现列举如下。

(1)美国锡拉丘兹大学信息学院秦健博士引用美国学者研究成果对数字图书馆概念演变做了归纳:"利用数字技术给用户提供检索信息和知识的系统"(Lynch,1995),"为支持用户处理直接或间接数字/电子信息物件的服务、信息资源及其组织、结构、展示集合体"(Leiner,1998),"电子资源与创造、查找、使用信息的技术的集合……"(Borgman,1999),"数字图书馆是提供资源,包括专业人员在内,来选取、构建、标引、诠释、发行、保存、数字著作,并保证其一致性的组织"(DLF,2000)。同时他认为美国数字图书馆的形式演变分为下面几个阶段:20 世纪 90 年代,主要以国家基金支持为主导的研究型项目产生的 DL,它独立于常规图书馆的数字资源,检索利用通过独立的系统实现。21 世纪初,主要是学术团体、出版商、政府部门、教育界实用型 DL,其数字资源与常规图书馆资源并进,检索利用仍然通过独立系统实现，但是系统间的相互连接逐渐形成。现今，主要是网络社区、兴趣团体参与型DL，并且数字图书馆数字资源多样化，表述深化、专业化，检索途径和结果显示一站化、多维化。

（2）1994 年，新加坡国家图书馆编写的《2000 年的图书馆》一书中对图书馆发展范式演变做了总结性描述：①从图书的保管者到面向服务本位的信息提供者；②从单一媒体到多媒体；③从本馆收藏到无边界图书馆；④从我们到图书馆去到图书馆来到我们中间；⑤从按时提供到及时提供；⑥从馆内处理到外包处理；⑦从区域服务到国际服务。现在数字图书馆正朝着以用户信息活动为中心的方向发展，用户在这种虚拟的信息空间中方便地获取自己所需的信息资源。

（3）LiLi LI“在 Building the Ubiquitous Library in the 21st Century”（构建 21 世纪的泛在图书馆）一文中提出图书馆应该是泛在的，体现在：①基于 web 的，泛在图书馆应充分进行 Internet 及 WWW 的传递和发布信息资源与服务。②24 * 7，现代泛在图书馆应该是每周 7 天，每天 24 小时，不受时间与地域限制的。③开放获取，开源软件是当前数字时代软件工程与 IT 解决方案的发展趋势，开放获取也成为 21 世纪泛在图书馆的关键特征。除了为特殊用户提供基于密码保护的信息资源和服务外，泛在图书馆应该为全球用户提供开放获取的资源，特别是开放获取期刊中的学术性信息。没有这个特点，泛在图书馆就失去了它在 21 世纪的主要吸引力。④多种形式，泛在图书馆应该能够动态地、无缝地提供异质信息。现代网络技术为图书馆通过多种格式提供信息提供了解决方案，这些格式包括文本、PDF、图像、幻灯片、音频和视频等。⑤多语种，泛在图书馆应该能够为全球范围内不同文化背景的用户提供多语种支持，这样用户就可以毫无困难地存取这些信息，无论他们的英语水平怎么样。而且，泛在图书馆作为知识信息社会的动力发动机，自然地应该包括多语种支持这个特点。⑥全球化，21 世纪的泛在图书馆应该成为世界范围内知识和信息的门户，这意味着它要为全球用户提供服务，无论他们的年龄、性别、肤色、种族、宗教、语言能力、计算机技术和信息素质如何。现实中，泛在图书馆已经存在。泛在图书馆的重要性已经不仅仅停留在物理层面，它的真正力量在于它将成为“知识信息社会的动力发动机”。21 世纪泛在图书馆的使命是以因特网和万维网为平台，通过多种格式、多种语言为全球用户存取、定位、转换、传递各种异质的信息提供帮助。各类信息技术的未来发展将为泛在图书馆提供更新的用于传递信息、服务和教育的方式。泛在图书馆方面，版权问题仍然是信息资源转换和传递的主要障碍。Google 和出版商之间法律争端的最终结果将会对泛在图书馆的发展产生重要影响。21 世纪，世界和平的长期保持和全球经济的持续发展将会极大地促进泛在图书馆的发展和进步。

以上分别从不同的角度描述了数字图书馆的发展演化，同时表明这种变化是与经济、技术、社会环境等因素紧密相关的。不同时期，人们对数字图书馆要求不同，期望不同。现今数字图书馆的发展应该是以用户信息活动为中心的泛在的数字图书馆，它以信息用户活动情景为出发点，是一个世界范围内的信息与知识门户，为全球提供知识服务。

第3章　数字图书馆体系结构

3.1　数字图书馆基础结构

体系结构最早由 G. Amdahl 于 1964 年提出,它开启了人们对计算机系统统一而清晰的认识。几十年来,体系结构学科得到了长足的发展,其内涵和外延得到了极大的丰富。特别是网络计算技术的发展,使得网络计算体系结构成为当今一种主要的计算模式结构。微电子技术的飞速发展使芯片级体系结构研究成为一个挑战性课题。体系结构和系统软件、应用软件、程序设计语言的紧密结合及相互作用也使今天的计算机与以往有很大的不同,并触发了大量的前沿技术、相关产品开发与基础研究课题。体系结构是数字图书馆建设的一个关键环节,其优良与否直接影响到数字图书馆的性能发挥。本章主要探讨数字图书馆建设中体系结构的发展与演化,为读者进一步了解数字图书馆提供借鉴。

Leonardo Candela 等学者在"Setting the Foundations of Digital Libraries: the DELOS Manifesto"一文中阐述了数字图书馆的核心概念,包括结构、内容、功能、用户、质量、政策,其中特别提到结构是数字图书馆在硬软件基础之上对内容与功能的融合。文中指出数字图书馆是一个虚拟组织,它包括对丰富数字资源的收集、管理与长期保存,并给用户社区提供关于内容的特殊功能、可度量的质量评估与可依照的法律政策。

数字图书馆管理系统是一个软件系统,需从以下两方面提供合适的软件结构:

(1)制造和管理具有基本功能的数字图书馆系统;

(2)整合额外软件为数字图书馆提供更精确的、专门的、高级的功能。

数字图书馆最初采用两层客户机/服务器模式(C/S)体系结构,前端客户端采用专用软件访问服务器的信息资源。随着 web 技术的发展,客户端被简化,加速了模式的应用。两层模式由于将更多的任务放在客户端处理,加重了客户端的负担。三层结构即浏览器/web 服务器/数据库服务器(B/S/D)的引入解决了两层结构的不足,它将事务处理的业务逻辑放在应用服务器上,增加或删除业务逻辑与客户端无关,只需要在应用服务器上处理即可,这样减少了客户端的负荷。相比两层结构,三层结构具有以下优势:

(1)客户端零维护;

(2)可扩展性好;

(3)安全性好;

(4)资源重用性好。

由于将业务逻辑集中到 web server 统一处理,三层体系结构可以更好地共享资源。三层结构典型的应用是基于 Z39.50 协议的数字图书馆结构。

其中图书馆服务器运用大型商业数据库,全面管理 IBM 数字图书馆的目录信息,并用各类检索技术定位存储对象,提供安全查询,实现与对象服务器的通信。对象服务则用于存储所有的数据内容,它支持 DASD 附件及其他媒体设备,并可以分布于企业网络中,用户查询起来十分方便。而客户机可以同时与 IBM 数字图书馆系统中的图书馆及对象服务器相连,利用浏览器同时访问 IBM 数字图书馆,并可对多媒体对象进行收集、编制、存储和管理、保护及分布。

William Y. Arms,Christophe Blanchi,Edward A. Overly 在 K-W 结构基础上,提出了数字图书馆体系结构的八条原则:①数字图书馆技术框架应该服务于经济、法律和社会框架,如对知识产权的保护与支持等;②数字图书馆概念基于术语的统一;③数字图书馆的基础体系结构应与其中保护的内容分离;④名字和标识符是数字图书馆的基本构件;⑤数字图书馆对象不仅包括内容数据,还包括元数据;⑥数字图书馆对象的使用、存储和传输形态可能完全不同;⑦仓储必须妥善管理其存储的信息;⑧用户需要知识作品,它通常是数字对象的集合。同时,几位学者将数字图书馆的体系结构描述为用户界面、句柄系统、搜索引擎系统、资源库系统四个部分。

其中用户界面包括两部分接口,一个是供用户使用,用于与系统进行交互;另一个是供系统管理员或图书馆馆员使用,用于对资源进行管理等工作。资源库系统用于对数字对象或其他信息资源进行存储与管理,通过 RAP(Repository Access Protocol)与用户交互。句柄系统是管理数字对象唯一标识符的计算机管理系统,Internet 上的数字对象都有唯一标识符,该标识符建立与实际数字对象存放位置的映射,用户通过标识符可以获取数字对象。搜索引擎系统帮助用户对信息资源进行检索,通过该系统,用户可以获取相关信息,并借助其他系统快速定位数字资源对象。William Y. Arms 结构可以看作数字图书馆体系的基本结构,为后来的数字图书馆体系结构提供建设思路。需注意的是,在实践中是没有一个通用的结构的,不同的数字图书馆项目可以根据实际情况灵活构建自己的体系结构。

Ian Rowlands 和 David Bawden 在"Digital Libraries:a Conceptual Framework"一文中给出了数字图书馆建设的生命周期模型,该层次模型说明了社会因素、系统因素与信息因素共同搭建数字图书馆的基石,在该基石上进行图书馆引进、探索、整合、传播、使用等业务工作。

同时,两位学者在生命周期模型基础上描述了数字图书馆的综合模型,该模型充分考虑生命周期模型中的社会因素、系统因素、信息因素,在此基础上进行设计、实施、评估数字图书馆,并以技术为核心,考虑怎样由理想世界转到现实世界。该模型可看作数字图书馆的综合模型,为后续数字图书馆的建设提供启示。

3.2 数字图书馆新一代体系结构

数字图书馆建设跟网络、对等计算、面向服务等技术结合是一种发展趋势,可以有效解决数字图书馆建设中遇到的问题,提高数字图书馆的可扩展性、可伸缩性、高柔韧性,提高数字图书馆的服务水平。Ingo Frommholz 在"Supporting Information Access in Next Generation Digital Library Architecture"一文中列举了以下三种类型的新一代数字图书馆体系结构。

1. 基于网络的虚拟数字图书馆体系结构

基于网络的虚拟数字图书馆体系结构的典型代表是 DILIGENT 项目,其目标是构建一个有成本效益的、可进行知识共享和合作研究的、安全的、可协调的、动态的试验平台。建立在基于网络技术基础上的 DILIGENT 体系框架可动态构建和管理虚拟数字图书馆。DILIGENT 系统规定数字图书馆服务、资源收集实体和元数据收集实体都以网络资源的形式存在,并基于 DILIGENT 系统的基础架构对其进行注册和调用。EGEE 项目作为 DILIGENT 系统开发的合作伙伴,正在进行网络基础架构的革新研究,并且提供了 DILIGENT 系统所需的基础功能,包括资源的动态定位、跨组织的资源共享和基本的安全配置服务。同时为了高效支持虚拟数字图书馆的形成还需要一些增值服务,如支持大数据量的存储、动态数据分发、元数据代理、元数据和内容管理、高级资源代理、分布环境下资源内容的安全以及工作流的管理服务等。基于网络的 DILIGENT 系统试验平台可通过文化遗产领域和环境 e-Science 研究领域两个具体现实应用来验证网络数字图书馆的性能。

2. 面向服务的分布式的数字图书馆体系结构

面向服务的分布式的数字图书馆体系结构的典型代表是 BRICKS(Building Resources for Integrated Cultural Knowledge Services)系统,是欧盟第六框架计划资助的一个文化资源共享项目,项目于 2004 年 1 月 1 日启动,于 2007 年 6 月结束,项目预算经费为 1.22 亿欧元,目标是设计、开发和维持一个文化遗产领域面向用户和服务的知识资源共享空间。基于面向服务与 P2P 技术的 BRICKS 系统具有可扩展性、可伸缩性、可用性与可操作性等特征,它允许资源实体和服务实体随时随地加入和离开,但不影响整个数字图书馆系统的运行。它依托 Internet,构建一个松散的、面向服务的数字图书馆基础架构。对于信息访问,用户通过动态注释服务查询文档相关说明信息,注释服务将根据用户给出的搜索主题和作业目标进行查询。同时,BRICKS 还保证动态产生的链接信息与对应文件的实时联系。J. Walkerdine 等在"A Framework for P2P Application Development"技术报告中提出一种基于 P2P 的数字图书馆系统结构原型图。

3. 基于 web 的集中式文档协作体系结构

基于 web 的集中式文档协作体系结构的典型代表是 COLLATE 系统,它是为分布式用户群而设计的基于内容和注释工作的知识系统。它既支持单个用户工作模式,也支持某一领域专家之间的资源共享和合作研究模式。COLLATE 系统基于模型的模块化设计原则,使得其基础框架也适合于其他领域资源的服务和项目开发。该系统支持协作行为,如建立联合出版或集会,提供虚拟的展览材料,发布未刊出的注释和评注等。COLLATE 系统能为文档中的文本与图表分别建立索引,作为深度分析的一种手段,注释可以单独创建也可以合作创建。通过注释,用户可以了解文档的路径等相关信息。COLLATE 协作是集中了很多功能的多功能软件包,它被看作分布式的、面向服务的数字图书馆体系结构原型,它的文档注释机制为信息访问提供了一种新的方法。

3.3 数字图书馆云计算体系结构

1. 云计算背景

云计算(cloud computing)是 2007 年产生的一个新概念,但不久其热度就超过了网络计算(grid computing)。由于其规模巨大,扩展性极好,边界模糊,类似天空漂浮的云,故被称为"云计算"。它具有超大规模、虚拟化、高可靠性、通用性、高可扩展性、按需服务和价格低廉的特点。由于云计算采用多种技术进行混合演进,因此技术成熟度高,受大公司信赖,发展极为迅速。在美国主导云计算发展的企业包括互联网公司、基础设施供应商、电信运营商等。Amazon、Google、Microsoft、IBM 和 Yahoo 等大公司皆是云计算的先行者。基础设施供应商有 EMC、惠普、思科、AT&T 等。另外还包括提供技术支持的厂商,例如 VMware。国外使用云技术提高企业竞争力的公司有 Salesforce、Facebook、YouTube、MySpace 等。几乎所有的互联网公司和大型企业的 IT 部门都在利用云计算降低成本,提高效率。

2. 云计算基本原理

云计算是对分布式处理(distributed computing)、并行处理(parallel computing)和网络计算(grid computing)及分布式数据库的改进处理,其前身是利用并行计算解决大型问题的网络计算和将计算资源作为可计量的服务提供的公用计算,是在互联网宽带技术和虚拟化技术高速发展后产生的。

许多云计算公司和研究人员对云计算采用各种方式进行描述与定义,基于云计算的发展和人们对云计算的理解,概括性给出云计算的基本原理为:利用非本地或远程服务器(集群)的分布式计算机为互联网用户提供服务(计算、存储、软硬件等服务)。这使得用户可以将资源切换到需要的应用上,根据需求访问计算机和存储系统。云计算可以把普通的服务器或者 PC 连接起来,以获得超级计算机的计算和存储等功能,且成本低。云计算真正实现了按需计算,从而有效地提高了对软硬件资源的利用效率。云计算的出现使高性能并行计算不再是科学家和专业人士的专属,普通的用户也能通过云计算享受高性能并行计算所带来的便利;使人人都有机会使用并行机,从而大大提高了工作效率和计算资源的利用率。云计算模式中用户不需要了解服务器在哪里,不用关心内部如何运作,通过高速互联网就可以透明地使用各种资源。

3. 云计算体系结构

云计算平台是一个强大的"云"网络,连接了大量并发的网络计算和服务,可利用虚拟化技术扩展每一个服务器的能力,将各自的资源通过云计算平台结合起来,提供超级计算和存储能力。

(1)云用户端

云用户端是提供云用户请求服务的交互界面,也是用户使用云的入口。用户通过 web 浏览器可以注册、登录及定制服务、配置和管理用户。打开应用实例与本地操作桌面系统一样。

(2)服务目录

服务目录是云用户在取得相应权限(付费或其他限制)后可以选择或定制的服务列表,也可以对已有服务进行退订操作,在云用户端界面生成相应的图标或列表的形式展示相关的服务。

(3)管理系统和部署工具

管理系统和部署工具提供管理和服务,能管理云用户,能对用户授权、认证、登录进行管理,并可以管理可用计算资源和服务,接收用户发送的请求,根据用户请求转发到相应的程序,智能地部署资源和应用,动态地部署、配置和回收资源。

(4)监控

监控和计量云系统资源的使用情况,以便做出迅速反应,完成节点同步配置、负载均衡配置和资源监控,确保资源能顺利分配给合适的用户。

(5)服务器集群

服务器集群是虚拟的或物理的服务器,由管理系统管理,负责高并发量的用户请求处理、大运算量计算处理、用户 web 应用服务,云数据存储时采用相应数据切割算法通过并行方式上传和下载大容量数据。

用户可通过云用户端从列表中选择所需的服务,请求通过管理系统调度相应的资源,并通过部署工具分发请求、配置 web 应用。

4. 云计算服务层次

在云计算中,根据其服务集合所提供的服务类型,整个云计算服务集合被划分成 4 个层次:应用层、平台层、基础设施层和虚拟化层。这 4 个层次每一层都对应着一个子服务集合。

云计算的服务层次是根据服务类型即服务集合来划分的,与大家熟悉的计算机网络体系结构中层次的划分不同。在计算机网络中每个层次都具有一定的功能,层与层之间有一定的关联。而云计算体系结构中的层次是可以分割的,即某一层次可以单独完成一项用户的请求而不需要其他层次为其提供必要的服务和支持。

在云计算服务体系结构中各层次与相关云产品对应。具体为应用层对应 SaaS 软件即服务,如 Google APPS、Software+Services;平台层对应 PaaS 平台即服务,如 IBM IT Factory、Google APPEngine、Force. com;基础设施层对应 IaaS 基础设施即服务,如 Amazo Ec2、IBM Blue Cloud、Sun Grid;虚拟化层对应硬件即服务结合 PaaS 提供硬件服务,包括服务器集群及硬件检测等服务。

3.4 数字图书馆分布式结构

随着信息量越来越多,信息分布的范围越来越广,数字图书馆的建设必须考虑到其在分布式环境下的体系结构,以便解决分布式环境下信息的利用与共享。分布环境下,信息与系统体系结构很难做到同构,异构的情况相当普遍,如何实现分布式环境下异构信息资源的互操作是一个现实的问题。解决该问题的一般方法是利用中间件(middle ware)技术,通过中间件屏蔽各资源机构的相异性,达到互操作目的。中间件是位于平台(硬件和操作系统)和应用之间的通用服务,这些服务具有标准的程序接口和协议。针对不同的操作系统和硬件平台,它们可以有符合接口和协议规范的多种形态。

中间件平台产品很多,基于目的和实现机制的不同,可以将平台分为远程过程调用(remote procedure call)、面向消息的中间件(message-oriented middleware)、对象请求代理(object request brokers)。

远程过程调用是一种广泛使用的分布式应用程序处理方法。一个应用程序使用 RPC 来"远程"执行一个位于不同地址空间里的过程,并且从效果上看和执行本地调用相同。事实上,一个 RPC 应用分为两个部分:server 和 client。server 提供一个或多个远程过程;client 向 server 发出远程调用。server 和 client 可以位于同一台计算机,也可以位于不同的计算机,甚至运行在不同的操作系统之上。它们通过网络进行通信。相应的 stub 和运行支持提供数据转换与通信服务,从而屏蔽不同的操作系统及网络协议。

面向消息的中间件指的是利用高效可靠的消息传递机制进行与平台无关的数据交流,并基于数据通信来进行分布式系统的集成。通过提供消息传递和消息排队模型,它可在分布环境下扩展进程间的通信,并支持多通信协议、语言、应用程序、硬件和软件平台。目前流行的 MOM 中间件产品有 IBM 的 MQSeries、BEA 的 MessageQ 等。

随着对象技术与分布式计算技术的发展,两者相互结合形成了分布对象计算,并发展为当今软件技术的主流方向。1990 年底,对象管理集团 OMG 首次推出对象管理结构(object management architecture,OMA),对象请求代理(object request broker)是这个模型的核心组件。它的作用在于提供一个通信框架,透明地在异构的分布计算环境中传递对象请求。公共对象请求代理结构(common object request broker architecture,CORBA)规范包括了ORB的所有标准接口。1991年推出的CORBA1.1定义了接口描述语言OMG IDL和支持client/server对象在具体的ORB上进行互操作的API。CORBA 2.0规范描述的是不同厂商提供的ORB之间的互操作。

目前,中间件的技术规范有DCE体系、DTP模型、CORBA、J2EE、互联网规范等,其中DCE(distrbuted computing environment)由Open Software Fondation制定,现在这个组织被称为Open Group。DCE由多个共同在一起工作的组件组成,即远程过程调用(RPC)、本地和全局目录服务(CDS和GDS)、安全服务、DCE线程、分布式时钟服务(DTS)和分布式文件服务(DFC)。线程、RPC、CDS、安全服务和DTS组件通常被称为安全核心,并且是组成任何DCE环境所必需的组件。在DCE环境中,还包括用于管理这些组件的管理工具。DCE被称作中间件或使其具有能力的技术,它不是独立存在的,而是被捆绑在供应商操作系统中,或者由第三方供应商进行集成。

DTP模型是X/OPEN组织提出的一种软件结构,这种结构允许多个应用程序去共享多个资源管理器提供的资源,并且具有协调全局事务的能力。X/OPEN是一个独立的、具有全球影响力的开放系统组织,它得到了世界大多数的最大的信息系统供应商的支持,其根本任务是通过规范开放系统的具体实现,从计算的观点考虑如何让用户获得更大的利益。X/OPEN的DTP模型由应用程序、资源管理器(RM)、事务管理器(TP)、通信资源管理器(CRM)等基本模块组成,各个模块之间的X/OPEN模型定义了模块与模块之间的接口规范。

CORBA由对象管理组织(OMG)制定,这个组织是一个国际性组织,始建于1989年,现已拥有包括生产厂商与软件开发商800多个会员,其目的是在分布和已构计算机环境下为应用软件的开发提供一个公共框架,使开发出来的软件既面向对象又具有可重用性、可移植性以及可操作性等特点。

J2EE是Java 2 Platform Enterprise Edition的缩写,是一种多层应用模式的结构体系。整个规范由SUN公司提出,它将业务逻辑从系统服务功能和用户界面中分离出去,放置在客户层和应用基础设施这两层之间的中间层,是目前应用的最为广泛的面向web的应用系统结构规范。

web是一种网络化的信息资源,它依赖于3个基础机制,使这些信息资源可以面对广大的使用者。①一种唯一的命名机制,为网上的资源进行定位,如URI;②一种通信规程,以便在网上可以存取这些被命名的资源,如HTTP;③混合文本,以便更好地驾驭这些信息资源,如HTML。

数字图书馆为解决分布式异构互操作问题主要采用中间件互操作协议,一些主要的互操作协议有Z39.50、OAI、Dienst、Emerge、SDLIP等。下面介绍应用广泛的两种协议Z39.50与OAI。

Z39.50是一个美国国家标准,基于ISO的OSI(开放系统互联)参考模型的应用层协议,目的是信息系统的开放互联,将各个系统的不同数据库软件,不同数据描述格式、访问方式建立一个抽象、通用的用户视图,将各个系统的具体实现映射到抽象模型上,使不同的系统在一个相互理解的、标准的通信平台上进行交互,满足互操作的需要。Z39.50采用了客户机/服务器的灵活架构,定义了所提供的服务和应用层数据包格式两方面的内容。信息服务包括11项内容:初始化、搜索、获取、删除结果集、访问控制、记账、排序、浏览、解释(获得细节)、扩展服务(如周期搜索计划)、终止等。Z39.50最初由美国国会图书馆、OCLC、美国研究图书馆集团(RLG)等机构之间实现数据交换在1988年推出第一版,1992年和1995年分别推出了第二版和第三版,1998年成为ISO 23950国际标准。2001年和2003年又修订了两个版本,2003年推出了第五版,即Z39.50:2003。

OAI全称为OAI-PMH(open archives initiative protocol for metadata harvesting),是由美国数字图书馆联盟(DLF)、网络信息联盟(CNF)等组织于1999年提出的一个应用框架。其最初目的是解决电子期刊的预印本的互操作和元数据收割(metadata harvesting)问题。2000年OAI协议的应用扩展到数字图书馆领域,目的是实现分散的、不同系统平台之间的元数据交换和共享,提高系统的互操作能力。OAI分为OAI服务提供者与数据提供者两部分。以OAI协议为基础的联合目录架构中,主要由OAI的服务提供者定期地向数据提供者主动抓取其中的元数据,建立集中的元数据联合目录。由于OAI是建立在HTTP协议上的应用层协议,所以其命令集是通过HTTP发送OAI给相应的服务器端程序的,服务器根据指令准备数据返回相应的记录集合,记录集合是遵循OAI协议的XML Schema的XML的格式数据。服务提供者集中维护从各个系统中抓取来的元数据,并在获得的元数据上建立增值服务;数据提供者主要维护特定范围的数字资源,并且支持OAI协议来获取其中资源的内容。

EU-NSF联合数字图书馆研讨会专门讨论了分布系统互操作性问题,提出了一个分布式数字图书馆参考框架。它由三个功能层构成。第一层为数字图书馆客户系统(digital library clients),包括用户界面、自然语言处理、检索式分析处理、专门数据内容处理和浏览、多重数据结果处理等客户模块,经过用户界面客户通过一定机制调用。第二层为协调调解层(coordinator/mediator),在外部功能模块和元数据登记系统支持下对分布和异构的资源进行虚拟化整合,支持对分布式资源的透明利用。第三层是数据资源层(data sources),各个数据资源作为自主系统,支持本地客户及本地功能,同时通过封装件和代理模块与协调调解层连接,从而被集成到整个分布式数字图书馆体系中。

分布式异构结构在数字图书馆建设领域著名的应用案例是NCSTRL(networked computer science technical reference library)和NSDL(national STEM digital library,STEM为science-technology-engineering and mathematics)。NCSTRL是有代表性的数字图书馆建设项目,它是由DARPA资助的,来自北美、欧洲和亚洲的160多家学术研究机构参与了该项目。其体系结构以dienst体系结构为基础,该体系结构的一个重要特征就是分布式搜索。NSDL是由NSF资助的、由多家单位来实施的数字图书馆项目,它包括64个子项目,其目的是支持科学、技术、工程和数学教育,提供广泛接入和方便使用的分布式资源网络和学习机制。NSDL一期工程已于2002年底为公众提供服务,它是目前规模最大的数字图书馆项目。由于NSDL的内容和用户的多样性,为让各种用户共享不同的信息,最初的体系结构设计就是通过共享元数据,并利用元数据开发核心服务。

斯坦福大学基于CORBA技术开发出了InfoBus中间件、InfoBus方案并专注于实现异构系统的互操作，提出了多达5层的独立服务：互操作层、元数据结构层、搜索协议层、通用支付接口和可互操作的权限管理框架，为在现有技术环境下实现数字图书馆进行了全面的探索，提供了一整套复杂的分布式结构模型。

InfoBus模型是一个虚拟的总线结构，各异构的仓储、服务与界面如同插件一样插入总线集成在一起。异构的仓储封装在图书馆服务代理中，并向客户程序屏蔽其异构件。组建到总线中的图书馆服务提供所需的功能，如查询翻译、元数据工具、权限管理等。

此外还有密西根大学的代理型数字图书馆项目，该项目基于交互的软件代理体系结构，其中的异构的、分布式的信息资源、服务、客户界面都由自主的、自治的代理表示，构成一个开放的、分布式的、可扩展的、可伸缩的数字图书馆。该结构的最大特点是模块化和灵活性，整个数字图书馆的构建如同用各种各样的代理构件来搭积木，降低了系统的总体复杂度。分布式的代理结构符合数字图书馆资源和服务分散的特点，代理具有很高的自主性，通过相互之间的协作来完成复杂的任务，可以随时增添新的代理或撤出已有的代理，以满足数字图书馆内容和功能不断变化的需求。

3.5 数字图书馆体系结构评价标准

由于用户对数字图书馆的需求不断增长，以及信息技术迅速发展，数字图书馆的概念和功能也在不断完善。基于此，要求数字图书馆在构架体系结构时必须考虑到开放性、互操作性、扩展性以及伸缩性，只有满足这些特性的体系结构才能适应不断变化的需要，节约人力、物力、财力等。

1. 开放性

数字图书馆系统必须是一个开放的系统，开放的含义包括如下几方面内容：(1)能够与第三方系统或功能模块实现良好的对接和集成；(2)能够方便地在本系统内部增加、删除或修改某些功能模块；(3)尽可能广地支持各种资源格式和标准。

因此在系统设计时需要遵循以下原则。

(1)基本体系结构简单化，在设计基本体系结构时主要考虑信息的流通和管理机制，强调系统的通用性和稳固性。

(2)功能模块化，数字图书馆的服务功能是不断发展的，因此数字图书馆的每一项服务应该是相对独立的，便于安装、撤销和维护。

(3)选取成熟的、通用的标准和协议。如用户界面采用通行的web浏览器，文档表现采用XML定义，元数据采用Dublin Core、中文元数据标准等。

2. 互操作性

通过信息资源本身实现互操作是最应该受到鼓励的方法，因为数字图书馆建设的基础是资源,用户最终利用的也是资源,而且与信息系统比较起来,资源从类型上(如图书、期刊、科学数据、地图、档案)更容易预见,发展变化也相对缓慢,从资源的格式上讲(如标准的文件格式. txt、. html、. mpeg 等),大家对通用标准的认同更加一致。因此,通过一定的标准规范让不同的藏品遵循相应的元数据标准,并通过元数据的共享或互换,可以实现资源间的共享,比如 NCSTRL 项目,采用 OAI 元数据采集协议来实现来自不同单位的藏品的互操作。当前,许多数字图书馆项目一般都主动遵循一定的元数据标准去创建元数据,并采用一些工具和方案实现不同元数据标准的元数据元素的映射。同时,信息系统之间的互操作随着中间件和代理技术的发展也取得了很大的进步。近年来,web 服务技术为网络软件的共享和互操作提供了新的机制,将来随着这些技术的进一步发展,实现信息系统间的互操作将越来越简单。

3. 扩展性

NCSTRL 项目为数字图书馆的扩展性提供了很好的经验。由于 NCSTRL 的成员单位比较分散,并且不断有新的成员单位及新的用户加入,最终选择了把数字图书馆划分成不同的区域,这样不但适应了数字图书馆不断延伸的特点,而且还能为本地用户提供及时的、具有本地特色的服务。在《中国数字图书馆工程一期规划(2000—2005 年)》中就采用了区域服务的思想。

4. 伸缩性

各数字图书馆建设单位在经济、技术、管藏资源、用户需求等方面都不平衡,因此不同数字图书馆的建设规模也将是不同的。一个好的体系结构设计必须能够适应不同规模的系统,使不同规模的系统都能够获取最佳的效率。

第4章 数字图书馆信息资源处理

4.1 数字信息资源描述与组织

4.1.1 描述语言

数字信息资源描述是数字图书馆的一项重要任务，采用何种技术方式对数字资源进行描述以更好地为用户获取信息资源提供方便是数字图书馆首先要解决的问题。而标记语言的发展日趋成熟，为信息资源描述带来方便。

传统 Internet 实现了计算机硬件的连通；web 实现了网页的连通，改变了人们的学习与生活方式。HTML（超文本置标语言）技术拉近了 web 与人们之间的距离，通过它可以很容易、方便地获得信息资源。HTML 是标准通用置标语言（Standard Generalized Markup Language，SGML）的一个实例化的子集，可扩展性差，用户根本不能自定义有意义的置标供他人使用。这一切都成为 web 技术进一步发展的障碍，在这种情况下 XML 顺应而生。其实早在 1969 年，IBM 公司就开发了一种文档描述语言 GML 用来解决不同系统中文档格式不同的问题，GML 是 IBM 许多文档系统的基础，包括 script 和 bookmaster，1986 年该语言演变成一个国际标准（ISO 8879），并被称为 SGML。SGML 是很多大型组织，比如飞机、汽车公司和军队的文档标准，它是结构化的、可扩展的语言，这些特点使它在很多公司受到欢迎，被用来创建、处理和发布大量的文本信息。1989 年，在 CERN 欧洲粒子物理研究中心的研究人员开发了基于 SGML 的超文本版本，被称为 HTML。HTML 继承了 SGML 的许多重要的特点，比如结构化、独立性和可描述性，但是同时它也存在很多缺陷，比如它只能使用固定的、有限的标记，而且它只侧重于对内容的显示。同时随着 web 上数据的增多，这些 HTML 存在的缺点就变得不可被忽略。W3C 提供了 HTML 的几个扩展用来解决这些问题，最后，它决定开发一个新的 SGML 的子集，称为 XML。XML 的出现就是为了解决 HTML 存在的这些弊病。它保留了很多 SGML 标准的优点，但是更加容易操作，也更加容易在 WWW 环境下实现，在 1998 年，它就变成了 W3C 的标准。XML 有如下几个优势：①它允许各个组织、个人建立适合自己需要的置标集合，并且这些置标可以迅速地投入使用。这一特征使得 XML 可以在电子商务、政府文档、司法、出版、CAD/CAM、保险机构、厂商和中介组织信息交换等领域中一展身手，针对不同的系统、厂商提供各具特色的独立解决方案。②XML 的数据存储格式不受显示格式的制约。一般来说，一篇文档包括三个要素：数据、结构以及显示方式。对于 HTML 来说,显示方式内嵌在数据中,这样在创建文本时,要时时考虑输出格式,如果因为需求不同而需要对同样的内容进行不同风格的显示,就要从头创建一个全新的文档,重复工作量很大。此外,HTML 缺乏对数据结构的描述,对于应用程序理解文档内容、抽取语义信息都有诸多不便。

4.1.2 元数据

1. 元数据的概念与作用

元数据是关于数据的数据。哈佛大学数字图书馆项目对元数据的定义为:元数据是帮助查找、存取、使用和管理信息资源的信息。元数据在数字图书馆中的主要作用是对数字信息资源的组织和整序,亦即为分布式数据发现和检索奠定基础。通常元数据体系具有以下功能。

(1)描述功能

数字图书馆中的元数据描述功能有两个方面:①描述数字化信息的基本特征,使得数字化图书馆系统能够通过元数据体系自动搜索到数字化信息;②描述用户提问。

(2)整合功能

所谓整合功能,指的是数字图书馆的元数据体系将各种不同格式的元数据,通过建立映射、翻译等方法整合成一种元数据格式的过程,即实现不同格式元数据之间的互操作性,也是一个异构数据库之间的整合过程。

(3)控制功能

元数据体系的规范控制功能包括信息内容的规范化描述、规范标引和信息评估等方面。元数据体系可以通过标准元数据模型来规范化描述数字信息。

(4)代理功能

元数据的代理功能可以有效地节省网络资源,这是因为元数据是数字化信息资源的一种描述,记录了数字化信息资源的基本特征,可以基本反映信息的概貌,同时,元数据和数据相比,其数据量要小得多,可以作为完整信息的代理。

2. 元数据的类型

(1)描述型元数据

它是所有划分标准中的公认类型,属于元数据的基本功能范畴。描述型元数据支持资源的发现和鉴别。题名、创造者、制作者、出版者、出版日期等都是典型的描述型元数据。

(2)管理型元数据

数字图书馆中通过它实现对数字信息资源的有效管理。传统图书馆中有关借阅权限、馆藏地点等信息都是管理元数据的例子。

(3)结构型元数据

结构型元数据反映数字信息资源的内部形式特征,如目录、段落、章节等,从而实现对数字信息资源的结构化存取。

(4)技术型元数据

数字图书馆是高新技术的集聚地,其作业环境是典型的技术环境。将各种技术有效地应用于对数字信息资源的组织和管理,正是技术型元数据的功能和作用。

(5)保存型元数据

保存型元数据是指支持数字化资源长期保存的数据。在数字图书馆中,关于数字化信息资源发现与检索的元数据研究固然重要,关于支持信息资源长期保存的元数据研究同样非常重要。无论人们试图以哪一种技术来解决数字化信息的长期保存,都必须知道数字信息本身及其环境的一些技术特征,这便是保存型元数据所揭示的内容特征。

3. 主要元数据

数字资源的形态各异,既有论文、会议录等普通电子文本,也有图像、声音、网页等,不同形式的数字资源对数据格式的要求也不一样,因此现在有多种描述网络数字资源的元数据格式,到目前为止还没有出现成熟的统一格式。常见的应用于不同领域的 metadata 格式如下。

①网络资源:Dublin Core(DC)、ROADS Template、CDF(Channel Definition Format)、Web Collections。

②文献资料:MARC(with 856 Field),Dublin Core。

③人文科学:TEI Header(Text Encoding Initiative Header)。

④社会科学数据集:ICPSR SGML Codebook (Inter-University Consortium for Political and Social Research)。

⑤博物馆与艺术作品:CIMI(Computer Interchange of Museum Information)、CDWA (Categories for the Description of Works of Arts)、RLG REACH Element Set。

⑥视觉资料:VRA (Visual Resources Association)、Core Categories for Visual Resources。

⑦音乐资料:SMDL(Standard Music Description Language)。

⑧政府信息:GILS(Government Information Locator Service)。

⑨地理空间信息:FGDC/CSDGM(Federal Geographic Data Committee/Content Standards for Digital Geospatial Metadata)。

⑩ISO/CLIR/RLG Technical Metadata for Images。

⑪档案库与资源集合:EAD(Encoding Archival Description)。

⑫技术报告:RFC1807:A format for Bibliographic Records。

⑬FTP 文件和 FTP 文件库:IAFA Templates (Internet Anonymous FTP Archives Templates)。

⑭连续图像:MPEG-7。

以下主要阐述两种元数据:MARC 与 DC。

(1)MARC 元数据

MARC 为“机器可读的目录”,也称机读目录,起源于 1965 年的美国,是计算机能够识别和阅读的目录。国际图书馆协会联合会推出 NUMARC 格式,将内容标识符标准化。1979 年我国成立了全国信息与文献标准化技术委员会;1982 年出版的《文献目录信息交换用磁带格式》,为中文 MARC 格式的标准化奠定了基础;1991 年《中国机读目录通信格式》正式出版,从而正式开始了我国文献机读目录的建设工作。中国机读格式 CNMARC,以 NUMARC 为依据,它的通信格式与国际标准化组织制定的《文献目录信息交换用磁带格式》——ISO 2709(是一种交换 MARC 记录的标准格式)的规定一致,现已成为我国文献处理工作者的必备工具。科学地揭示和有效地报道文献、指导阅读是 CNMARC 的基本功能。MARC 最大的价值在于标准化且适于机器处理,从而有利于规模化应用,并极大地提高了系统效率。然而碍于当时的技术,严格的形式化并不是为了读者而设计的,而是为了传统的业务流程(例如卡片或印刷目录输出)而设计的,甚至仅仅为了机器而设计(定长与否的考虑),造成 MARC 适用性日益降低。原因有以下几个:①字段众多,重复严重。真正对读者有意义的字段(主要指与内容描述有关的字段)很少,因此真正用作索引的字段并不多。最新的研究统计,80%的书目记录只使用了 36 个字段或子字段。②技术过时。格式设计所依赖的是以磁带为主要存储介质的技术,在目前各种集成系统的技术实现中早已采用了关系数据库技术,以及其他更为先进的全文索引、面向对象技术甚至 XML 技术(在与其他数据格式进行数据交换时)等。③著录规则不统一,语义含糊。不同国家地区和不同版本的 MARC,即使能互操作,操作起来也很困难。④字段、子字段标识和结构复杂。书目记录的描述主体、客体及关系模型不清晰,格式规定琐碎、不统一。例如新引入的数字资源链接 856 字段,著录方式千差万别,造成系统实现方式也难以统一。另外,还有语义与语法及结构捆绑,适应性和灵活性差,难以适应新媒体和新技术发展的需要。具体表现在难以应用于电子资源编目,以及难以进行无损失的元数据映射;数据加工成本巨大,专业门槛高,难以普及;数据生产的周期较长,时间滞后,不利于服务开展。尽管 MARC 可能对数字资源用处不再,我们的书目信息不能借助 MARC 融入互联网庞大的信息库中,但 MARC 可以说是图书馆自动化的基础,是图书馆在信息环境下处理文献资源的手段,是目录储存的基本格式。

(2)DC 元数据

DC 是元数据格式中的一种,在 1995 年 3 月,OCLC 和美国超级计算机应用中心(NSCA)联合赞助并在美国俄亥俄州的 Dublin 举办了第一届 Dublin Core 研讨会,来自图书馆界、计算机和网络等有关领域的 52 位学者和专家基于网络信息资源的描述问题,对提交的元数据进行了讨论并达成了一致意见,创建了包含 13 个基本元素的 Dublin Core 集,并明确了元素描述的含义。目的是解决网络资源的描述问题,以有效发现信息资源,并为网络检索提供服务。在 1996 年 9 月的第三次研讨会上又新增了两项,即 description 和 rights management,形成了如今的 15 项著录项目。从 1995 年 3 月开始,OCLC 与有关机构已经举行了多次研讨会。从用于资源描述的 15 个简单 DC 元素,到增强资源描述能力的 DC 限定词,即“堪培拉限定词”,再到以元数据模型、应用系统、开发工具及中文元数据的应用等为重点的研讨内容可以看出,DC 逐步成熟、标准化、国际化以及面向应用的发展历程。DC 从问世到现在,受到了国内外大量图书馆界,特别是数字图书馆界研究人员的高度重视,国际上出现了大量的DC多种语言翻译版,用户遍及世界各地,一些国家已经将其纳入国家标准中。DC元数据的影响逐步扩大,很有可能将来成为各国都能接受的国际标准。DC的15个元素依据其所描述内容的类型和范围分为三组:一是对资源内容的描述,有标题、主题、描述、来源、语言、关系和层次;二是对知识产权的描述,有创建者、出版者、投稿者和权限;三是对外部属性的描述,有日期、类型、格式和标识。

DC的15个元素含义如下。

①subject:主题词或关键词项,资源的主题,一般是描述资源的主题和内容的关键词或短语。建议采用受控词表和规范的分类体系。

②title:标题项,由资源作者或出版者给出的被描述资源的名称。

③creator:作者或创建者项,对创造资源知识内容负主要责任的个人或机构。如书写文献的作者,视频作品的艺术家、摄影师或插图画家等。

④publisher:出版者项,负责发行被描述资源的组织。如出版社、公司实体等。

⑤description:描述项,资源内容的文本描述,包括文献类对象的文摘或视频作品的内容描述等。

⑥contributor:其他参与者项,指没有在creator元素中列出的对被描述资源的创作做出了贡献的其他人或组织,其贡献次于创建者(如编辑、誊写员、描图作者等)。

⑦date:发布日期项,被描述资源公开发布的日期,采用ISO 8601所规定的格式。

⑧type:类型项,被描述资源属性的范畴或类型,例如主页、小说、诗歌、手稿、技术报告、论文、词典等,资源类型通常从资源类型列表中选取,目前这一列表正在发展完善中。

⑨format:格式项,被描述资源的数据格式,用于注明需要什么软件或硬件来显示和执行这一资源。为了提高互操作性,格式值应从格式列表中选取,目前这一列表正在发展完善中。

⑩identifier:标识项,能够唯一标识描述资源的字符或数字。例如网络资源中的URL、ISBN或其他规范名称皆可作为标识值。

⑪relation:关联项,被描述资源与其他资源之间的关系。例如,再编自、翻译自、节选自、格式转换自。为保证互操作性,关联值应从关联列表中选取,目前这一列表正在发展完善中。

⑫source:来源项,用来唯一标识被描述资源的衍生源。如当前资源为其原始形式,来源项元素可以不用。

⑬language:语言项,被描述资源内容的描述语言。如有可能,该字段内容应遵循RFC 1766的规定,如ZH(ISO 639)等。

⑭coverage:时空范围项,被描述资源空间或时间特性。空间范围指物理区域,来自规范词表的地名或全称。时间范围指资源内容,而非资源产生的时间(由日期date元素表示)。时间描述(通常是一个时间范围)采用与日期date相同的格式,或者采用规范列表中的时间范围描述或全称。

⑮rights:版权管理项,被描述资源的版权声明和使用范围。

DC的特点主要表现在:(a)简易性,只有15个元素;(b)通用性,可用于任何学科或领域的资源描述;(c)可修饰性,可通过使用限定词对资料进行详细著录;(d)可扩展性;(e)可重复性。

目前DC元数据已包括由一系列扩展元素、元素修饰词、编码体系修饰词、抽象模型、应用纲要等规范组成的标准体系,成为一般性资源描述特别是互联网语义信息描述(Semantic web)的基础性规范。这套体系还在不断发展、完善中。

DC有简单DC和复杂DC之分。简单DC指的是DC的15个核心元素,如题名、主题等。与复杂的MARC格式相比,DC只有15个基本元素,较为简单,而且根据DC的可选择原则,可以简化著录项目,只要确保最低限度的7个元素(题名、出版者、形式、类型、标记符、日期和主题)就可以了。复杂DC是在简单DC的基础上引进修饰词的概念,如体系修饰词(SCHEME)、语种修饰词(LANC)、子元素修饰词(subelement),进一步明确元数据的特性。特别是通过体系修饰词,把MARC的优点和各种已有的分类法、主题词表等控制语言吸收进去。

4.1.3 RDF资源描述框架

1. 概述

资源描述框架(resource description framework,RDF)是一个用于表达关于万维网上的资源的信息的语言。它专门用于表达关于web资源的元数据,比如web页面的标题、作者和修改时间,web文档的版权和许可信息,某个被共享资源的可用计划表等。然而,将“web资源(web resource)”这一概念一般化后,RDF可被用于表达关于任何可在web上被标识的事物的信息,即使有时它们不能从web上被直接获取。比如关于一个在线购物机构的某项产品的信息(例如关于规格、价格和可用性信息),或者是关于一个web用户在信息递送方面的偏好的描述。

RDF用于信息需要被应用程序处理而不是仅仅显示给人观看的场合。RDF提供了一种用于表达这一信息,并使其能在应用程序间交换而不丧失语义的通用框架。既然是通用框架,应用程序设计者可以利用现成的通用RDF解析器(RDF parser)以及通用的处理工具。能够在不同的应用程序间交换信息意味着那些并非信息的最初创建者的应用程序也可以利用这些信息。

2. 资源陈述

(1)基本概念

假定John Smith创建了某个网页,如果用自然语言(比如英语)来陈述该事实,该陈述包含三部分内容:

①陈述所描述的事物(譬如此例中John Smith所创建的网页);

②陈述所描述事物的具体属性(property)(譬如本例中的creator);

③陈述所描述的作为该属性(陈述所描述事物对应的)的值的事物(如这个网页的

creator 是谁)。

上述陈述中,网页用它的统一资源定位符(uniform resource locator,URL)来标识。单词"creator"被用来标识事物的属性(property),短语"John Smith"被用来标识作为属性(property)的值的事物(一个人)。该网页的其他属性(property)可以通过书写其他具有相同形式的英文陈述来描述:用 URL 标识该网页,用单词(或其他表达式)来标识网页的属性(properties)及其值。例如,这个网页的创建日期和所用的语种可以由下列陈述来描述。

RDF 是基于这一思想的:被描述的事物具有一些属性(properties),而这些属性各有其值(values);对资源的描述可以通过对它做出指定了上述属性及值的陈述(statement)来进行。RDF 用一套特定的术语来表达陈述中的各个部分。确切地说,关于事物(譬如上例中的网页)的陈述中用于识别事物的那部分就叫作主体,而用于区分陈述对象主语的各个不同属性(如作者、创建日期、语种等)的那部分就叫作谓词,陈述中用于区分各个属性的值的那部分叫作客体。因此,考虑英文陈述。

这个陈述里的不同部分用 RDF 术语来说就是:

① 主体是 URL-http://www. example. org/index. html;

② 谓词是词"creator";

③ 客体是短语"John Smith"。

正如语言是人们之间很好的沟通工具一样,RDF 是用来做出机器可处理的声明的工具。那么,如果想做出这种适合机器处理的声明,还需要两点:

① 一个可用来区分标识一个陈述中的主体、谓词、客体的机器可处理的标识符系统,同时这个标识符系统不会和其他人可能在 web 上使用的相似的标识符系统混淆。

② 一种用以表示这些陈述并让这些陈述可在机器间交流的机器可处理的语言。

当前,web 已经提供了一种形式的标识符 URL。如前述例子,就采用了一个 URL 来标识 John Smith 所创建的网页。URL 是标识(identify)web 资源(web resource)的字符串,这是通过标识资源的首选访问机制来实现的(本质上,即资源的网络"位置")。然而,对于许多不具有网络地址或 URL 的资源(这一点与网页是不同的),能够记录关于它们的信息也同等重要。web 提供了一套更通用的标识符形式,称为统一资源标识符(uniform resource identifier,URI)。URL 是 URI 的一种具体形式。所有 URI 都具有共同的特征,即不同的人或组织可以彼此独立地创建并使用 URI 来标识事物。但是,URI 并不局限于标识具有网络地址或其他计算机访问机制的资源。实际上,我们可以创建 URI 来引用陈述中需要被标识的任何资源,包括:

①网络可访问资源,譬如一份电子文档、一个图片、一个服务(例如,"洛杉矶的今日天气预报")或是一组其他的资源。

② 非网络可访问资源,譬如人、公司、在图书馆装订成册的书籍。

③ 不物理存在的抽象概念,如"作者(creator)"这个概念。

由于上述通用性,RDF 用 URIs 作为其标识机制(用于标识陈述中的主体、谓词和客体)的基础。更准确地说,RDF 使用的是 URI 引用(URI references)。一个 URI 引用(或"URIref")是一个在尾部附加了可选的"片段识别符(fragment identifier)"的 URI。比如,

URI 引用(URIref) http://www. example. org/index. html#由 URI:http://www. example. org/index. html 和(由符号#分隔的)的 section2(片段标识符)组成。RDF URIrefs 可以包含 Unicode 字符,这就允许在 URIrefs 中使用多种语言。RDF 将"资源(resource)"定义任何可被 URI 引用(URIref)标识的事物。因此,使用 URIrefs,RDF 实际上可以描述任何事物,并陈述这些事物之间的关系。

为了用一种机器可处理的(machine - processable)方式来表示 RDF 陈述(RDF statements),RDF 采用了可扩展标记语言(extensible markup language,XML)。XML 被设计成允许任何人来设计他们自己的文档格式,并可用这种格式书写文档。RDF 定义了一个特殊的 XML 标记语言(称为 RDF/XML)来表示 RDF 信息和在机器间交换这些信息。XML 的内容和标签(除了一些特例)能够包含统一字符编码的字符,这就允许了来自各种语言的信息可以被直接显示出来。

(2)RDF 模型

RDF 陈述中的客体可以是 URIrefs,也可以是常量值(称作文字),用于表示某种属性值的字符串。为了表示多种类型的属性值,RDF 陈述中的客体可能是 URIrefs 或字符串表示的常数(称为文字(literal))。(比如在以"http://purl. org/dc/elements/1. 1/language"为谓词的例子中,那个文字就是一个英文的国际标准双字母码)。在 RDF 的陈述中,文字(literal)可能不被用作主体或者谓词。

RDF 陈述也可以用三元组表示法来表示,在三元组表示法中,每个陈述都可以写成一个依次为主体、谓词、客体的三元组。

完全的三元组表示法要求写出完整的 URIref(括在尖括号中),所以导致了在一页中有很多长句。为方便起见,本书用一种简写法(也在其他的 RDF 规范里使用)来书写三元组。在这种简写法中,一个不用尖括号的 XML 限定名(QName)作为一个完整的 URIref 的缩写形式。一个 QName 包括一个被赋为命名空间 URI 的前缀,其后是一个冒号,然后是个"局部名称"(local name)。由 QName 可以生成完整的 URIref,即将局部名称添加到已经赋了命名空间 URI 的前缀。因此,如果将命名空间 URI"http://example. org/somewhere/"赋值给 QName 前缀 foo,那么 QName"foo:bar"就是 URIref"http://example. org/somewhere/bar"的缩写。在本节的例子中也会用一些"公认的"QName 前缀(这些前缀无须说明就可使用),定义如下。

前缀 rdf:,命名空间 URI:http://www. w3. org/1999/02/22-rdf-syntax-ns#;

前缀 rdfs:,命名空间 URI: http://www. w3. org/2000/01/rdf-schema#;

前缀 dc:,命名空间 URI: http://purl. org/dc/elements/1. 1/;

前缀 owl:,命名空间 URI: http://www. w3. org/2002/07/owl#;

前缀 ex:,命名空间 URI: http://www. example. org/ (or http://www. example. com/);

前缀 xsd:,命名空间 URI: http://www. w3. org/2001/XMLSchema#。

显然,"example"的前缀 "ex:"的变形在需要时也会用在示例中,例如:

前缀 exterms:,命名空间 URI: http://www. example. org/terms/ (作为示例的组织中的词汇);

前缀 exstaff:,命名空间 URI: http://www.example.org/staffid/(作为示例的组织中的雇员标识);

前缀 ex2:,命名空间 URI: http://www.domain2.example.org/(作为示例的第二个组织中的词汇);等等。

用这种简写法,先前的三元组可以写成:

```
ex:index.html  dc:creator              exstaff:85740
ex:index.html  exterms:creation-date     "August 16,1999"
ex:index.html  dc:language              "en"
```

因为 RDF 用 URIref 替代词语来命名陈述中的事物,所以 RDF 称一个 URIref 的集合(特别是为了某个目的集合)为词汇表(vocabulary)。通常,这些词汇表中的 URIrefs 被组织为一个有相同前缀的 QName 的集合。也就是说,一个词汇表中的所有术语都有一个相同的命名空间 URIref,通常这个 URIref(无论是谁控制)定义了这个词汇表。包含在词汇表里的 URIrefs 是通过在公用的 URIref 的末端加上局部名称形成的,这样就构成了一套有着公用前缀的 URIrefs。正像前面的例子展示的那样,一个组织,比方说是 example.org,可能定义一个前缀全部为 http://www.example.org/terms/的 URIrefs 构成的词汇表,用来表示这个组织在业务中用到的术语(例如"创建日期""产品"等),同时也定义一个全部由 http://www.example.org/staffid/开头的 URIrefs 词汇表来标识这个组织的雇员。RDF 用相同的方法来定义它自己的术语的词汇表,这些术语在 RDF 中有着特定的含义。RDF 词汇表中的 URIrefs 都以"http://www.w3.org/1999/02/22-rdf-syntax-ns#"开头,通常情况下,其 QName 用前缀"rdf:"来表示。RDF 词汇描述语言定义了另一套都以 http://www.w3.org/2000/01/rdf-schema#开头的 URIrefs 的术语集合,其 QName 用前缀"rdfs:"来表示(当一个特定的 QName 前缀以这种方式与一个已给定的术语集相关联的时候,这个 QName 前缀有时会用以作为这个词汇表的名称,比如,有人可能说"rdfs: 词汇")。使用公用的 URI 前缀提供了一种便捷的方法来组织一套相关的术语集 URIrefs,然而,这仅仅只是一种约定。RDF 模型只认可完整的 URIrefs;它不会去看 URIrefs 的具体内容或使用任何关于它们结构的知识。特别地,RDF 不会仅仅因为 URIrefs 有一个公用的前缀而认定这些 URIrefs 之间有联系。当 URIrefs 带有不同的前缀时,并没有规定说,这些 URIrefs 就不能被认为属于同一个词汇表。某个特定的组织、过程(process)或者工具等可以根据自己的需要,来定义词汇。这些词汇的 URIrefs 可以来自任何其他的词汇,数目不受限制。

另外,有时一个组织将使用词汇表的 URIref 命名空间用作提供关于该词汇表的详细资料。例如,著名的 QName 前缀 dc: 是和命名空间 URIref:http://purl.org/dc/elements/1.1/相关联的。事实上,该词汇表是指都柏林核心词汇表。通过在网页浏览器中访问这个 URIref 命名空间就能获得关于都柏林核心词汇表的一些其他信息。然而,这也仅仅只是一种约定。RDF 不会认为每个 URI 命名空间都能确定一个可获取的 web 资源。

在 RDF 图中可以自由混合来自不同词汇表的 URIrefs。譬如,在前面用到了分别采用了 exterms:,exstaff:,dc:词汇表的 URIref。example.org 可为以下陈述:

```
ex:index.html dc:creator exstaff:85740
```

```
ex:index.html dc:creator exstaff:27354
ex:index.html dc:creator exstaff:00816
```

这些 RDF 陈述的例子开始展现一些使用 URIref 作为 RDF 标识事物的基本方式的优势。譬如,在第一个陈述中,不用字符串"John Smith"来作为网页的制作者,而是把一个 URIref(使用基于它的雇员号码的 URIref) http://www.example.org/staffid/85740 赋予它。这样使用 URIref 的一个优点就是陈述主体可以被更加精确地标识出来。就是说,这个网页的制作者不是字符串"John Smith",也不是数以千计的名叫 John Smith 的人中的一个,而是与那个 URIref(且不管是谁创建了定义了这种关系的 URIref)相关的那个特殊的 John Smith。而且,因为一个指向 John Smith 的 URIref,它就成为一个成熟的资源,并且仅仅通过增加其他主体为 John 的 URIref 的 RDF 陈述,就可以记录它的一些其他信息。

这些例子也说明了 RDF 在 RDF 陈述中用 URIref 作为谓词。就是说,RDF 使用 URIrefs 标识属性,而不是使用像"creator"或者"name"那样的字符串(或词组)。用 URIref 来标识属性的重要性是基于很多原因的:①它可以把一个人用的属性和其他人用的属性区别开来,尽管它们可能用相同的字符串来表示属性。例如,example.org 使用"name"想要使写出的某人的全名作为一个字符串文字(譬如:"John Smith"),但是其他人可能想要使"name"代表某些不同的事物(譬如,在一个程序段中的变量名)。当一段程序遇到"name"作为一个 web 上的属性标识符(或者当合并来自多个数据源的数据)时将不一定能区分这些使用方法。但是,如果 example.org 用"http://www.example.org/terms/name"当作它定义的"name"的值,并且其他人用"http://www.domain2.example.org/genealogy/terms/name"当作它们定义的"name"的值,那么显然不同的"name"包含不同的值(即使一个程序不能自动确定它们的具体含义)。②使用 URIref 来区分属性能使属性被看成资源本身。因为属性也是资源,仅仅通过增加主体为属性的 URIref 的 RDF 陈述,就能记录关于属性的信息(譬如,example.org 所用的"name"属性的含义的英文描述)。

用 URIref 作为 RDF 陈述的主体、谓词、客体支持了 web 上的共享词汇表的使用和发展,因为人们可以发现并使用已经在用的词汇表来描述事物,这反映了人们对那些概念的共享理解。在如下三元组中:

```
ex:index.html   dc:creator   exstaff:85740
```

当谓词"dc:creator"完全展开为一个 URIref 时,就明确地指向了 Dublin Core 元数据属性集中的"creator"的属性。这个三元组的作者有效地说明了网页(由 http://www.example.org/index.html 所标识)和网页的作者(一个独一无二的人,由 http://www.example.org/staffid/85740 所标识)之间的关系正是一个由 http://purl.org/dc/elements/1.1/creator 标识的概念。另一个熟悉 Dublin Core 词汇的人,或是查明了"dc:creator"确切含义(通过在 web 上查找的它的定义)的人,将会明白这个关系的含义。另外,在这种理解的基础上,在处理含有谓词"dc:creator"的三元组时,人们就能编写出行为与这个含义一致的程序来。当然,这有赖于越来越普遍地使用 URIref 而不是用文字来指代事物,如用 URIref"exstaff:85740"和"dc:creator"来代替字符串文字"John Smith"和"creator"。即使是那样,RDF 对 URIref 的使用仍不能解决所有的标识问题,因为人们仍然能够用不同的 URIref 来指代同一个事物。

由于这个原因,尽量使用现有的词汇表(比如 Dublin Core)的术语,而不发明可能与其他词汇表中术语重复的术语。

另外,要区分 RDF 本身赋予 RDF 陈述中的词汇(比如在先前例子里的 dc:creator)的含义与人们(或人编写的程序)可能赋予这些词汇的其他外部定义的含义。作为一门语言,RDF 直接定义的只有主体、谓词、客体三元组的图示语法,在 rdf:词汇表中的 URIref 的某些含义,以及某些其他概念。这些事物在[RDF-CONCEPTS]和[RDF-SEMANTICS]中有规范的定义。不过,RDF 没有定义在 RDF 陈述中使用的其他词汇表中的术语的含义,比如 dc:creator。特定的词汇表会被创建且其中的 URIref 会被赋予特定的含义,但这是在 RDF 之外的。使用了这些词汇表中的 URIref 的 RDF 陈述可能会把那些术语的特定含义传达给熟悉这些词汇表的人,或是处理这些词汇表的 RDF 应用程序,而不会把这些含义传达给不是特意处理这些词汇表的通用 RDF 应用程序。

例如,人们可以给一个三元组如"ex:index. html dc:creator exstaff:85740"赋予一定的含义,这是基于单词"creator"作为 URIref"dc:creator"的一部分出现所表示的含义,或者基于他们理解了"dc:creator"在 Dublin Core 词汇表中的确切定义。不过,就通用的 RDF 应用程序而言,这个三元组和下面的三元组在内在的含义上是一样的:

```
fy:joefy.iunm  ed:dsfbups  fytubgg:85740
```

与此类似,任何可能在 web 上找到的描述"dc:creator"含义的自然语言文本都无法为一个通用的 RDF 应用程序提供其直接可用的额外的含义信息。

当然,来自一个特定词汇表的 URIref 可以在 RDF 陈述中被使用,尽管给定的应用程序可能不能把任何特定的含义赋予它们。例如,通用的 RDF 软件会识别出上述表达式是一个 RDF 陈述,其中"ed:dsfbups"是一个谓词。它不会把词汇表开发人员赋予一个 URIref(比如 ed:dsfbups)的任何特定含义赋给这个三元组。此外,基于对一个给定的词汇表的理解,人们仍可以编写出一个与这个词汇表中的 URIref 的特定含义一致的 RDF 应用程序,尽管这个含义对不是以这种方式编写的 RDF 应用程序是不适用的。

结果是:RDF 提供了一种发表更易被应用程序处理的陈述的方法。一个应用不能真正理解这些陈述,就如当一个数据库系统处理一个查询语句如 SELECT NAME FROM EMPLOYEE WHERE SLALRY>35000 的时候,数据库系统对像"employee"或"salary"这类的词汇的理解一样。但是,如果一个应用程序编写得很合理,那么它处理 RDF 陈述时就好像它确实理解它们一样,这正像是一个数据库系统和它的程序并没有理解什么是"employee"和"salary"却能在处理雇员和薪水的数据信息时做有用的工作一样。例如,一个人能搜寻 web 找到全部书评并且为每本书创建一个平均等级。然后,这个人就可以把这些关于书的信息放到 web 上。而另一网站能获取这些书平均等级的列表并且创造一个"评价最高的十本书"页面。

3. RDF/XML 语法

RDF 的概念模型是一张图(graph)。RDF 提供了一种被称为 RDF/XML 的 XML 语法来书写和交换 RDF 图。与 RDF 的简略记法——三元组不同,RDF/XML 是书写 RDF 的规范性语法(normative syntax)。RDF/XML 定义于 RDF/XML 语法规范。

(1)基本原理

RDF/XML 语法的基本思想可以通过下面的例子来说明:

http://www.example.org/index.html has a creation-date whose value is August 16,1999

该陈述可以用三元组来表示(其中的 creation-date 属性已指定了 URIref)。

用三元组表示就是:

```
ex:index.html   exterms:creation-date   "August 16,1999"
```

例 4.1:描述网页创建日期的 RDF/XML

```
①<? xml version="1.0"? >
②<rdf:RDF xmlns:rdf="http://www.w3.org/1999/02/22-rdf-syntax-ns#"
③         xmlns:exterms="http://www.example.org/terms/">
④   <rdf:Description rdf:about="http://www.example.org/index.html">
⑤       <exterms:creation-date>August 16,1999</exterms:creation-date>
⑥   </rdf:Description>
⑦</rdf:RDF>
```

该例子中:

第 1 行是 XML 声明(XML declaration):<? xml version="1.0"? >。它表明以下内容将是 XML,XML 版本号是 1.0。

第 2 行以 rdf:RDF 元素开始。它表明以下 XML 内容(从这里开始,直到第 7 行的</rdf:RDF>为止)用于表达 RDF。同一行紧随 rdf:RDF 后的是 XML 命名空间声明(XML namespace declaration),即 rdf:RDF 首标签的 xmlns 属性。该声明指明在当前内容中出现的所有前缀为 rdf:的标签都属于由下列 URIref 所标识的命名空间:http://www.w3.org/1999/02/22-rdf-syntax-ns#。以 http://www.w3.org/1999/02/22-rdf-syntax-ns#打头的 URIrefs 用于标识来自 RDF 词汇表中的术语。

第 3 行是另一个 XML 命名空间声明(关于前缀 exterms:的)。该声明用 rdf:RDF 元素的另一个 xmlns 属性来表示。它指明前缀 exterms:与命名空间 URIref:http://www.example.org/terms/关联。以 http://www.example.org/terms/开始的 URIrefs 用于由 example 组织(example.org)定义的词汇表中的术语。第 3 行末尾的">"符号表明 rdf:RDF 首标签的结束。第 1 至 3 行是常规的、必备的部分,用以表明当前的内容是 RDF/XML,并声明内容中所使用的命名空间。

第 4 至 6 行是 RDF/XML 主要部分。谈及 RDF 陈述时,显而易见,陈述是一种"description(描述)"。并且,它是一种"about(有关)"陈述主体的描述(在本例中,是有关 http://www.example.org/index.html 的描述)。RDF/XML 表示陈述的方式正是如此。第 4 行中 rdf:Description 的起始标签表明某个资源描述的开始,然后标识了陈述所"about(针对)"的资源(也就是陈述的主体)。RDF/XML 采用了 rdf:about 属性来指定主体资源的 URIref。第 5 行用 QName exterms:creation-date 作为标签,提供了"属性元素(property element)",来表示谓词以及陈述的客体。选择 QName exterms:creation-date,可以将本地名称 creation-date 扩展为 http://www.example.org/terms/creation-date,这个属性元素

(property element)的内容就是陈述的客体——普通文字“August 16,1999 ”(主体资源的 creation-date 属性的值)。属性元素(property element)在 rdf:Description 元素所包含内容中以嵌套的形式存在,意味着该属性(property)应用于 rdf:Description 元素的 rdf:about 属性(attribute)所指定的资源。第 6 行表明这个 rdf:Description 到此结束。

第 7 行表明从第 2 行开始的 rdf:RDF 元素到此结束。在能够通过上下文确定 XML 内容为 RDF/XML 的情况下,可以不用 rdf:RDF 元素来包括 RDF/XML 的内容。但是,使用 rdf:RDF 元素在任何情况下均没有坏处,本书中的示例一般都会(但并不总是)使用 rdf:RDF 元素。

谓词(以及一些结点)的 URIrefs 被写作 XMLQNames,即包含一个简短的前缀(prefix)(代表命名空间 URI)和一个内部名(local name)(代表命名空间中的元素或属性)。对于一个(命名空间 URIref,内部名)对,将命名空间 URIref 和内部名连接起来将形成结点或谓词的 URIref。主体结点(subject nodes)的 URIrefs 被写为 XML 属性值(客体结点(object nodes)的 URIrefs 有时也可被写为属性值)。文字结点(literal nodes)(总是客体结点)写为元素的文本内容或属性值。

举例来说,对于下面两个陈述:

```
ex:index.html   exterms:creation-date   "August 16,1999"
ex:index.html   dc:language             "en"
```

可以用例 4.2 中的 RDF/XML 来表示:

例 4.2:表达两条陈述的 RDF/XML

```
①  <? xml version="1.0"? >
②  <rdf:RDF xmlns:rdf="http://www.w3.org/1999/02/22-rdf-syntax-ns#"
③              xmlns:dc="http://purl.org/dc/elements/1.1/"
④              xmlns:exterms="http://www.example.org/terms/">
⑤    <rdf:Description rdf:about="http://www.example.org/index.html">
⑥<exterms:creation-date>August 16,1999</exterms:creation-date>
⑦    </rdf:Description>
⑧    <rdf:Description rdf:about="http://www.example.org/index.html">
⑨        <dc:language>en</dc:language>
⑩   </rdf:Description>
⑪</rdf:RDF>
```

例 4.2 和例 4.1 一样,只是多了一个表达第二条陈述的 rdf:Description 元素(第 8 至 10 行)。(第 3 行给出了另一个命名空间声明,以标识在第二条陈述中用到的命名空间)。可以用同样的方式添加任意多个陈述,只需对每条陈述分别使用一个 rdf:Description 元素。如例 4.2 所示,一旦完成了书写 XML 和命名空间声明,RDF/XML 中各个 RDF 陈述的书写将简单明了。

RDF/XML 语法提供了若干种简略表达形式以便于书写。比如在例 4.2 中,用多个属性和属性值来描述同一资源,这里资源 ex:index. html 同时作为多个陈述的主体(subject)。在这种情况下,RDF/XML 允许在标识该主体的 rdf:Description 元素下嵌入多个属性元素来

表达属性。比如,要表达下列一组关于资源 http://www.example.org/index.html 的陈述:

```
ex:index.html  dc:creator              exstaff:85740
ex:index.html  exterms:creation-date   "August 16,1999"
ex:index.html  dc:language             "en"
```

例 4.3 是它所对应的 RDF/XML。

例 4.3:简略表达多个属性

```
①  <?xml version="1.0"?>
②  <rdf:RDF xmlns:rdf="http://www.w3.org/1999/02/22-rdf-syntax-ns#"
③              xmlns:dc="http://purl.org/dc/elements/1.1/"
④              xmlns:exterms="http://www.example.org/terms/">
⑤    <rdf:Description rdf:about="http://www.example.org/index.html">
⑥        <exterms:creation-date>August 16,1999</exterms: creation-date>
⑦        <dc:language>en</dc:language>
⑧        <dc:creator rdf:resource="http://www.example.org/staffid/85740"/>
⑨    </rdf:Description>
⑩</rdf:RDF>
```

与前面两个例子相比,例 4.3 中多了一个 dc:creator 属性元素(在第 8 行)。另外,三个属性元素(表达主体 http://www.example.org/index.html 的三个属性)都嵌在同一个 rdf:Description 元素(标识主体 http://www.example.org/index.html)里,而不是为各个陈述单独写一个 rdf:Description 元素。第 8 行引入了一种新的属性元素形式。第 7 行中的 dc:language 元素与例 4.1 中的 exterms:creation-date 元素类似,它们都是用普通文字(plain literal)来表示属性的值,并且都用与属性名称(property name)对应的首标签(start-tag)和尾标签(end-tag)将上述文字括起来。然而,第 8 行中的 dc:creator 元素表示一个属性值为另一个资源(而不是普通文字)的属性。如果把该资源的 URIref 写成被括在首标签和尾标签中的普通文字(像前两个元素那样),这将表示 dc:creator 元素的值是字符串 http://www.example.org/staffid/85740,而不是由该字符串代表的 URIref 所标识的资源。为了表明这一区别,dc:creator 元素被写成空元素标签(empty-element tag)(即没有尾标签)的形式,同时用一个 rdf:resource 属性(attribute)来表达属性的值(property value)。rdf:resource 属性(attribute)表明属性元素(property element)的值是另一个用 URIref 标识资源(resource)。由于该 URIref 要作为属性(attribute)值,RDF/XML 要求这个 URIref 必须被写成绝对 URIref 或相对 URIref 的形式,而不能像写元素名(element name)或属性名(attribute name)那样被简略为 QName。

例 4.3 中的 RDF/XML 是一种简略形式,理解这一点很重要。例 4.4 是描述同一个 RDF/XML,其中各个陈述被分开书写:

例 4.4:用分开的陈述书写例 4.3

```
<?xml version="1.0"?>
<rdf:RDF xmlns:rdf="http://www.w3.org/1999/02/22-rdf-syntax-ns#"
            xmlns:dc="http://purl.org/dc/elements/1.1/"
```

```
            xmlns:exterms="http://www.example.org/terms/">
    <rdf:Description rdf:about="http://www.example.org/index.html">
        <exterms:creation-date>August 16,1999</exterms:creation-date>
    </rdf:Description>
    <rdf:Description rdf:about="http://www.example.org/index.html">
        <dc:language>en</dc:language>
    </rdf:Description>
    <rdf:Description rdf:about="http://www.example.org/index.html">
        <dc:creator rdf:resource="http://www.example.org/staffid/85740"/>
    </rdf:Description>
</rdf:RDF>
```

(2)简写与组织 RDF URIrefs

到目前为止,所有的示例都假定所描述资源已指派了 URIrefs。比如,前面的几个例子提供了关于 example. org 网页的描述性信息,该网页的 URIref 为 http://www. example. org/index. html。在 RDF/XML 中,这个资源(resource)的标识是通过使用一个 rdf:about 属性(attribute)并用资源的 URIref 作为属性值实现的。尽管 RDF 并没有规定或限定如何为资源(resources)指派 URIrefs,有时希望为一些有组织的资源指派 URIrefs。比如,设想一个运动产品公司 example. com 要为它的产品(比如帐篷、运动鞋等)提供一个基于 RDF 的目录,该目录是一个 RDF/XML 文档,用 http://www. example. com/2002/04/products 来对它进行标识和定位。在该资源中,各个产品可能会有一个单独的 RDF 描述。例 4. 5 所示的 RDF/XML 描述了这个产品目录和一种型号为"Overnighter"的帐篷所对应的目录项及其描述。

例 4. 5:example. com 产品目录的 RDF/XML

```
①  <?xml version="1.0"?>
②  <!DOCTYPE rdf:RDF [<!ENTITY  xsd "http://www.w3.org/2001/XMLSchema#">]>
③  <rdf:RDF xmlns:rdf="http://www.w3.org/1999/02/22-rdf-syntax-ns#"
④            xmlns:exterms="http://www.example.com/terms/">
⑤    <rdf:Description rdf:ID="item10245">
⑥          <exterms:model  rdf:datatype="&xsd;string">Overnighter</exterms:model>
⑦          <exterms:sleeps  rdf:datatype="&xsd;integer">2</exterms:sleeps>
⑧          <exterms:weight  rdf:datatype="&xsd;decimal">2.4</exterms:weight>
⑨          <exterms:packedSize  rdf:datatype="&xsd;integer">784</exterms:packedSize>
⑩    </rdf:Description>  ...other product descriptions...
⑪  </rdf:RDF>
```

本例与前面例子的主要区别在于第 5 行中的 rdf:Description 元素,它有一个 rdf:ID 属性(attribute)而不是 rdf:about 属性(attribute)。rdf:ID 用于指定一个片段标识符(fragment identifier)作为资源完整 URIref 的简略形式,该片段标识符在 rdf:ID 属性值(attribute)(在本例中为 item10245,它可能是由 example.com 指定的目录号)中给出。片段标识符 item10245 的解析是相对于基准 URI(base URI)(在本例中,基准 URI 为目录文档的 URI)的。该帐篷的完整 URIref 是这样形成的:取(目录的)基准 URI,在后面添加字符"#"(表明后面跟随的是片段标识符)和字符串"item10245",这样得到了绝对 URIref http://www.example.com/2002/04/products#item10245。这里的 rdf:ID 属性有些类似 XML 和 HTML 中的 ID 属性(attribute),因为它定义了一个相对于当前基准 URI(在本例中,基准 URI 是目录的基准 URI)必须唯一的名称。在本例中,rdf:ID 属性(attribute)为这种特定的帐篷指派一个名称(item10245)。本书中的其他 RDF/XML 可以用两种方式来引用这个帐篷:使用绝对 URIrefhttp://www.example.com/2002/04/products # item10245,或使用相对 URIref #item10245。相对 URIref 可被理解为一个相对目录的基准 URIref 定义的 URIref。使用同样的简略形式,帐篷的 URIref 也可以在目录项中通过使用 rdf:about="#item10245"来给出(也就是说,直接给出帐篷的相对 URIref),而不是使用 rdf:ID="item10245"。作为一种简略机制,这两种方式本质上是相同的:RDF/XML 在这两种方式下形成的完整 URIref 完全相同,都是 http://www.example.com/2002/04/products#item10245。但是,使用 rdf:ID 提供了一种机制,可以在指派一组互不相同的名称集合时进行检测,因为 rdf:ID 属性(attribute)给定的值在隶属同一个基准 URI 的范围(在本例中为产品目录文档)内只能出现一次。如果用另一种方式的话,example.com 将通过两步给出该帐篷的 URIref:首先指定整个产品目录的 URIref,然后在产品目录中的帐篷描述中使用一个相对 URIref 来表明该帐篷被指派的 URIref。另外,相对 URIref 的使用可被理解为是对 RDF 中这个帐篷指派的完整 URIref 的一种简略形式,也可以被认为是对产品目录中这个帐篷的 URIref 的指派。位于产品目录外部的 RDF 可以用完整的 URIref(通过连接该帐篷的相对 URIref #item10245 和产品目录的基准 URI 形成绝对 URIrefhttp://www.example.com/2002/04/products#item10245)来引用这个帐篷。例如,一个户外运动网站 exampleRatings.com 也许会用 RDF 来提供各种帐篷的排名。例 4.5 所描述的帐篷被给予的等级为(5-star),这一信息可以在 exampleRatings.com 网站上由例 4.6 所示的 RDF/XML 来表示。

例 4.6:exampleRatings.com 给上述帐篷的等级

```
① <?xml version="1.0"?>
② <!DOCTYPE rdf:RDF [<!ENTITY xsd "http://www.w3.org/2001/XMLSchema#">]>
③ <rdf:RDF xmlns:rdf="http://www.w3.org/1999/02/22-rdf-syntax-ns#"
④         xmlns:sportex="http://www.exampleRatings.com/terms/">
⑤   <rdf:Description rdf:about="http://www.example.com/2002/04/products#item10245">
⑥       <sportex:ratingBy rdf:datatype="&xsd;string">Richard Roe</sportex:ratingBy>
⑦       <sportex:numberStars rdf:datatype="&xsd;integer">5</sportex:numberStars>
⑧   </rdf:Description>
⑨ </rdf:RDF>
```

在例4.6中,第5行使用的rdf:Description元素带有一个rdf:about属性(attribute),该属性的值为被描述的帐篷的完整URIref。使用这个URIref可以精确标识被排名所引用的帐篷。

上面这些例子说明了若干要点:

①尽管RDF没有规定或限定如何为资源(如本例中的各种帐篷和其他产品)指派URIrefs,但在RDF中可通过下面的方法获得为资源指派URIrefs的效果:(在RDF之外)标识一个文档(如本例中的产品目录),并将它作为资源描述的来源;而在该文档中描述各个资源时使用相对URIref。比如,example.com可以将这个产品目录作为描述它的产品的总的来源,如果一个产品的产品号不在产品目录中的任何条目中出现,那么它就不是一个example.com所知道的产品。(注意:RDF并不会仅根据两个资源的URIrefs有相同的基准或在某些方面相像而假定它们之间存在任何特定的关系。也许example.com了解这些关系,但它们没有直接在RDF中定义)。以上的示例说明了web体系结构的一个基本原则,即任何人都应能够用他们愿意使用的任何词汇自由地添加关于某一现存资源的信息。这些例子进一步说明了描述某个特定资源的RDF不需要全部存放于某一处,相反,它可以被分布于web上。这一点不仅对上述情形(即一个组织对其他组织定义的资源给出排名或评论)适用,对于下面这种情形也是适用的,即资源的最初定义者希望通过增加关于资源(或其他人)的信息来充实资源的描述。这可以通过修改RDF文档(即资源被最初定义的文档)来实现,即增加为了描述附加信息所必需的属性(properties)和值。

②另一种实现方式(如本例所展示的)是:创建一个单独的文档,并在其中通过使用rdf:Description元素为资源(用rdf:Description元素的rdf:about属性(attribute)的值来标识)提供附加的属性(properties)和值。

上面的论述表明,对URIrefs(比如#item10245)的解析将是相对于某个基准URI(base URI)的。一般情况下,这个基准URI可以是该相对URI所在资源的URI。但是,在某些情况下也许能够显式指定基准URI。比如,设想除位于http://www.example.com/2002/04/products的产品目录以外,example.org希望在某个镜像站点上提供一个产品目录的副本(比如,位于http://mirror.example.com/2002/04/products)。这可能会造成一些问题,因为如果是通过镜像站点获得产品目录的话,帐篷的URIref将会通过产品目录的URI产生,也就是说形成的绝对URIref为http://mirror.example.com/2002/04/products#item10245,而不是http://www.example.com/2002/04/products#item10245。显然,这将引用一个非期望的资源。作为另一个选择,example.org也许希望为它的产品的URIrefs指定一个基准URIref,而不是使用产品目录文档的位置作为基准URIref。

为了处理上述情况,RDF/XML支持XML Base。XML Base允许XML文档指定一个基准URI,而不是将XML文档本身的URI作为基准URI。例4.7显示了产品目录是如何用XML Base来描述的。

例4.7:在example.com的产品目录中使用XML Base

```
① <?xml version="1.0"?>
② <!DOCTYPE rdf:RDF [<!ENTITY xsd "http://www.w3.org/2001/XMLSchema#">]>
```

```
③ <rdf:RDF xmlns:rdf="http://www.w3.org/1999/02/22-rdf-syntax-ns#"
④             xmlns:exterms="http://www.example.com/terms/"
⑤             xml:base="http://www.example.com/2002/04/products">
⑥   <rdf:Description rdf:ID="item10245">
⑦          <exterms:model  rdf:datatype="&xsd;string">Overnighter </exterms:model>
⑧         <exterms:sleeps  rdf:datatype="&xsd;integer">2 </exterms:sleeps>
⑨          <exterms:weight  rdf:datatype="&xsd;decimal">2.4 </exterms:weight>
⑩        <exterms:packedSize  rdf:datatype="&xsd;integer">784 </exterms:packedSize>
⑪    </rdf:Description> ...other product descriptions...
⑫ </rdf:RDF>
```

在例4.7中,第5行的xml:base声明为rdf:RDF元素里的内容指定了基准URI(直到在遇到其他被指定的xml:base为止)http://www.example.com/2002/04/products。这样,在元素里引用的所有相对URIrefs的解析将相对于xml:base所指定的基准URI,而与这些相对URIrefs所在文档的URI是什么无关。因此,所描述帐篷的相对URIref #item10245将被解析为同一个绝对URIrefhttp://www.example.com/2002/04/products#item10245,不管产品目录文档的实际URI是什么,也不管基准URIref是否真的标识了某一具体文档。

到目前为止,所有示例使用的都是同一个产品描述——example.com产品目录中的某个具体型号的帐篷。然而,example.org也许希望提供多种不同型号的帐篷,同样对旅行背包、旅行鞋等多个不同类型产品也提供多种选择。把事物划分为不同的种类(kings)或类别(categories)这一想法与程序设计语言里的对象(objects)有不同的类型(type)或类(class)类似。RDF通过提供预定义属性(property)rdf:type来支持这种概念。当我们用rdf:type属性(property)来描述一个RDF资源时,该属性的值就被看作表达这种事物的种类(kings)或类别(categories)的资源。该属性的主体被看作该种类(kings)或类别(categories)的一个实例(instance)。例4.8展示了example.com是如何使用rdf:type来表达产品描述是关于一个帐篷的。

例4.8:在帐篷的描述中使用rdf:type

```
① <?xml version="1.0"?>
② <!DOCTYPE rdf:RDF [<!ENTITY xsd "http://www.w3.org/2001/XMLSchema#">]>
③ <rdf:RDF xmlns:rdf="http://www.w3.org/1999/02/22-rdf-syntax-ns#"
④             xmlns:exterms="http://www.example.com/terms/"
⑤             xml:base="http://www.example.com/2002/04/products">
⑥   <rdf:Description rdf:ID="item10245">
⑦         <rdf:type rdf:resource="http://www.example.com/terms/Tent"/>
⑧          <exterms:model  rdf:datatype="&xsd;string">Overnighter </exterms:model>
⑨         <exterms:sleeps  rdf:datatype="&xsd;integer">2 </exterms:sleeps>
```

```
⑩        <exterms:weight rdf:datatype="&xsd;decimal">2.4 </exterms:weight>
⑪         <exterms:packedSize  rdf:datatype=" &xsd; integer">784 </exterms:
packedSize>
⑫    </rdf:Description>  ...other product descriptions...
⑬  </rdf:RDF>
```

在例 4.8 中,第 7 行的 rdf:type 属性(property)表示被描述的资源是 URLref http://www.example.com/terms/Tent 所标识的类的一个实例(instance)。这假定了 example.com 已经在某个词汇表中描述了这个类(class),因此才可以在上面的例子中用该类的绝对 URIref 来引用它。如果 example.com 是在产品目录所在文档中描述了这个类,那么可以用相对 URIref #Tent 来引用它。

RDF 本身并没有提供方法来定义特定应用中的类(class),比如本例中的 Tent,或它们的属性(properties),如 exterms:weight 等。这些类是在 RDF schema 中使用 RDF Schema 语言(将在第 5 节介绍)来描述的。其他用于类描述的方法也可以被定义,比如 DAML+OIL 和 OWL 语言。

在 RDF 中,为被描述的资源指定 rdf:type 属性(property)以指明它是某个特定类型或类的实例是非常普遍的手法。这样的资源在 RDF 图中被称作有类型结点(typed node),在 RDF/XML 中被称作有类型结点元素(typed node elements)。RDF/XML 提供了一种特殊的简略形式以描述这些有类型结点。在这种简略形式中,rdf:type 属性及其的值被移去,而结点对应的 rdf:Description 元素被替换为一个以 QName 为名称的元素(QName 对应于被移去的那个 rdf:type 属性的值,也就是某个类的 URIref)。使用这种简略形式,例 4.8 中 example.com 的帐篷也可用例 4.9 所示的 RDF/XML 来描述。

例 4.9:简略帐篷的类型

```
①  <?xml version="1.0"?>
②  <!DOCTYPE rdf:RDF [<!ENTITY
xsd "http://www.w3.org/2001/XMLSchema#">]>
③  <rdf:RDF xmlns:rdf="http://www.w3.org/1999/02/22-rdf-syntax- ns#"
④              xmlns:exterms="http://www.example.com/terms/"
⑤              xml:base="http://www.example.com/2002/04/products">
⑥    <exterms:Tent rdf:ID="item10245">
⑦          <exterms:model
rdf:datatype="&xsd;string">Overnighter</exterms:model>
⑧          <exterms:sleeps
rdf:datatype="&xsd;integer">2</exterms:sleeps>
⑨          <exterms:weight
rdf:datatype="&xsd;decimal">2.4</exterms:weight>
⑩        <exterms:packedSize
rdf:datatype="&xsd;integer">784</exterms:packedSize>
⑪    </exterms:Tent>
  ...other product descriptions...
```

⑫ </rdf:RDF>

一个资源可能有多个 rdf:type 属性,但是在这些 rdf:type 属性中,只有一个可被写为简略形式,其余的必须像例 4.8 中的那样用 rdf:type 属性写出。

有类型结点的简略形式除用于描述用户自定义类(user-defined classes)(比如 exterms:Tent)的实例以外,在描述内建 RDF 类(比如 rdf:Bag)和内建 RDF Schema 类(比如 rdfs:Class)时也是被普遍使用的。

例 4.8 和例 4.9 展示了一点,即用 RDF/XML 写出的 RDF 陈述可以非常类似直接用 XML(而不是 RDF)书写的描述。在 XML 正被使用于越来越多地应用这一背景下,这是一个重要的考虑,因为这意味着 RDF 可在这些应用中被使用,而不需要对信息的构造方式做较大改动。

4. RDF 的特点

(1)易控制

RDF 使用简单的资源—属性—值三元组,所以很容易控制,即使是数量很大的时候。这个特点很重要,因为现在 web 资源越来越多,如果用来描述资源的元数据格式太复杂,势必会大大降低元数据的使用效率,其实从功能的角度来看,完全可以直接使用 XML 来描述资源,但 XML 结构比较复杂,允许复杂嵌套,不容易进行控制。采用 RDF 可以提高资源检索和管理的效率,从而真正发挥元数据的功用。

(2)易扩展

在使用 RDF 描述资源的时候,词汇集和资源描述是分开的,所以可以很容易扩展。例如,如果要增加描述资源的属性,只需要在词汇集中增加相应元数据即可,而如果使用的是关系数据库,增加新字段并不是一件容易的事情。

(3)包容性

RDF 允许任何人定义自己的词汇集,并可以无缝地使用多种词汇集来描述资源,以根据需要来使用,各尽其能。比如,在上个例子里描述网页资源时用 Dublin Core 描述其作者属性,而在描述作者的姓名时又使用了另外一个专门描述人的词汇集来描述。

(4)可交换性

RDF 使用 XML 语法,可以很容易地在网络上实现数据交换;另外,RDF Schema 定义了描述词汇集的方法,可以在不同词汇集间通过指定元数据关系来实现含义理解层次上的数据交换。

(5)易综合

在 RDF 中资源的属性是资源,属性值可以是资源,关于资源的陈述也可以是资源,都可以用 RDF 来描述,这样就可以很容易地将多个描述综合,以达到发现知识的目的。例如,在描述某书籍时指明其作者属性值是另一资源,我们就可以根据描述作者的 URI 来获得作者的信息,如毕业院校等,从而知道这本书是某一院校的毕业生写的,于是在表面上看来没任何关系的两者间建立了联系,而这种联系往往是发现知识的前奏。

5. DC 在 XML 中的描述例子

由于 XML 是可以将信息的存贮与显现分开的,书目数据的显现格式可通过一些应用程序实现。本例结合电子版《中华文化通志》这一电子资源的书目,只列出其文档结构和数据结构的 XML 标记形式,未标识数据显示和打印时所使用的字号、字体以及排版格式。这种形式仅供系统处理资源用。

例 4.10:XML/RDF 描述 DC

```
<? xml version ="1.0"encoding = "UTF-16"? >
<! Doc TYPE Bibliographic biblio. dtd >
<Bibliography >
<HEAD >
<TITL E >Dublin Core 形式书目< /TITL E >
<PREREEQ CLASSIFICATION ="computer - basic"/> < /HEAD >
<BODY>
<dc : Title >中华文化通志< /dc : Title >
<dc :Creator role ="edt (主编)"> 萧克< /dc :Creator >
<dc :Creator role ="bkp (制作)"> 书同文电脑技术开发有限公司< /dc :
Creator >
<dc :Subject > 中华文化< /dc :Subject >
<dc :Description > …< /dc :Description >
<dc :Publisher >上海人民出版社< /dc :Publisher >
<dc :Date >1998 - 10 - ?? < /dc :Date >
<dc : Type >大型文化专志< /dc : Type >
<dc : Format >电子图书(eBook)、源数据所占空间:5G< /dc : Format >
<dc : Identifier id = "xyz"scheme ="ISBN"> 7208022542 < /dc : Identifier >
<dc :Source >迪志文化出版有限公司< /dc :Source >
<dc :Source >http ://www. dheritage. com < /dc :Source >
<site href ="http :www. unihan. com. cn"xml :link ="simple"> < /site >
<dc :Language >chi < /dc :Language >
<dc :Relation >http ://www. unihan. com. cn < /dc :Relation >
<dc :Coverage >中国古今文化(公元前 26 世纪—公元 20 世纪)< /dc :
Coverage >
<dc :Righits >上海人民出版社< /dc :Righits >
</BODY>
</Bibliography >
```

XML 对元数据的标记信息不需要人工录入,完全可以通过各项数据录入格式自动置标,因而它比 MARC(机读目录)形式数据输入标引更为简单;书目信息与全文版电子资源的链接是通过< dc :Source >…< / dc :Source >或< site href = "…"xml :link = "…"> </site>实现的;每项元数据元素是可重复标记的,数据是可变长的。

4.2 信息资源的智能化分析

4.2.1 分词处理

文本表示是文本分类的关键技术之一,而中文文本中词和词之间不像英文一样存在边界,所以对中文文本表示之前,需要先进行分词处理。有人把文本解析比喻成人体的消化过程,输入食物,分解出有用的氨基酸和葡萄糖等。分词是文本解析的重要环节,是文本进行后续处理的预处理阶段,其结果好坏直接影响到文本分类正确性。下面重点阐述中文分词研究成果。

1. 分词概念

英文、法文、德文等是以词为单位的,词和词之间有空格隔开,但中文字符序列中词与词之间无空隙相隔,所以在中文信息处理时需要分词处理。把中文的汉字序列切分成有意义的词,就是中文分词,也称为切词。中文分词是其他中文信息处理的基础,只有分词正确,文本分类、信息检索、信息过滤、文献自动标引、摘要自动生成等中文信息处理才能取得更好的效果。但中文本身复杂性及其书写习惯,使中文分词技术成为分词技术中的难点。经过学者的共同努力,过去20多年中文分词取得可喜进步,黄昌宁、赵海总结了四个方面取得的成绩:①通过"分词规范+词表+分词语料库"的方法,使中文词语在真实文本中得到了可计算的定义,这是实现计算机自动分词和可比评测的基础;②实践证明,基于手工规则的分词系统在评测中不敌基于统计学习的分词系统;③在Bakeoff数据上的评估结果表明,未登录词造成的分词精度失落至少比分词歧义大5倍以上;④实验证明,能够大幅度提高未登录词识别性能的字标注统计学习方法优于以往的基于词(或词典)的方法,并使自动分词系统精度达到了新高。

2. 分词理论方法

目前所有分词算法都在歧义消除与未登录词识别方面寻找新思路,以提高分词速度与精度。精度与速度是互相制约的,难以平衡,所以需要根据实际情况设计算法。很多文献在封闭测试或者小规模的开放测试中得出分词精度99%以上,笔者认为结果不具有说服力,还需要权威机构测评鉴定。目前分词算法很多,大致可归纳为三大类:词典分词方法、理解分词方法、统计分词方法。

(1)词典分词方法

①算法

该方法又叫作机械分词方法,按照一定策略将待分析的汉字串与一个词典中的词条进行匹配，若在词典中找到某个字符串，则匹配成功。该方法需要确定三个要素：词典、扫描方向、匹配原则，依据扫描方向可分为正向与逆向匹配；依据匹配原则可分为最大（最长）与最小（最短）匹配等。目前比较成熟的几种词典分词方法有：正向最大匹配法（Maximum Matching Method，MM）、逆向最大匹配法（Opposite Directional Maximum Matching Method，OMM）、双向最大匹配法、最少切分等。MM 由苏联学者于 1960 年提出，它是词典分词算法的基础，其他算法由 MM 算法发展演化而来。统计表明，在分词过程中单纯使用正向最大匹配的错误率为 1/169，单纯使用逆向最大匹配的错误率为 1/245。实际使用的分词系统，都是把机械分词作为一种初分手段，还需通过利用各种其他的语言信息来进一步提高切分的准确率。机械分词方法包含两个核心内容：分词算法与词典结构，改进方法可依据此核心内容进行：(a)字典结构改进，字符串匹配算法精度与速度受制于词典，词典数据结构会影响分词性能，所以该算法需要先进的词典数据结构，以提高分词速度。同时词典词收录量有限，而导致匹配错误，影响分词精度。通过对字典结构改进，加快检索时间，提高检索的速度。(b)改进扫描方式，优先在待分析字符串中识别和切分出一些带有明显特征的词（如标点符号），以这些词作为断点，可将原字符串分为较小的串再来进行机械分词，从而减少匹配的错误率。(c)将词典中的词按由长到短递减顺序逐字搜索整个待处理材料，一直到分出全部词为止。其中第二种改进方式需要使用者斟酌，它增加了一遍扫描“切分标志词典”的时空复杂性，却并没有提高分词精度，其实切分标志都已经隐含在词典之中，是对词典功能的重复。实际上“切分标志”也没有标记歧义字段的任何信息。基于此，近来的分词系统中，已经基本上废弃这种“切分标志”预处理方法。

下面给出正向对大匹配（Maximum Matching Method，MM）算法基本思想。

(a)设自动分词词典中最长词条所含汉字个数为 I；

(b)取被处理材料当前字符串序数中的 I 个字作为匹配字段，查找分词词典。若词典中有这样的一个 I 字词，则匹配成功，匹配字段作为一个词被切分出来，转(f)；

(c)如果词典中找不到这样的一个 I 字词，则匹配失败；

(d)匹配字段去掉最后一个汉字，I--；

(e)重复(b)~(d)，直至切分成功为止；

(f) I 重新赋初值，转(b)，直到切分出所有词为止。

②词典结构

基于词典的中文分词方法，词典数据结构设计非常关键，它直接影响分词算法的性能。高效的分词词典需要考虑如下三个因素：(a)词查询速度，任何一种词典分词算法都需要进行词匹配，查询速度是最关注的指标；(b)词典空间利用率，词容量大，但占空间小，则查询时间也少；(c)词典维护性能，能方便支持词的删除、插入、修改等操作。在设计词典结构时，Hash 表是一种有效方式，最初词典按照简单的倒排原理设计，先对 GB 2312—1980 中的汉字排序（即建立 Hash 表），然后将其后继词（包括词的属性等信息）放在相应的词库表中。梁南元在国内设计第一分词系统 CDWS 中采用该方法设计词典数据结构。为了提高查询速度也可以将词首字建立 Hash 表，词次字建立 Hash 表，其余放在词库表。孙茂松等研究者设计并实验考察了三种典型的分词词典机制：整词二分、TRIE 索引树及逐字二分，着重比较它们的时间、空间效率。实验显示：基于逐字二分的分词词典机制简洁、高效，较好地满足了实用型汉语自动分词系统的需要。姚兴山提出一种新的词典结构，词典由首字 Hash 表、词次字 Hash 表、词次字结构、词 3 字 Hash 表、词 3 字结构、词 4 字 Hash 表、词 4 字结构、词索引表和词典正文等部分组成，该词典结构极大提高查询速度，不足是增大存储开销。陈桂林等介绍了一种高效的中文电子词表数据结构，它支持首字 Hash 和标准的二分查找，且不限词条长度，然后提出了一种改进的快速分词算法。在快速查找两字词的基础上，利用近邻匹配方法来查找多字词，明显提高了分词效率。目前来看，围绕词典结构提高分词性能的主流思想是设计 Hash 表，表个数随结构不同而不同，个数越多，空间开销越大，但查询速度也相应提高，具体设计需要在时间与空间之间权衡。

(2)理解分词方法

该方法基本思想就是让计算机模拟人对句子的理解，达到识别词的效果，它在分词的同时进行句法、语义分析，利用句法信息和语义信息来处理歧义现象。理解分词方法需要使用大量语言知识和信息。由于汉语语言知识的笼统、复杂性，难以将各种语言信息组织成机器可直接读取的形式，因此目前基于理解的分词系统还处在试验阶段。

①人工智能技术

(a)专家系统。分词专家系统能充分利用词法知识、句法知识、语义知识和语用知识进行逻辑推理，实现对歧义字段的有效切分。何克抗等深入地分析了歧义切分字段产生的根源和性质，把歧义字段从性质上划分为四类，并给出了消除每一类歧义切分字段的有效方法。在对歧义字段进行统计分析的基础上提出了切分精度的“四级指标体系”，并在切分精度、切分速度、可维护性等方面论证专家系统方法是实现自动分词系统的最佳方素。王彩荣设计了一个分词专家系统的框架：将自动分词过程看作基于知识的逻辑推理过程，用知识推理与语法分析替代传统的“机械匹配分词+歧义校正”的过程。

(b)神经网络。神经网络是以模拟人脑并行、分布处理和建立数值计算模型工作的。它将分词知识所分散隐式的方法存入神经网内部。通过自学习和训练修改内部权值，以达到正确的分词结果。徐秉铮等在研究各种自动分词方法的基础上，提出用神经网络分析方法进行分词。随后林亚平、尹锋利等用 BP 神经网络设计了一个分词系统，进行大量仿真实验，取得了较好的分词效果。

采用神经网络与专家系统的人工智能分词算法与其他方法相比具有如下特点：知识的处理机制为动态演化过程；字词或抽象概念与输入方式对应，切分方式与输出模型对应，即存在一个输入、输出逻辑概念到输入、输出模式的转换；能较好地适应不断变化的语言现象，包括结构的自组织和词语的自学习；新知识的增加对系统处理速度影响不大，这与一般机械匹配式分词方法有很大区别；有助于利用句法信息和语义信息来处理歧义现象，提高理解分词的效果。作为智能分词技术的一种探讨，将神经网络与专家系统思想引入中文分词，是一种有益尝试，为在后续智能自动分词技术中取得更多进展打下良好基础。

(c)生成-测试法。黄祥喜提出“生成-测试”法，通过词典的动态化、分词知识的分布化、分词系统和句法语义系统的协同工作等手段实现了词链的有效切分和汉语句子切分与理解的并行。该方法具有通用性，实现容易，分词和理解能力强。

很多文献将理解分词方法与人工智能方法阐述为两种不同方法，笔者认为不妥，从目前所做工作来看，理解分词技术基本采用人工智能技术实现。目前还没有基于人工智能的分词系统面世，说明将人工智能技术引入分词还处在探索阶段。

②统计模型技术

苏菲等提出基于规则统计模型的消歧方法和识别未登录词的词加权算法，通过大量语料库学习获取歧义高频字，作为歧义标记，利用规则统计模型对标记的上下文信息分类处理，剩下的部分进行正向或逆向动态最大匹配，对连续单字串使用词加权算法来判断其是否为未登录多字词。张茂元等提出基于马尔可夫链的语境中文切分理论，进而提出一种语境中文分词方法，该方法建立在词法和句法基础上，从语境角度分析歧义字段，提高分词准确率。

（3）统计分词方法

统计方法思想基础是：词是稳定的汉字的组合，在上下文中汉字与汉字相邻共现的概率能够较好地反映成词的可信度。因此对语料中相邻共现的汉字的组合频度进行统计，计算他们的统计信息并作为分词的依据。如 R. Sproat 和 L. Shih C 利用“互信息”定量刻画两个汉字之间的结合力，Sun M. Setc 提出了汉字间 t-测试差的概念作为互信息的有益补充。该类方法通常需要在一定的统计模型下，从训练语料中计算出所需的统计量作为参数代入统计模型进行计算，从而判断字串是否被分开判别为词。

从统计思想角度看，分词问题的输入是一个字串 $C=c_1,c_2,\cdots,c_n$，输出一个词串 $S=w_{11}$，$w_{12},\cdots,w_{1L}$。对于一个特定的 C，会有多个 S 对应，统计分词的任务就是在这些 w 中找出概率最大的一个。在此基础上可以衍生出统计量如词频、互信息、t-测试差，以及相关分词模型如最大概率分词模型、最大熵分词模型、N-Gram 元分词模型等。国内学者在上述基础上提出很多改进分词模型，如孙茂松等提出了一种利用句内相邻字之间的互信息及 t-测试差这两个统计量解决汉语自动分词中交集型歧义切分字段的方法。在此基础上，孙茂松等进一步提出将两者线性叠加的新的统计量 m_d，并引入“峰”和“谷”的概念，设计了一种无词表的自动分词算法。王思力等提出了一种利用双字耦合度和 t-测试差解决中文分词中交叉歧义的方法：首先利用词典找出所有的交叉歧义，然后用双字耦合度和 t-测试差的线性叠加值来判断各歧义位置是否该切分。

下面给出最大概率分词算法思想。

①对一个待分词的字串 S，按照从左到右的顺序取出全部候选词 $w_1,w_2,\cdots,w_i,\cdots,w_n$。

②到词典中查出每个候选词的概率值 $P(w_i)$，并记录每个候选词的全部前驱词。

③计算每个候选词的累计概率，同时比较得到每个候选词的最佳前驱词。

④如果当前词 w_n 是字串 S 的尾词，且累计概率 $P'(w_n)$ 最大，则 w_n 就是 S 的终点词。

⑤从 S 的终点词 w_n 开始，按照从右到左顺序，依次将每个词的最佳前驱词输出，即为 S 的分词结果。

（4）三种主流方法比较

机械分词算法简单，易于实现，但受词典结构、容量限制影响到分词精度与速度。同时它没有考虑词语义、语法等知识，容易产生歧义分词字段，也缺乏自学习自主调节能力。基于理解的分词系统目前还处于试验阶段,要取得实质进展还需时间。统计方法技术成熟,在新词发现与歧义消除方面有不错表现。三种方法的具体比较见表 4-1。

表 4-1 三种分词方法比较

比较指标/分词方法	字符串匹配分词	理解分词	统计分词
歧义识别	差	强	强
新词发现	差	强	强
需要词典	需要	不需要	不需要
需要语料库	不需要	不需要	需要
需要规则库	不需要	需要	不需要
算法复杂性	容易	难	一般
技术成熟度	成熟	不成熟	成熟
实施难度	容易	很难	一般
分词准确性	一般	准确	较准
分词速度	快	慢	一般
应用广泛性	广泛	一般	广泛

(5)组合方法

单个方法有优点,但也存在不足,实际分词系统设计时需要组合几种方法,利用各自优点,克服不足,以更好解决分词难题。

①字典与统计组合

翟凤文等提出了一种字典与统计相结合的中文分词方法,该方法首先利用基于字典的分词方法进行第一步处理,然后利用统计的方法处理第一步所产生的歧义问题和未登录词问题。该算法在基于字典的处理过程中,通过改进字典的存储结构,提高了字典匹配的速度;在基于统计的处理过程中,通过统计和规则相结合的方法提高了交集型歧义切分的准确率,并且一定条件下解决了语境中高频未登录词问题。

②分词与词性标注组合

词性标注是指对库内语篇中所有的单词根据其语法作用加注词性标记。将分词和词类标注结合起来,利用丰富的词类信息对分词决策提供帮助,并且在标注过程中又反过来对分词结果进行检验、调整,从而极大地提高切分的准确率。目前隐马尔可夫模型(Hidden Markov Model,HMM)在词性标方面注取得不俗成绩,该模型研究透彻,算法成熟,效率高,效果好,易于训练。白拴虎将自动分词和基于隐马尔可夫链的词性自动标注技术结合起来,利用人工标注语料库中提取出的词性二元统计规律来消解切分歧义。沈达阳等设计了分词和词性标注一体化系统。佟晓筠等应用 N-最短路径法,构造了一种中文自动分词和词性自动标注一体化处理的模型,在分词阶段召回 N 个最佳结果作为候选集,最终的结果会在未登录词识别和词性标注之后,从这 N 个最有潜力的候选结果中选优得到,并设计自动分词和词性自动标注一体化的中文词法分析器。香港城市大学的 Kit 提出基于实例的中文分词-词性标注模型(EBST),姜涛等通过理论上定性分析和实验来证明EBST具有如下优点:①对于训练语料相关的文本(即与训练语料相同、相似或同领域的文本),EBST系统的分词-词性标注结果具有极高的准确率;②EBST系统的分词-词性标注结果与训练语料中的分词-词性标注具有很好的一致性。

3. 歧义消除研究

(1)歧义类型

歧义是指同一个字符串存在不止一种切分形式。歧义字段分为交集型歧义字段(交叉歧义)、组合型歧义字段(覆盖歧义)两种,假定A、B、C分别代表一个或多个字组成的字串,在字段ABC中如果A、AB、BC、C都是词,则称ABC为交集型歧义字段。在字段AB中,如果A、B、AB都是词,则称AB为组合型歧义字段。据统计交叉歧义字段占到了总歧义字段的86 %,所以解决交叉歧义字段是分词要解决的重点与难点。

(2)消歧方法

目前解决歧义消除的典型方法有:

①三种主要分词及组合算法

②穷举法

找出待分析字串所有可能的词,该方法简单,但时间开销大,实用性不强。多数时候采用双向匹配算法,正向匹配结果与逆向匹配结果一致,分词正确,否则分词有歧义。

③联想-回溯法

李国臣等提出联想-回溯法,该方法首先将待切分的汉字符号串序列依特征词词库分割为若干子串,每个子串或为词或为词群(几个词组合而成的线性序列),然后利用实词词库和规则库再将词群细分为词。分词时,利用了一定语法知识。联想和回溯机制同时作用于分割和细分两个阶段,旨在有效解决歧义组合结构的切分问题。

④词性标注

白拴虎利用马尔可夫链的词性标注技术结合分词算法消解切分歧义,而沈达阳等设计分词和词性标注一体化分词系统。

⑤EM法

王伟等提出一种基于非监督训练的分词歧义解决方案和一种分词算法,基于EM的思想,每个句子所对应的所有(或一定范围内)的分词结果构成训练集,通过这个训练集和初始的语言模型可以估计出一个新的语言模型,最终的语言模型通过多次迭代而得到。该模型对每个句子至少带有一个歧义的测试集的正确切分精度达到85. 36 %(以句子为单位)。EM是极大似然原则下的建模方法,存在过度拟合问题。

⑥短语匹配与语义规则法

姚继伟、赵东范在短语结构文法的基础上,提出一种基于局部单一短语匹配和语义规则相结合的消歧方法。通过增加短语间的右嵌套规则和采用有限自动机的实现方式,解决了短语规则中存在冗余项的问题,提高了短语匹配效率和歧义消除类型的针对性。

4. 未登录词研究

(1)未登录词类型

未登录词大致包含两大类①新涌现的通用词或专业术语等;②专有名词,如中国人名、外国译名、地名、机构名(泛指机关、团体和其他企事业单位)等。未登录词识别指正确识别未在词典中出现的词,未登录词出现极大影响了分词的精度,如何解决未登录词识别问题成为分词准确性的一大难题。

(2)未登录词识别

识别第一类未登录词一般是先根据某种算法自动生成一张候选词表(无监督的机器学习策略),再人工筛选出其中的新词并补充到词表中。该方法需要大规模语料库支持。第二种未登录词识别常用办法是:首先依据从各类专有名词库中总结出的统计知识(如姓氏用字及其频度)和人工归纳出的专有名词的某些结构规则,在输入句子中猜测可能成为专有名词的汉字串并给出其置信度,之后利用对该类专有名词有标识意义的紧邻上下文信息如称谓,以及全局统计量和局部统计量参见下文,进行进一步鉴定。

归纳起来,未登录词解决方案有两大类:专用方法与通用方法。专用方法主要针对特定领域的未登录词如中文人名、中文地名、中文机构名等识别,此类方法主要是基于专有词库与规则展开。通用方法则重在解决所有类别的未登录词识别问题,前面列举的机械分词、理解分词、统计分词方法就是一种通用方法。

①专有名词库

对中文人名、地名、机构名等分别建立词库,该方法需要搜集特定资源并制定特定算法,信息集成难度大。

②启发式规则

通过前后缀的修饰词发现人名等未登录词。如"先生张三",前面"先生"就是一个特定的修饰词,一般后面紧接着是人名。郑家恒将中文姓氏用字进行归类,并利用分类信息建立规则以识别"小张""老李"之类的人名,并且有效地区分出"张""李"等字的量词用法。

③通用解决方案

不针对特定的未登录词设计算法,适用于各种类型的未登录词。吕雅娟等对中国人名、中国地名、外国译名进行整体识别为目标,采用分解处理策略降低了整体处理难度,并使用动态规划方法实现了最佳路径的搜索,较好地解决了未登录词之间的冲突问题。秦文、苑春法提出了决策树的未登录词识别方法,先把未登录词识别问题看成一种分类问题,将分词程序处理后产生的分词碎片分为"合"(合成未登录词)和"分"(分为两单字词)两类,然后用决策树的方法来解决这个分类的问题。从语料库及现代汉语语素数据库中共统计出六类知识:前字前位成词概率、后字后位成词概率、前字自由度、后字自由度、互信息、单字词共现概率。

5. 分词系统研究进展

中文分词系统是利用计算机对中文文本进行词语自动识别的系统。一个高效的、性能优良的中文分词系统应该具备几个基本要素:分词精度、分词速度、系统可维护性、通用性、适应性。

(1)早期自动分词系统

20 世纪 80 年代初有学者开始研究自动分词系统,陆续有一些实用性系统出现,典型的有:①1983 年由北京航空航天大学设计的 CDWS 分词系统是我国第一个实用的自动分词系统,它采用最大匹配分词算法,辅助以词尾字构词纠错技术。其分词速度为 11~15 字/秒,切分精度约为 1/400。②1988 年山西大学研制一种基于规则的汉语分词算法,并在微型机上设计和实现了一个汉语自动分词系统——NEWS。分词准确率高(99%),切分速度快(在 AST/286 上为 362 词/分),是首次在我国实现的专门对新闻语料全文进行自动分词的实用系统。③1988 年北京航空航天大学实现的分词系统 CASS 使用正向增字最大匹配,运用知识库来处理歧义字段。其机械分词速度为 200 字/秒以上,知识库分词速度 150 字/秒(没有完全实现)。④1991 年由北京师范大学现代教育研究所设计书面汉语自动分词专家系统首次将专家系统方法完整地引入分词技术中。此外还有清华大学早期 SEG 分词系统、清华大学 SEGTAG 系统等。由于受硬件条件及分词技术影响,早期分词实用系统在分词速度与精度上还不够理想,实用性不高。但这些实用分词系统的出现为后续分词系统设计打下良好基础。

(2)现代分词系统

①中科院计算所汉语词法分析系统(ICTCLAS)

ICTCLAS 是中国科学院计算技术研究所经过多年努力研制的基于多层隐马模型的汉语词法分析系统,主要功能包括中文分词、词性标注、命名实体识别、新词识别;支持用户词典,繁体中文,GBK、UTF-8、UTF-7、UNICODE 等多种编码格式。该系统版本不断升级,功能不断完善,分词速度与精度不断提高,今天 ICTCLAS3.0 分词速度单机为 996 KB/s,分词精度为 98.45%,API 不超过 200 KB,各种词典数据压缩后不到 3 M。

②海量智能分词研究版

海量公司 1999 年开始研究中文智能分词系统,是第一个真正意义上的研究中文分词的商业公司。该分词系统较好地解决了分词领域中的两大技术难题:歧义切分和新词的识别,分词准确率达到 99.6%,分词效率为 2 000 万字/分钟。其中组合歧义的处理一直是分词领域的难点中的难点,海量分词系统能对绝大多数的组合歧义进行正确的切分。在新词的识别上,针对不同类型采用不同识别算法,其中包括对人名、音译词、机构团体名称、数量词等新词的识别,其准确率比较高。

由于计算机硬件技术的大幅提升,分词技术的逐步成熟,现在分词系统在歧义消除、未登录词识别方面取得较大进展,分词速度与精度明显提高,实用性越来越强。基于分词技术的信息检索、信息过滤、自动索引、文本分类等中文信息处理系统广泛应用于互联网络和办公自动化中,为人们工作、生活带来极大便利,促进人类信息生活向多元化、多样化发展。

(3)分词与词性标注测评

“国家 863 计划中文信息处理与智能人机交互技术评测”于 2003 年及 2004 年设立汉语分词与词性标注评测,评测选择 20 世纪 80 年代以来流通广泛的图书、报纸、期刊和网络等载体作为语料的来源,以期反映当代汉语的最新面貌,涉及的主题有政治、经济、体育、交通、旅游、教育等。语料的选择考虑到其平衡性、科学性和代表性。其中汉语分词以《信息处理用现代汉语分词规范》(GB/T13715—92)为主要依据,同时参考1998年北京语言文化大学和清华大学提出的《现代汉语语料库文本分词规范》。在具体操作上,“分词单位”的选取参考预先提供的经过分词和词性标注的参照语料。对于在被评测单位加工后的语料中出现的、但参照语料中未涉及的一些“分词单位”,只要没有“硬伤”,都认为切分正确。参照语料将在正式评测的两周前给出。词性标注采用本大纲附录中规定的词性标注集。各标记的定义可参考教育部语言文字应用研究所起草的《信息处理用现代汉语词类标记规范》。分词评测采用三个指标:正确率、召回率、*F* 值。歧义字段分词评测、兼类词词性标注评测和命名实体评测都采用正确率、召回率以及调和平均数三个指标,2003年有五家单位参与测评,具体测评结果见表4-2,表4-3。

表4-2 分词标注测评结果

单位	分词测评结果			标注测评结果		
	正确率/%	召回率/%	*F* 值/%	正确率/%	召回率/%	*F* 值/%
S1	91.42	89.27	90.33	—	—	—
S2	93.44	93.49	93.46	87.47	87.52	87.50
S3	92.04	93.85	92.94	82.96	84.59	83.77
S4	92.88	92.88	93.14	83.35	83.81	83.58
S5	93.22	93.22	93.45	68.65	68.99	68.82

表4-3 命名实体详细评测结果

人名			地名			机构名			其他专名		
正确率/%	召回率/%	*F* 值/%	正确率/%	召回率/%	*F* 值/%	正确率/%	召回率/%	*F* 值/%	正确率/%	召回率/%	*F* 值/%
72.35	64.74	68.33	89.72	83.49	86.49	61.54	77.38	68.56	64.74	23.15	34.10
27.27	43.29	33.46	67.72	78.02	72.51	4.65	10.90	6.52	100.0	0.44	0.88
45.36	61.60	52.25	68.64	87.99	77.12	20.36	31.33	24.68	37.67	20.80	26.80
49.79	68.09	57.52	76.72	84.27	80.23	81.51	10.60	18.76	17.99	24.97	20.91
60.59	78.07	68.23	77.95	86.64	82.07	69.31	60.93	64.85	88.89	10.59	18.93

汉语分词取得了骄人成绩,但也存在不足,从测评结果看,在命名实体识别还有许多难题需要攻克。

6. 研究难点与热点

(1)分词研究难点

大量文献表明,目前在中文分词研究领域难点问题还是歧义消除与未登录词识别问题,各种算法都在围绕该两大主题展开。前面归纳各种方法都是在现有算法基础上就如何解决歧义与未登录词而提高分词精度与速度下功夫,也取得了不错的成绩。

(2)分词研究热点趋势

①创新算法

研究者需要在更广泛的方法论上探讨算法,创新提出一揽子方案,设计出通用的解决歧义与未登录词识别的方法,提高分词精度与速度。如宋彦等提出结合基于字的条件随机场模型与基于词的Bi-gram语言模型的切分策略,实现字词联合解码的中文分词方法就是一种方法上的创新。

②统计组合算法

分词系统的实用化与工程化发展,需要处理大规模真实文本,统计方法有优势,但也存在不足,所以还需要结合其他方法,提升分词处理性能。目前大量文献集中于统计分词研究,基于统计的分词及与其他方法的组合是以后研究的热点,将会给中文分词带来实质性突破。

4.2.2 文本挖掘

在"信息丰富,知识贫乏"的时代,如何在海量信息中快速有效地发现相关特定内容并加以利用,已经具有越来越重要的现实意义。文本挖掘结合信息处理技术、机器学习和统计学习理论,在文本识别、搜索引擎、信息过滤、电子政务等方面有着广泛的应用,已经成为信息处理现代化的关键技术之一。

1. 文本挖掘概念

数据挖掘(Data Mining),就是从大量数据中获取有效的、新颖的、潜在有用的、最终可理解的模式的非平凡过程。文本挖掘是数据挖掘的一个分支,其处理对象是文本,文本挖掘也称为文本数据库中的知识发现,是从大量文本的集合或语料库中抽取事先未知的、可理解的、有潜在实用价值的模式和知识。文本挖掘处理对象是半结构化或者非结构化的文档,而数据挖掘处理的都是结构化的数据。这导致文本挖掘比数据挖掘要复杂。对文本信息的挖掘主要是发现某些文字出现的规律以及文字与语义、语法间的联系,用于自然语言的处理,如机器翻译、信息检索、信息过滤等,通常采用信息提取、文本分类、文本聚类、自动文摘和文本可视化等技术从非结构化文本数据中发现知识。

2. 文本挖掘的过程

文本挖掘主要包括四部分:文本预处理(文本表示、特征抽取)、知识发现、挖掘效果评估、文本模式呈现。

(1)文本预处理

文本预处理指选取与任务相关的文本并将其转化成文本挖掘工具可以处理的中间形式,通常包括两个主要步骤。

①文本特征表示

文本特征指的是关于文本的元数据，分为描述性特征(例如文本的名称、日期、大小、类型等)、语义性特征(例如文本的作者、机构、标题、内容等)。由于文本信息具有有限的结构或者没有结构，文本的内容是人类所使用的自然语言，因此计算机很难处理其语义。文本的这些特殊性使得现有的数据挖掘技术无法直接应用于其上，所以要对文本进行特征表示，将这些特征用结构化的形式保存，以便于处理。

②文本特征的提取

文本特征的提取是很复杂的过程，它主要包括：停用词表的预过滤，即使用高、低通过滤器过滤那些很不常用或诸如辅助动词之类出现频率很高的常用词，根据在文本结构中不同位置给予不同权重以及进行同义词分析、一词多义分析、词性变化分析等；中文文本处理，由于中文特殊的书写形式、灵活多变的构词方式以及对句子采取不同的分词形式可能产生完全不同的语义，汉语的自动切分相当困难，虽然目前存在词典分词法、切分标记分词法、单汉字标引法、智能分词法等多种分词方法，但分词效果仍然具有很大的提高潜力。分词问题将来的研究依赖于自然语言理解研究的进展。文本特征的提取对于文本挖掘是非常重要的，数据挖掘的方法能否移植到文本挖掘领域，在很大程度上取决于文本特征提取的效果。

(2)文本知识发现

经文本预处理之后，可以根据用户的需要使用挖掘工具进行数据挖掘，去检索、发现他们所需的知识和模式，即文本知识发现。从目前文本挖掘技术的研究和应用状况来看，通过语义的角度来实现文本挖掘的还很少，目前研究和应用最多的几种文本挖掘技术有：文档聚类、文档分类和摘要抽取等。

(3)文本模式的评价

文本挖掘过程中一个重要的环节是挖掘模型的评估，它是指利用已经定义好的评估指标对获取的知识或模式进行评价。如果评价结果符合要求，就存储该知识或模式以备用户使用；否则返回到前面的某个环节重新调整和改进，然后再进行新一轮的发现。通过评估可以改进文本挖掘的知识发现过程。

(4)文本模式的呈现

互联网上的文本信息、机构内部的文档及数据库的内容都在以几何级的速度增长，用户使用文本挖掘可能得到成千上万个返回结果，其中许多是与其信息需求无关或关系不大的，如果要剔除这些文档，则必须阅读完全文，这要求用户付出很多，而且效果不好。文本呈现应运而生，它的一个重要技术是自动文摘，能够生成简短的关于文档内容的指示性信息，将文档的主要内容呈现给用户，以决定是否要阅读文档的原文，这样能够节省大量的浏览时间。

3. 文本分类

文本分类的研究可以追溯到20世纪60年代，早期的文本分类主要有词匹配法以及后来兴起的知识工程方法，后者通过手工定义一些规则来对文本进行分类，费时费力。到20

世纪 90 年代,基于统计与机器学习的自动文本分类方法日益受到重视,它在准确率和稳定性方面具有明显的优势。通过统计理论和语言学等途径进行的文本表示和分类模型的研究也得到进一步拓宽或发展,相关领域的技术也在文本分类中得到新的应用。

(1)文本分类定义

文本分类定义颇多,比较典型的定义有:①自动文本分类(Automatic Text Categorization),或者简称为文本分类,是指计算机将一篇文章归于预先给定的某一类或某几类的过程。②文本分类是指按照预先定义的主题类别,为文档集合中的每个文档确定一个类别。文本分类是文本挖掘的一个重要内容。③文本分类是指对所给出的文本,给出预定义的一个或多个类别标号,对文本进行准确、高效的分类。它是许多数据管理任务的重要组成部分。④文本分类是指按预先指定的标准对文档进行归类,这样用户不仅可以方便地浏览文档而且可以通过类别来查询所需的文档。

一般,文本分类形式化定义如下。

文本分类的任务是估计一个函数 $\phi:D\times C\rightarrow\{T,F\}$,其中 $D=\{d_1,d_2,\cdots,d_{|D|}\}$ 为需要分类的文档集合,$C=\{c_1,c_2,\cdots,c_{|C|}\}$ 为类别集合,对于任给的数据值对 $(d_i,c_i)\in D\times C$,如函数 ϕ 输出 T 值,则表示文档 d_i 属于类别 c_i,如函数 ϕ 输出 F 值,则表示文档 d_i 不属于类别 c_i。同时函数 ϕ 即为通常所说的分类器。文本分类的主要任务就是构造一个分类器,使得该分类器对未知文档预测其所属类别,分类器构造是文本分类研究的一个关键问题。

(2)文本分类发展历史

自动分类研究始于 20 世纪 50 年代。H. P. Luhn 将词频统计原理应用在自动分类领域,开创了文本分类研究工作。1960 年,Maron 发表了第一篇有关自动分类的论文。1962 年,H. Borko 等人提出利用因子分析法进行文献自动分类。其后,K. Sparck、Gsalton 以及 R. M. Nedham、M. E. Lesk、K. S. Jones 等情报专家在这一领域开展了卓有成效的研究工作,他们主要从基于文本的词频统计分析、句法分析和语义分析等三个层次上进行研究。其中,以基于词频统计分析的自动分类较为成功。1971 年,Rocchio 提出基于用户反馈修正类权重向量,构成简单的线性分类器。Mark vanuden、Mun 等给出了其他的一些修改权重的方法。1979 年,van Rijsbergen 提出向量空间模型和评估标准如准确率、回召率,并成为文本分类重要模型。1992 年,Lewis 系统介绍文本分类系统实现方法细节,并且在自建数据集 Reuters22173(即后来的 Reuters21578 数据集)上测试,此工作成为文本分类划时代的经典贡献。其后 Y. M. Yang 对信息增益、互信息、统计量等各种特征选择方法从实验上进行了分析和比较。并于 1997 年在公开数据集 Reuters21578 和 OHSUMED 上比较了各个分类器的性能,对后来的研究起到了重要的参考作用。1995 年,Vipnik 提出的支持向量机在机器学习领域受到广泛的重视。Thorsten Joachims 第一次将线性核函数的支持向量机用于文本分类。后来 Y. Freund 和 Robert E. Schapire 提出 AdaBoost 文本分类算法,并从理论和试验上给出 AdaBoost 算法框架的合理性,其后的研究者在这个框架下给出了许多类似的 Boosting 算法,比较有代表性的有 Real AdaBoost, Gentle Boost, LogitBoost 等。这些 Boosting 算法均已被应用到文本分类的研究中,并且取得了和支持矢量机一样好的效果。

自 20 世纪 50 年代以来,国外自动文本分类研究大致经历了四个发展阶段:①第一阶段

(1958—1964年),研究自动分类的可能性;②第二阶段(1965—1974年),进入自动分类的试验性阶段;③第三阶段(1975—1989年),自动分类的实用性阶段;④第四阶段(1990年至今),因特网自动分类研究阶段。

到目前为止,国外的文本自动分类研究已经从最初的可行性基础研究经历了实验性研究进入实用的阶段,并在邮件分类、信息过滤等方面取得了较为广泛的应用。国内对文本分类研究比较晚,1981年侯汉清教授首先探讨和介绍了国外文本分类的研究情况。近年来,国内的许多科研单位和高等院校竞相开展文本分类的基础理论及其应用研究,取得了较丰硕的研究成果。文献基于文献计量法对1999—2008年国内文本分类相关研究论文做了统计分析,按基础理论研究和应用研究两部分分别进行了深入的探讨,前者涉及了文本分类过程中的各种关键技术:文本预处理、文本表示、特征降维、分类算法、效果评估,后者则包括文本分类在各领域的应用研究和文本分类系统的设计与开发,该文献比较全面地反映了国内文本分类研究的现状与进展。

(3)文本分类过程

根据文本所属类别多少可以将文本分类归为以下几种模式:二类分类模式,给定的文本属于两类中的一类;多类分类模式,给定的文本属于多个类别中的一个;属多类模式,给定的文本属于多个类别。文本分类主要包括四部分:文本表示、特征抽取、分类器构建、分类效果评估。

①文本表示

文本表示主要解决两个问题:用哪些特征词表示文本;如何刻画特征词的重要性。目前主要文本表示模型有:布尔模型(Boolean Model)、向量空间模型(Vector Space Model, VSM)、概率模型(Probablistic Model),而向量空间模型最为常用,该表示法有一个关键假设,即文本中词条出现的先后次序是无关紧要的,各特征词对应特征空间的一维,将文本表示成欧氏空间的一个向量。

②特征降维

文本表示阶段抽取的特征词很多,有的文本可能高达几万个,造成后续面临高维空间处理;空间压缩、特征抽取则是化高维为低维,使问题处理方便,当然这种处理可能会丢失一些信息,在不影响特征分类准确度的情况下,减少文本描述空间的高维特征数量是很有必要的,这个过程也称为特征选取(Feature Selection)或特征抽取(Feature Extraction)。一般来说,一个有效的特征项集合必须具有以下两个特征:(a)完全性:特征项能够完整反映目标文本的内容;(b)区分性:特征项具有将目标文本和其他文本相区分的能力。

③分类器构建

根据抽取特征信息,构建分类模型,比如神经网络分类模型、决策树分类模型、支持向量机模型等,最后用构建好的分类模型为一些新的、未知的文本分类。

④效果评估

对于分类算法的性能评价则需要考虑:①文本分类算法进行正确分类决策的能力;②文本分类算法进行快速分类决策的能力,即在准确性和效率方面是有要求的。目前对文本分类性能评价主要是通过实验进行,对于二元分类问题,常用的评价指标有:准确率/召回率、break-even 点、11 点平均、F-mearsure、精度/错误率等。在多元分类问题中，为了对整个分类系统进行评价，通常对单个分类器的分类指标进行宏平均或微平均。近年来 ROC 曲线也逐渐用于文本分类性能评价，特别是基于 ROC 曲线下面积（The Area Under the ROC Curve，AUROC）估算成为文本分类性能评价又一重要指标，该面积代表了从测试集中随机选择一个正例比随机选择一个反例的概率要高。

（4）文本分类应用

①自动索引

针对检索系统特别是布尔型信息检索系统的自动文本索引依赖一个受控词表，给每篇文档分配一个或者多个关键词或者关键词短语描述文档内容，而这些关键词或短语来源于一个称为受控词典的有限集合。如果将每个受控词看成类别，文本索引则负责将每篇文档分配给不同的关键词或短语，这是一个典型的文本分类问题。早期文档索引采用人工方法，当然是一件费时费力的活动，利用自动文本分类技术，可以极大提高检索效率。

②信息组织

信息组织属于典型的多类文本分类问题，如报社的广告归类、会议论文根据专题归类、专利归类、门户网站网页按照内容进行层次归类等。基于文本自动分类的信息组织可以极大提高分类效率，帮助人们快速获取所需信息资源。

③词感应消歧

词在不同语境下含义不同，词感应消歧就是要辨别词在不同语境下的准确含义。比如“bank”在“the bank of England”与在“the bank of River Thames”含义不同，一个是指银行，一个是指河岸。如果将词的不同语境看成文档，而词的不同含义看成类别，则词感应消歧就是典型的文本分类问题。

④信息过滤

随着信息获取方便性的提高，人们对获取网络上更为相关的信息的需求也在不断增长。这种动态需求也需要智能的信息过滤技术，帮助人们对源源不断到来的文本进行动态的分类、筛选，从而保留有用信息，屏蔽无关信息。利用信息过滤技术还可构建服务的个性化和主动性，提高信息获取的方便性。从文本分类的角度来说，它属于两类文本分类问题，它将所有文本区分为“相关文本”与“无关文本”。

信息过滤能够主动地获取用户特定的信息需求，进而使用这些信息需求组成过滤条件，对信息资源进行过滤，就能把符合条件的信息抽取出来进行服务。因此，信息过滤具有个性化与主动化这两个显著特点。个性化的实质是针对性，即对不同的用户采取不同的服务策略，提供不同的服务内容；主动服务的实质是主动性，即不需要用户做什么，系统自动按照用户的需求来提供相应的服务。个性化主动服务将使用户付出尽可能小的努力，获得尽可能好的服务。

传统的获取信息的技术中用户是主动方，因此可以称之为“拉”（Pull），与之相反的另一种方式则称为“推”（Push），由信息发布方主动地将信息推送给感兴趣的用户。用户的兴趣可以使用用户自己提交的 Profile，或者用户访问过的文本集合来描述。面对用户形式各异的个性化信息需求，良好的信息过滤系统能够充分适应并及时捕捉到用户兴趣的迁移，始终提供最能满足用户需求的信息。此外,通过适当地引导用户参与到过滤过程中或者分析用户对待过滤结果的网络行为等技术实现动态反馈,根据这些反馈动态调整用户兴趣的表示以及信息筛选的准则,从而实现更加高效的自适应式信息过滤。

⑤邮件分类

Internet 最广泛的应用就是电子邮件,人们工作、学习、生活息息相关的电子邮件给人们带来巨大方便的同时,也日益显示出其负面影响,即那种“不请自来”的“垃圾”邮件,它们或者是推销广告,或者是一些有害的不良信息,或者是一些病毒。据中国互联网协会反垃圾邮件中心调查,2006 年垃圾邮件给中国造成的损失为 104.315 亿元,2007 年为 188.4 亿元,2008 年第一季度高达 93.83%的企业用户都收到过垃圾邮件,而中国网民每周收到垃圾邮件的比例高达56.70%。第二季度中国网民平均收到垃圾邮件的数量为 18.35 封,第三季度为 17.86 封,第四季度为 17.55 封。垃圾邮件的监控管理成为日益重要的工作,文本分类技术可以帮助人们自动分类邮件,将垃圾邮件分类过滤。邮件分类可以看作通常的文本分类问题,它可以分为两种模式。其一是两类模式,即按照垃圾与非垃圾来分类;另一种是多类模式,比如工作、会议、垃圾等。文本自动分类技术的研究一定程度上可以帮助人们自动分类邮件,将垃圾邮件分类过滤。

⑥话题跟踪

话题跟踪研究目标是要实现按话题查找、组织和利用来自多种新闻媒体的多语言信息。这类新技术是现实中急需的,比如:自动监控各种信息源(如广播、电视等),并从中识别出各种突发事件、新事件以及关于已知事件的新信息,这可广泛用于信息安全、证券市场分析等领域。另外,还可以找出有关用户某一感兴趣话题的所有报道,研究这一话题的发展历程等。从文本挖掘的角度上来说,话题识别跟踪类似于文本聚类与分类。

话题识别与跟踪,作为一项旨在帮助人们应对信息过载问题的研究,以新闻专线(Newswire)、广播、电视等媒体信息流为处理对象,将语言形式的信息流分割为不同的新闻报道(News Story),监控对新话题的报道,并将涉及某个话题的报道组织起来以某种方式呈现给用户。

⑦新信息检测

文档信息检索技术能够在一定程度上满足文档的检索需求,但是往往会包含大量的无关的、重复冗余的信息,同时信息粒度偏大。而且用户需要提炼自己的需求,以适当的关键词表达出来。为了进一步提高检索的性能,我们希望研发出一种新的检索技术,该技术能够检索出粒度比文档更小的相关信息,并进一步排除冗余、陈旧的信息。这里的粒度与文档相对应,一般称之为片段(Passage),其中包括:段落(Paragraph)、句子集(Sentence Cluster)和句子。为了评价与计算的便利,一般采用句子作为这种信息检索的粒度,称之为句子级新信息检测(Novelty Detection at Sentence Level)。句子级新信息检测内在地包含着两个主要内容:相关句子检索与新信息内容的检测。

新信息内容的检测可以分为监督与非监督检测。监督环境下的新信息内容的检测可以看作简单的两类文本分类问题,文本在这里指的是句子。类别对应为新信息与旧信息。

⑧网络舆情分析(sentiment analysis)

舆情是指在一定的社会空间内,围绕中介性社会事件的发生、发展和变化,民众对社会管理者产生和持有的社会政治态度。它是较多群众关于社会中各种现象、问题所表达的信念、态度、意见和情绪等表现的总和。网络舆情形成迅速,对社会影响巨大,不仅需要各级党政干部密切关注,也需要社会各界高度重视。

网络舆情监控主要是过融合最新的海量信息搜集、全文搜索和数据挖掘、文本分类技术可以24小时监控成千上万的网站、论坛和博客的变化,帮助用户及时、全面、准确地掌握各种商业信息和网络动向,从而提高自身的竞争力和事件追踪能力。通过对信息进行进一步的整理、分析,监控系统还可以为客户决策提供高价值的市场参考及危机处理服务。

4. 文档聚类

文档聚类就是通过对文档的字词和结构特征进行分析,用来发现与某种文档相似的一批文档,帮助知识工作者发现相关知识。聚类方法通常有:层次聚类法、平面划分法、简单贝叶斯聚类法、最近邻参照聚类法、分级聚类法、基于概念的文本聚类等。文档聚类常常用于将一批文档聚类成若干个类,提供一种文档分析方法和组织文档库的方法。聚类分析可以用来发现文档特征生成文档分类器,以对文档进行分类。文本挖掘中的聚类分析可用于提供大规模文档库内容的总括,判断文档之间的相似程度。在搜索引擎服务中,用来减轻浏览相关、相似信息。文档分类和聚类是不同的,区别在于分类是基于已有的分类体系表的,分类表通常由人工指定,是进行了语义处理的。一般比较准确、科学地反映了某一个领域的划分情况,所以在信息系统中使用分类的方法,能够让用户手工遍历一个等级分类体系来找到自己需要的信息,达到发现知识的目的,这对于用户刚开始接触一个领域想了解其中的情况,或者用户不能够准确地表达自己的信息需求时特别有用。而聚类分析则没有这样的分类表,只是基于文档之间的相似度。并且仅仅在聚类分析的前提下生成的分类还需要人工赋予语义解释。也就是说,机器聚类筛选出来的特征可能是人无法理解的。目前,文档聚类在以下几方面得到广泛应用。

①文档聚类可以作为多文档自动文摘等自然语言处理应用的预处理步骤,比较典型的例子是哥伦比亚大学开发的多文档文摘系统 Newsblaster。Newsblaster 将每天发生的重要新闻文本进行聚类处理,并对同主题文档进行冗余消除、信息融合、文本生成等处理,从而生成一篇简明扼要的摘要文档。

②对搜索引擎返回的结果进行聚类,使用户迅速定位到所需要的信息。Hua-Jun Zeng 等人提出了对搜索引擎返回的结果进行聚类的学习算法。比较典型的系统则有 vivisimo 和 infonetware 等。系统允许用户输入检索关键词,而后对检索到的文档进行聚类处理,并输出各个不同类别的简要描述,从而可以缩小检索的范围,用户只需关注比较有希望的主题。另外这种方法也可以为用户二次检索提供线索。

③对用户感兴趣的文档(如用户浏览器 cache 中的网页)聚类,从而发现用户的兴趣模式并用于信息过滤和信息主动推荐等服务。

④聚类技术还可以用来改善文本分类的结果,如俄亥俄州立大学的 Y. C. Fang,S. Parthasarathy 和 F. Schwartz 等人的工作。

⑤数字图书馆服务。通过 SOM 神经网络等方法,可以将高维空间的文档拓扑保序地映射到二维空间,使得聚类结果可视化和便于理解,如 SOMlib 系统。

⑥文档集合的自动整理。如 Scatter/Gather 是一个基于聚类的文档浏览系统。而微软的 Ji-Rong Wen 等人则利用聚类技术对用户提出的查询记录进行聚类,并利用结果更新搜索引擎网站的 FAQ。

5. 信息抽取与自动文摘

数字图书馆工作者在大量文献资源基础上为用户提供有价值的信息是其追求的目标,一般来说有三种主要的方式来提供增值信息。

(1)通过有选择性的资源选取为特定领域的人员提供价值高、权威性强的资源。

(2)为资源增加高质量的元数据,为用户查找与浏览提供方便。

(3)通过数据挖掘与信息抽取方法,帮助提高资源定位与呈现。

信息抽取(information extraction,IE)直接从自然语言中抽取事实信息,并以结构化的形式描述信息,供信息查询、文本深层挖掘、自动回答问题等应用,为人们提供有力的信息获取工具。信息抽取系统的主要功能是从文本中抽取出特定的事实信息。比如,从新闻报道中抽取出恐怖事件的详细情况:时间、地点、作案者、受害者、袭击目标、使用的武器等;从经济新闻中抽取出公司发布新产品的情况:公司名、产品名、发布时间、产品性能等;从病人的医疗记录中抽取出症状、诊断记录、检验结果、处方,等等。通常,被抽取出来的信息以结构化的形式描述,可以直接存入数据库中,供用户查询以及进一步分析利用。

Cunningham. H 给出信息抽取的定义为:对自然语言进行分析并抽取信息片段的一种技术。同时指出信息抽取是文本挖掘的具体应用,文本挖掘包括广泛的文本处理工作如文本摘要、文档检索、文档聚类、文本分类、语言识别、作者归属、短语识别、抽取名字日期等实体等。

利用信息抽取技术可以自动生成文摘,自动文摘能够生成简短的关于文档内容的指示性信息,将文档的主要内容呈现给用户,以决定是否要阅读文档的原文,这样能够节省大量的浏览时间。自动文摘就是利用计算机自动地从原始文档中提取全面准确地反映该文档中心内容的简单连贯的短文。最简单的自动文摘方法就是截取文章头部有限数量的文字,生成文档的文摘。

一般来说要求自动文摘应能将原文的主题思想或中心内容自动提取出来,文摘文字应具有概况性、客观性、可理解性和可读性。按照生成文摘的句子来源,自动文摘方法可以分成两类:一类是完全使用原文中的句子来生成文摘;另一类是可以自动生成句子来表达文档的内容。后者的功能更强大,但在实现的时候,自动生成句子是一个比较复杂的问题,经常出现产生的新句子不能被理解的情况,因此目前大多用的是抽取生成法。

4.3 信息压缩

4.3.1 数据压缩概念

数据压缩是指在不丢失信息的前提下,缩减数据量以减少存储空间,提高其传输、存储和处理效率的一种技术方法。或按照一定的算法对数据进行重新组织,减少数据的冗余和存储的空间。数据压缩包括有损压缩和无损压缩:(1)无损压缩是指使用压缩后的数据进行分析,效果与压缩前相同。一些常用的无损压缩方法有哈夫曼(Huffman)编码方法和LZW(Lempel-Ziv- Welch)压缩方法。(2)有损压缩是指在允许一定的精度损失的情况下,压缩掉数据中一些无关紧要的数据,不影响结果。常用的有损压缩算法有 PCM、变换编码等。英国哥伦比亚大学研究了量化离散余弦变换(QDCT)及其在基于离散余弦变换(DCT)视频编码中的应用,提出了一种有效的连接二维离散余弦变换(DCT)和系数变换量化的方法,实现精确计算 DCT 能够减少计算的复杂度。将量化和 DCT 变换结合起来,这样可以无须再量化变换系数。该算法可应用于高清晰 MPEG-2 和低码率 H.263 的视频编码中。有损压缩是指使用压缩后的数据进行重构,重构后的数据与原来的数据有所不同,但不影响人对原始资料表达的信息造成误解。有损压缩适用于重构信号不一定非要和原始信号完全相同的场合。

4.3.2 压缩算法依据

压缩的理论基础是信息论(它与算法信息论密切相关)以及率失真理论,这个领域的研究工作主要是由 Shannon 奠定的,他在 20 世纪 40 年代末期及 50 年代早期发表了这方面的基础性的论文。Doyle 和 Carlson 在 2000 年提出数据压缩“是所有的工程领域最简单、最优美的设计理论之一”。

由信息论得出的两个重要结论:

(1)离散无记忆信源的冗余度寓于信源符号的非等概率分布之中,这是数据压缩的基本途径之一。

(2)联合信源的冗余度也寓于信源间的相关性之中,消除或减少它们之间的相关性,使之成为或几乎成为不相关信源,是数据压缩的又一条基本途径。消除或减少(降低)信源的冗余度是实际数据压缩的基本依据。图像数据的冗余类型主要有:空间冗余、时间冗余和纹理的统计冗余。

数据之所以能压缩是由于多媒体信息存在许多数据冗余。例如,一幅图像中的静止建筑背景、蓝天和绿地,其中许多像素是相同的,如果逐点存储,就会浪费许多空间,这称为空间冗余。又如,在电视和动画的相邻序列中,只有运动物体有少许变化,仅存储差异部分即可,这称为时间冗余。此外还有结构冗余、视觉冗余等,这就为数据压缩提供了条件。

(1)空间冗余

在同一幅图像中,规则物体或规则背景的表面物理特性具有相关性。这些相关性在相应的数字图像数据中表现为数据冗余,例如,一幅图像的某一区域中的所有点(像素)有着相同的光强度、色彩以及饱和度,该区域的图像数据具有很大的冗余。相邻像素之间、行与行之间、条带(strip)之间都存在空间冗余。

(2)时间冗余

活动图像存在着很大冗余。图像序列中前后两帧图像之间的时间域相关性很大,这反映为时间冗余。对于视频图像来说,相邻帧之间的时间间隔很小。在1/20 s或1/30 s的帧之间间隔内,景物运动部分在画面上的位移量很小或当场景交替时整幅景物切换的概率极小。大多数像素点的亮度及色度信号帧之间变化很小或者基本上不变。帧差信号的统计特性是视频帧之间压缩编码的基本依据。一项对彩色广播电视节目的实际测试表明:在相邻两帧的时间间隔内,只有10%以下像素有亮度差值超过2%的变化。而色度信号只有1%以下的像素有变化。空间冗余和时间冗余是图像数据中广泛存在而最重要的冗余。

(3)纹理的统计冗余

有些图像纹理尽管不严格服从某一分布规律,但是它在统计的意义上服从该规律。利用这种性质也可以减少表示图像的数据量,所以我们称之为纹理的统计冗余。

4.3.3 研究进展

在数字图书馆中,数据的格式比较多,特别是多媒体数据越来越多,造成数字图书馆的存储容量过大。因此,对多媒体数据必须进行压缩,然后保存在数据库中,以降低库的成本,使库的规模保持在可管理的范围内,同时也有利于传输的畅通,减少信道上的堵塞。在计算机出现之前,著名的摩尔斯电码就已经成功地实践了数据压缩。在摩尔斯码表中,每个字母都对应一个唯一的点划组合,出现概率最高的字母e被编码为一个点“ . ”,而出现概率较低的字母z则被编码为“ --.. ”。该编码可以有效缩短最终的电码长度。

1948年,Shannon在提出信息熵理论的同时,也给出了一种简单的编码方法——Shannon编码,1952年,R. M. Fano提出了Fano编码。这些早期的编码方法揭示了变长编码的基本规律,也确实取得一定的压缩效果,但离真正实用的压缩算法还相去甚远。

第一个实用的编码方法是由D. A. Huffman在1952年的论文“最小冗余度代码的构造方法(A Method for the Construction of Minimum Redundancy Codes)”中提出的,该方法被称为Huffman编码。Huffman编码效率高,运算速度快,实现方式灵活,从20世纪60年代至今,在数据压缩领域得到了广泛的应用。如早期UNIX系统上一个不太为现代人熟知的压缩程序COMPACT实际就是Huffman 0阶自适应编码的具体实现。20世纪80年代初,Huffman编码又出现在CP/M和DOS系统中,其代表程序叫SQ。今天,在许多知名的压缩工具和压缩算法(如WinRAR、gzip和JPEG)里,都有Huffman编码的身影。不过,Huffman编码所得的编码长度只是对信息熵计算结果的一种近似,还无法真正逼近信息熵的极限。因此,现代压缩技术通常只将 Huffman 视作最终的编码手段,而非数据压缩算法的全部。

科学家们一直没有放弃向信息熵极限挑战的理想,1968 年前后,P. Elias 发展了 Shannon 和 Fano 的编码方法,构造出从数学角度看来更为完美的 Shannon-Fano-Elias 编码。沿着这一编码方法的思路,1976 年,J. Rissanen 提出了一种可以成功地逼近信息熵极限的编码方法——算术编码。1982 年,Rissanen 和 G. G. Langdon 一起改进了算术编码。之后,人们又将算术编码与 J. G. Cleary 和 I. H. Witten 于 1984 年提出的部分匹配预测模型(PPM)相结合,开发出了压缩效果近乎完美的算法。今天,那些名为 PPMC、PPMD 或 PPMZ 并号称压缩效果天下第一的通用压缩算法,实际上全都是这一思路的具体实现。

在压缩算法领域还有 LZ 系列算法,这得归功于两个以色列人 Ziv 和 Lempel。他们于 1977 年发表题为"顺序数据压缩的一个通用算法(A Universal Algorithm for Sequential Data Compression)"的论文,论文中描述的算法被后人称为 LZ77 算法。1978 年,二人又发表了该论文的续篇"通过可变比率编码的独立序列的压缩(Compression of Individual Sequences via Variable Rate Coding)",描述了后来被命名为 LZ78 的压缩算法。1984 年,T. A. Welch 发表了名为"高性能数据压缩技术(A Technique for High Performance Data Compression)"的论文,描述了他在 Sperry 研究中心(该研究中心后来并入了 Unisys 公司)的研究成果,这是 LZ78 算法的一个变种,也是后来非常有名的 LZW 算法。1990 年后,T. C. Bell 等人又陆续提出了许多 LZ 系列算法的变体或改进版本。压缩算法分无损压缩和有损压缩,无损压缩是指使用压缩后的数据进行重构(或者叫作还原、解压缩),重构后的数据与原来的数据完全相同;无损压缩用于要求重构的信号与原始信号完全一致的场合。下面通过无损压缩算法 LZW 算法步骤描述,让读者明白压缩算法的思想精髓(表 4-4)。

表 4-4　LZW 算法步骤

步骤 1:将词典初始化为包含所有可能的单字符,当前前缀 P 初始化为空。 步骤 2:当前字符 C:=字符流中的下一个字符。 步骤 3:判断 P+C 是否在词典中。 (1)如果"是",则用 C 扩展 P,即让 P:=P+C,返回到步骤 2; (2)如果"否",则 输出与当前前缀 P 相对应的码字 W; 将 P+C 添加到词典中; 令 P:=C,并返回到步骤 2; 其中 P 是当前前缀,C 是当前字符。

LZW 编码具有压缩效率高、实现简单的优点,是目前最常用的无损压缩方法之一,许多通用的文件压缩软件如 ARJ、PKZIR、ZOO 等都采用了这种方法,另外,图形文件中的 GIF 和 TIF 格式文件也是采用该方法压缩的。下面介绍在图像、音频、视频中的压缩技术进展。

(1)图像领域的压缩技术

允许精度损失的压缩也被称为有损压缩。在图像压缩领域,著名的JPEG标准是有损压缩算法中的经典。JPEG标准由静态图像联合专家组于1986年开始制定,1994年后成为国际标准。JPEG以离散余弦变换为核心算法,通过调整质量系数控制图像的精度和大小。对于照片等连续变化的灰度或彩色图像,JPEG在保证图像质量的前提下,一般可以将图像压缩到原大小的十分之一到二十分之一。如果不考虑图像质量,JPEG甚至可以将图像压缩到“无限小”。JPEG标准的最新进展是1996年开始制定,2001年正式成为国际标准的JPEG 2000。与JPEG相比,JPEG 2000做了大幅改进,其中最重要的是用离散小波变换替代了JPEG标准中的离散余弦变换。在文件大小相同的情况下,JPEG 2000压缩的图像比JPEG质量更高,精度损失更小。作为一个新标准,JPEG 2000暂时还没有得到广泛的应用,不过包括数码相机制造商在内的许多企业都对其应用前景表示乐观,JPEG 2000在图像压缩领域里大显身手的那一天应该不会特别遥远。

(2)视频领域的压缩技术

JPEG标准中通过损失精度来换取压缩效果的设计思想直接影响了视频数据的压缩技术。CCITT于1988年制定了电视电话和会议电视的H.261建议草案。H.261的基本思路是使用类似JPEG标准的算法压缩视频流中的每一帧图像,同时采用运动补偿的帧间预测来消除视频流在时间维度上的冗余信息。在此基础上,1993年ISO通过了动态图像专家组提出的MPEG-1标准。MPEG-1可以对普通质量的视频数据进行有效编码。我们现在看到的大多数VCD影碟,就是使用MPEG-1标准来压缩视频数据的。为了支持更清晰的视频图像,特别是支持数字电视等高端应用,ISO于1994年提出了新的MPEG-2标准(相当于CCITT的H.262标准)。MPEG-2对图像质量做了分级处理,可以适应普通电视节目、会议电视、高清晰数字电视等不同质量的视频应用。在我们的生活中,可以提供高清晰画面的DVD影碟所采用的正是MPEG-2标准。Internet的发展对视频压缩提出了更高的要求。在内容交互、对象编辑和随机存取等新需求的刺激下,ISO于1999年通过了MPEG-4标准(相当于CCITT的H.263和H. 263+标准)。MPEG-4标准拥有更高的压缩比率,支持并发数据流的编码、基于内容的交互操作、增强的时间域随机存取与容错、基于内容的尺度可变性等先进特性。Internet上新兴的DivX和XviD文件格式就是采用MPEG-4标准来压缩视频数据的,它们可以用更小的存储空间或通信带宽提供与DVD不相上下的高清晰视频,这使我们在Internet上发布或下载数字电影的梦想成为了现实。

(3)音频领域的压缩技术

就像视频压缩和电视产业的发展密不可分一样,音频数据的压缩技术最早也是由无线电广播、语音通信等领域里的技术人员发展起来的。这其中又以语音编码和压缩技术的研究最为活跃。自从1939年H. Dudley明声码器以来,人们陆续发明了脉冲编码调制、线性预测、矢量量化、自适应变换编码和子带编码等语音分析与处理技术。这些语音技术在采集语音特征,获取数字信号的同时,通常也可以起到降低信息冗余度的作用。像图像压缩领域里的JPEG一样,为获得更高的编码效率,大多数语音编码技术都允许一定程度的精度损失。而且,为了更好地用二进制数据存储或传送语音信号,这些语音编码技术在将语音信号转换为数字信息之后又总会用哈夫曼编码和算术编码等通用压缩算法进一步减少数据流中的冗余信息。对于电脑和数字电器(如数码录音笔、数码随身听)中存储的普通音频信息,我们最常使用的压缩方法主要是 MPEG 系列中的音频压缩标准。例如,MPEG-1 标准提供了 LayerⅠ、LayerⅡ和 LayerⅢ共三种可选的音频压缩标准,MPEG-2 又进一步引入了 AAC(Advanced Audio Cod ing)音频压缩标准,MPEG-4 标准中的音频部分则同时支持合成声音编码和自然声音编码等不同类型的应用。在这许多音频压缩标准中,声名最为显赫的恐怕要数 MPEG-1LayerⅢ,也就是通常说的 MP3 音频压缩标准了。从 MP3 播放器到 MP3 手机,从硬盘上堆积如山的 MP3 文件到 Internet 上版权纠纷不断的 MP3 下载,MP3 早已超出了数据压缩技术的范畴,而成了一种时尚文化的象征了。很显然,在多媒体信息日益成为主流信息形态的数字化时代里,数据压缩技术特别是专用于图像、音频和视频的数据压缩技术还有相当大的发展空间。毕竟,人们对信息数量和信息质量的追求是永无止境的。1994 年 M. Burrows 和 D. J. Wheeler 共同提出了一种全新的通用数据压缩算法。这种算法的核心思想是对字符串轮转后得到的字符矩阵进行排序和变换,类似的变换算法被称为 Burrows-Wheeler 变换,简称 BWT。它与 Ziv 和 Lempel 另辟蹊径的做法如出一辙,Burrows 和 Wheeler 设计的 BWT 算法与以往所有通用压缩算法的设计思路都迥然不同。如今,BWT 算法在开放源码的压缩工具 bzip 中获得了巨大的成功,bzip 对于文本文件的压缩效果要远好于使用 LZ 系列算法的工具软件。

4.4 信息资源存储

数字图书馆所涉及的数据类型有文本、图像、语音、图形等,而且所面临的数据是海量的。这么大的数据量是迄今为止其他任何系统都没有遇到过的,需要先进的存储技术来处理这些数据。如何设计进行有效的海量数据存储与管理是数字图书馆建设面临的一大问题。数据存储和存储管理技术最早起源于 70 年代的终端/主机的计算模式,当时数据集中在主机上,连接在主机上的硬盘和磁带是当时主要的存储和备份的设备。80 年代以后,个人电脑的发展,尤其是客户机/服务器模式的出现,使得数据存储分布化。此时网络上文件服务器和数据库服务器往往是重要数据集中的地方,而客户机上也有一定量的数据,数据的分布造成数据存储管理的复杂化。而 20 世纪 90 年代 Internet 的迅猛发展,也使得存储技术发生革命性的变化。这种变化主要表现在三个方面:首先是存储容量的急剧膨胀,从而对于存储服务器提出了更大的需求;其次是数据持续时间的增加。今天,Internet 使网络数据必须保证每天 24 小时、每周 7 天、每年 365 天处于可获得状态。最后,对数据存储的管理提出了更高的要求。数据的多样化、地理上的分散性、对重要数据的保护等都对数据管理提出了更高的要求。面对这些变化,出现了网络存储(比如 NAS 和 SAN),将存储设备从应用服务器中分离出来,进行集中管理。目前有几种资源存储模式。

1. 直接连接存储(DAS)

DAS 是传统的存储体系,以服务器为中心的存储结构。各种存储设备通过诸如 IDE 或 SCSI 等 I/O 总线与服务器相连。客户机的数据访问必须通过服务器,然后经过其 I/O 总线访问相应的存储设备,服务器实际上起到一种存储转发的作用。当客户连接数增多时,I/O 总线将会成为一个潜在的瓶颈,并且会影响到服务器本身功能,严重情况下甚至会导致系统的崩溃。一旦主服务器出现故障,信息资源也将被埋葬在崩溃的主服务器之中。

2. 网络连接存储(NAS)

NAS 存储设备通过标准的网络拓扑结构(例如以太网),连接到一群计算机上。NAS 是部件级的存储方法,它的重点在于帮助工作组和部门级机构解决迅速增加存储容量的需求,整个构架以数据为中心来设计,NAS 具有支持异构平台共享访问、低成本的优势,缺点是扩展性、灾难恢复能力不足。

3. 存储区域网络(FC-SAN)

FC-SAN 通过光纤通道(Fiber Channel,FC)连接到一群计算机上,在该网络中提供了多主机连接,但并非通过标准的网络拓扑。FC-SAN 提供了一种与现有 LAN 连接的简易方法,并且通过同一物理通道支持广泛使用的 SCSI 和 IP 协议。FC-SAN 不受现今主流的、基于 SCSI 存储结构的布局限制。特别重要的是,随着存储容量的爆炸性增长,SAN 允许企业独立地增加它们的存储容量。FC-SAN 的结构允许任何服务器连接到任何存储阵列,这样不管数据置放在那里,服务器都可直接存取所需的数据。由于采用了光纤接口,服务器透过光纤信道卡(FC HBA),连接光纤交换器(FC Switch),再连接后端的存储设备,FC-SAN 具有更高的带宽。

4. IP SAN-NAS

服务器通过以太网络连接后端存储设备,后端的存储设备可被看作一台含有档案处理系统的存储服务器。客户端可以直接存取服务器里的档案,只要透过这些档案系统,Client 就可以在自己的计算机端看到存储服务器上所提供分享的档案目录,并可以直接进行存取。

5. IP SAN-iSCSI

IP 存储主要是利用无所不在的 IP 网络,超越地理距离的限制。这样 IP 能延伸多远,存储就能延伸到多远,IP 存储可以说是未来的发展趋势。在 IP 存储技术里 iSCSI(Internet SCSI/SCSI over IP)是最受关注的一项技术,它是融合了 NAS 和 SAN 优点产生的。其适用于 TCP/IP 通信协议,在以太网络上传输 SCSI 的指令,是一个以 IP 为主的 SAN,优点是不用架设昂贵的光纤信道费用,以现有的以太网络为基础。与光纤通道相比,iSCSI 有其自身的诸多优势,主要表现在 iSCSI 更加经济。可从以下几个方面体现:(1)在一般的数据和 SAN

网络之间存在的公用技术可使培训费用降低,而且也不必设立单独的岗位职员,这两者都可使成本降低;而且以太网大量的安装基础也可使价格降低。(2) iSCSI 可利用现有的、容易理解的 TCP/IP 基础设施来构筑 SAN,随着在 QoS 和安全方面的进步,存储与现有的基础设施之间的共享表明,在硬件、培训、实施等几个方面都有机会实现可观的成本节约。(3) 随着千兆以太网的实现,用户将可得到传输速率为 1 Gbps 的存储网络,而不需要改变现有的基础设施。iSCSI 的好处打破了 FC 或 SCSI 的距离限制,并且使多台服务器享有后端的存储设备资源,并且原本 SCSI 限制只能连接 8 或 16 个设备,iSCSI 则允许比前者连接更多存储设备。简单地说,iSCSI 可以实现在 IP 网络上运行 SCSI 协议,使其能够在诸如高速千兆以太网上进行路由选择。

通过 iSCSI 存储技术,可以实现异地数据的交换,实现异地数据的备份与恢复。

6. 云存储

云存储是在云计算(cloud computing)概念上延伸和发展出来的一个新的概念,是指通过集群应用、网络技术或分布式文件系统等功能,将网络中大量不同类型的存储设备通过应用软件集合起来协同工作,共同对外提供数据存储和业务访问功能的一个系统。当云计算系统运算和处理的核心是大量数据的存储和管理时,云计算系统中就需要配置大量的存储设备,那么云计算系统就转变成为一个云存储系统,所以云存储是一个以数据存储和管理为核心的云计算系统。

与传统的存储设备相比,云存储不仅是一个硬件,而且是一个网络设备、存储设备、服务器、应用软件、公用访问接口、接入网、和客户端程序等多个部分组成的复杂系统。各部分以存储设备为核心,通过应用软件来对外提供数据存储和业务访问服务。

云存储系统的结构模型由四层组成。

①存储层

存储层是云存储最基础的部分。存储设备可以是 FC 光纤通道存储设备,可以是 NAS 和 iSCSI 等 IP 存储设备,也可以是 SCSI 或 SAS 等 DAS 存储设备。云存储中的存储设备往往数量庞大且分布多不同地域,彼此之间通过广域网、互联网或者 FC 光纤通道网络连接在一起。存储设备之上是一个统一存储设备的管理系统,可以实现存储设备的逻辑虚拟化管理、多链路冗余管理,以及硬件设备的状态监控和故障维护。

②基础管理层

基础管理层是云存储最核心的部分,也是云存储中最难以实现的部分。基础管理层通过集群、分布式文件系统和网络计算等技术,实现云存储中多个存储设备之间的协同工作,使多个存储设备可以对外提供同一种服务,并提供更大、更强、更好的数据访问性能。CDN 内容分发系统、数据加密技术保证云存储中的数据不会被未授权的用户所访问,同时,通过各种数据备份和容灾技术和措施可以保证云存储中的数据不会丢失,保证云存储自身的安全和稳定。

③应用接口层

应用接口层是云存储最灵活多变的部分。不同的云存储运营单位可以根据实际业务类型,开发不同的应用服务接口,提供不同的应用服务。比如视频监控应用平台、IPTV 和视频点播应用平台、网络硬盘引用平台,远程数据备份应用平台等。

④访问层

任何一个授权用户都可以通过标准的公用应用接口来登录云存储系统,享受云存储服务。云存储运营单位不同,云存储提供的访问类型和访问手段也不同。

第 5 章　数字图书馆信息检索

5.1　信息与信息资源

当今世界,信息已被视作现代社会的重要战略资源,信息资源的充分开发和有效利用已经成为社会经济发展的重要推动力。

信息资源不同于其他资源,如果说物质资源向人类提供的是材料,能量资源向人类提供的是动力,那么信息资源向人类提供的则是非物质形态的社会财富——宝贵的信息、情报和知识。信息资源的开发和利用,可以使有用的信息进入国民经济和社会生活的各个领域,不仅可以节约物质资源和能量资源,而且还可以提高整个国民的素质,节约劳动力、资金,扩大财富的增值空间,提高产出效率,使国民经济系统创造出更多的社会财富,满足人们日益增长的物质和文化生活的需要。

5.1.1　信息及其属性

1. 什么是信息

对于信息,人们并不陌生,无论在什么时候,也不管在什么地方,人们总是离不开信息,不是在收集信息、感知信息,就是在加工信息、处理信息。那么,究竟什么是信息呢? 简单地说,信息就是事物的状态和特征。它普遍存在于自然界、人类社会以及人们认识和思维过程之中,人类生活的世界就是一个充满信息的世界。

信息现象是一种非常古老的现象。在人类历史的黎明到来之前,信息就已经存在于物质世界。凡是有物质、有能量的空间就有信息。阳光普照、星斗灿烂是宇宙天体发出的信息;电闪雷鸣、山呼海啸是大自然发出的信息;物质的微观结构内部的各种射线也是物质发出的信息等。这些自然界发出的信息称为自然信息。在人类社会诞生之后,信息存在于自然界,也存在于人类社会;信息来自物质领域,也来自精神领域。人类认识和改造自然及客观世界的过程就是一个信息过程。从人的认识和行为来看,人通过感觉器官对事物的运动状态和方式进行感知,即信息接收,他所感知和了解的就是信息,然后将所获得的信息通过神经系统传输给大脑,即信息传递,大脑对信息进行分析、综合、加工判断,即信息处理,做出决策,再通过神经系统把决策传递给执行器官,最后由执行器官做出行动、反映,并将行动、反映的结果由感官再一次感知,反馈给大脑,即信息反馈。自有人类活动以来,就存在着各种信息现象。这些人际间传播的信息称为社会信息,社会信息是人类活动的产物,又是人类从事各种活动并期望达到预期目标的基础和前提。信息按其性质不仅有自然信息和社会信息之分,还有记录信息(文献信息)与非记录信息、语音信息与非语音信息之分。

人类虽然很早就接触和利用信息,但对信息的科学认识却是20世纪以来的事情。信息不是像物质那样的实物,对于什么是信息,人们有不同的说法。在我国,据《新词源》考证,一千多年前,唐代就曾有"梦断美人沈信息,目穿长路倚楼台""塞外音书无信息,道旁车马起尘埃"的诗句,其中"信息"一词的意思是音信、消息的意思。英语中的"信息"一词是"Information",从词源上来分析,它是由"In"和"formation"两部分构成,前者是收到的意思,后者是顺理成章的意思。这就是说,"信息"一词的意义是"把不明确的东西弄清楚之后,理顺成章,再传给需要的人"。所以,在英文词典中,通常把"知识"一词作为信息的一个功能同义词来使用。在我国的《辞海》中,把信息解释为对消息接收者来说预先不知道的报道。日本出版的《现代用语基础知识》一书对信息的定义是生活主体同外部客体之间有关情况的消息。美国传统词典把信息定义为从学习、经验感受或教育中获得的知识。

2. 信息的主要属性

信息有许多重要属性。其中最基本的是知识性、可传递性和时效性。

(1)知识性

信息与知识有非常密切的关系,它是创造知识的材料,而且它本身有时也可以是一种知识。在一定的历史条件下,人们通过有区别、有选择的信息,对自然界、人类社会、思维方式和运动规律进行认识和掌握,并通过大脑的思维使信息有序化,形成知识。因此,从这个意义上说,信息是知识的原料,知识是有序化的信息。如果信息接收者接收的是经过加工处理的有序化信息,那么这种信息本身就是一种知识。人类社会的进步,就是人们根据获得的信息来感知世界、认识世界、改造世界的过程,也就是创造知识、利用知识、积累知识和发展知识的过程。因此,信息是重要资源。

(2)可传递性

信息总是依附于某种载体(如文献、物体、声音等),故能在一定的时空范围内传递。信息在时间上的传递称为存储,在空间中的转移称为通信。信息的这个属性是非常重要的,它使人类的知识可以积累和传播,使人与人之间能够进行信息交流,使人与其环境之间能保持信息的联系,从而可以更好地认识世界和改造世界。

(3)时效性

信息的效用表现在它可以消除事物的不确定性。但信息具有动态性,即一切活的信息都是随时间而变化的,因此,信息是有时效的。脱离原体的信息,不再反映变化原体新的运动状态和方式,因此它的效用就会降低或完全失去效用。所以人获得信息之后,并不能满足,更不能一劳永逸,信息要及时发挥效用,知识要不断补充和更新。

5.1.2 信息资源

信息作为一种资源,从狭义的角度来理解,信息资源仅指信息本身,是指人类社会活动中经过有序化加工并大量积累后的有用信息的集合。从广义的角度来理解,信息资源还包括信息资源生产者和管理者,以及信息技术、信息设备等的集合。这里我们采用狭义的信息资源概念,即“人类社会科技活动所产生的基本科学技术数据、资料,以及面向不同需求加工整理形成的各种科学数据产品和各种载体的科技图书、期刊、报告、论文、专利等科技文献”。

信息资源是社会发展所必需的一种重要的战略资源,为人类提供的是非物质形态的社会财富。世界新技术革命的发展表明工业革命已让位于信息革命,世界经济正朝着依靠更多的信息资源投入生产出物质消耗更少、质量更好、更加耐用的产品的经济结构方向转变,信息资源与物质资源、能量资源共同构成现代社会经济发展的三大支柱,信息资源是国家科技发展与科技创新的重要支撑和基础保障条件,信息资源的开发与利用已经成为社会经济发展的重要推动力。

在激烈的国际竞争中,信息资源已经成为人们争夺的重点,谁能更多更快地占有信息资源并能有效地开发和充分利用,谁就能做出正确的决策,取得国际竞争的优势,创造出经济腾飞的奇迹。随着全球化和信息化时代的来临,各国经济的竞争在很大程度上取决于科技实力的竞争,而科技竞争又在很大程度上取决于对信息资源的开发与利用程度。21 世纪将出现划分强国与弱国的新标准,将出现“信息强国”和“信息弱国”之分。某些小国和弱国将受控于某些信息强国,将沦为这些信息大国的“信息保护国”或“信息殖民地”。全球将出现“信息争夺战”。目前发达国家竞相开展的“信息高速公路”建设已经拉开了“信息争夺战”的序幕。信息已经成为生产、竞争力和经济成就的关键因素,它是一种战略资源。尽管它不是唯一的资源,但却是最重要的资源。

信息资源不同于其他资源的最大特征是它可以为人们所共享。信息可以脱离事物而独立存在,也可以荷载于其他载体,被无限地复制、传播和分配,为大家共享和利用。信息不仅可以被多次使用、多次开发,而且不会在使用中消耗掉。物质资源和能量资源不具备这种特征,它们不能被人们所共享。信息资源的共享性与信息技术的广泛渗透性和经济催化作用结合起来,不仅推动了新的资源观的形成,而且使人类在一定程度上从资源贫乏、资源枯竭、环境污染等尴尬处境中摆脱出来,实现了清洁生产和社会的可持续发展。尤其是广大发展中国家,在资金和创新能力都十分有限的情况下,在各行各业广泛开发利用信息资源、推广普及信息技术,可以快速、有效地使这些行业由粗放型经济发展模式向知识密集型方向转变,因而具有广阔的发展空间。

随着国家经济发展逐步从依赖于物质资源的低效运转转变到依赖于信息资源的高效运转,信息资源配置活动正逐渐成为支撑国家知识创新和科技、经济、文化发展与社会进步的重要环节。信息资源广泛分布于科学界、产业界、大学和政府各部门之中,是连接各创新主体的桥梁和纽带。我国信息资源经过 60 余年的建设已经取得了显著的成就。据一些科研报告和论文提供的数据,仅仅在我国 400 多个独立的科技信息机构,以及国家专利、标准等部门收藏的各类科技期刊、图书、科技报告、会议录、专利、标准、样本等,累积已达数亿万件以上。如果考虑各类图书馆、大学、科研机构的馆藏,这一数量还要大得多。我国检索刊物体系基本形成,到目前已有 150 种检索期刊,年报道量达 100 万条。自 20 世纪 90 年代初以来，随着信息网络的发展，信息资源开始上网，据不完全统计，目前我国正在使用的中文数据库有100余个，外文数据库200余个。此外，信息资源合理布局与共享得到了推进，信息资源管理水平及开发利用水平不断提高。但是，这些成就与工业发达国家相比，仍有较大的差距，主要表现在信息资源总量不足，布局分散，开发利用信息资源的水平不高。邓小平同志曾经指出“开发信息资源，服务四化建设”。所以在21世纪之初，加强信息资源的建设、开发利用，正是为四个现代化创造环境和条件，是对国民经济信息化最积极的响应和参与。

在科技部、教育部、文化部等政府部门的组织规划下，我国各类图书情报机构、高等院校、科研机构相互配合，充分利用现代信息技术手段、依托国家骨干通信网络系统，建成了中国高等教育文献保障平台（CALIS）、国家科技图书文献中心（NSTL）、科学数据共享工程、全国文化信息资源共享工程等一批有代表性的信息资源共享平台，扩大了现有网络资源的存储、传播和利用范围，实现了高质量信息资源为大众服务的目标，同时也为信息资源的共享提供了有利条件，对推动国家经济发展和社会进步起着至关重要的作用。

5.2 信息源与科技文献

5.2.1 信息源

人们通常把产生信息的源泉或母体简称为信息源。从事科学研究工作或生产管理及经营活动的组织和个人是一种信息源，各种图书馆、信息中心是一种信息源，文献资料本身也是一种信息源。从根本上来说，一切信息都来源于自然界或人类的实践活动，只有自然界和人类社会才是信息的真正源泉。文献上记录的信息只能称为信息流，是信息传递过程中的一种存在方式或表达方式。不过，对于大多数信息用户或读者来说，文献资料是他们获取信息的主要来源。所以习惯上也把它们统称为信息源。

为了便于存储和传递，信息总是要依附于某种载体。所以，信息源按载体形式可分为口头信息源、文献信息源和实物信息源。

(1)口头信息源：它以人的声音为载体，信息提供者或发送者直接用口头谈话方式将信息传送出去，如各种报告会、新闻发布会或个别交谈等。口头信息源具有传递速度快、选择性强、反馈迅速等优点。其缺点是直接传播面较窄，信息容易逸失，稍纵即逝，而且难以实行有效的社会监督。

(2)实物信息源：它附着于某种实际的物品（如产品、样品、样机等）。信息用户通过参观或考察来采集其中的有用信息。其优点是直观、真实，易检验或仿制。但一般需要经过复杂的分析或解析过程才能将其中的有用信息分离出来，各种展览会是获取实物信息的重要渠道。

(3)文献信息源:信息以文字、符号、图形等形式记录在纸张、感光材料或磁性材料上,以印刷版、电子版等形式传递出去。这是一种最大、最重要的信息源。信息用户通过阅读、理解来吸取其中的有用信息。它传播面广,便于系统积累和长期保存,是在时间和空间上积累和传递知识的最有效手段,也是人们获取信息的主要来源。

5.2.2 科技文献

所谓科技文献,是指用文字、符号、图形、声频、视频等技术手段记录科技信息或知识的载体。它是重要的信息源之一。

科技文献按不同的划分标准有不同的类型。

(1)按科技文献外在的物质形态划分,科技文献可分为以下几种。

① 印刷型:指传统纸张印刷品。印刷方法有铅印、油印、胶印等。纸张印刷品的优点是便于流传阅读,不受时间、地点和条件的限制;缺点是比较笨重,不易保存。主要品种有图书、期刊、报纸等。

② 缩微型:是指通过现代技术手段将所需文献缩小复制到胶片等材料上,使原来的文献缩小几十倍甚至上千倍。它的特点是体积小,重量轻,占有空间少,便于保存和自动化检索等;其缺点是不能直接阅读,需借助于缩微阅读机。

③ 机读型:是指计算机可读型文献,主要有磁带、磁盘等。它是将文献内容变成计算机可读的语言存储在磁带或磁盘上,阅读时由计算机输出变成人们能读懂的语言。

④ 声像型:包括唱片、录音带、录像带、光盘、幻灯片、科技影片等。这些资料声情并茂,给人们以直观感受。声像文献在某些方面能起到独特的作用,如语音教学等。

(2)按图书情报人员对文献的加工深度划分,科技文献可分为以下几种。

① 零次文献:非正式出版物或非正式渠道交流的最原始的文献,如手稿、个人通信、原始记录、听取经验交流、演讲,甚至包括口头言论。零次文献不仅在内容上有一定的价值,而且它能弥补一般公开文献从文献的形成到出版传播之间周期长的弊端,其新颖程度颇为诸多学者所关注。

② 一次文献:是以著者本人在科研、生产工作中取得的科技成果为依据,撰写、创作的原始文献,不论其载体形式、出版类型如何,都属于一次文献,例如,期刊论文、科技报告、专利说明书、会议文献等都是一次文献。一次文献直接记载了科研和生产中创造发明成果的原始资料,是科技人员宝贵的参考资料。

③ 二次文献:一次文献类型多,数量大,不便于检索利用,将分散的、无组织的各类一次文献收集起来,进行加工、整理、简化和组织,形成文献的目录、索引和文摘,作为检索一次文献的工具,这样的检索工具即为二次文献。利用二次文献可以帮助科技人员全面、系统地查找有关一次文献的线索,节省查找文献所花费的时间,尽快弄清楚某一课题的发展历史、现状和趋势,避免造成重复劳动,准确了解与课题有关的技术资料,借鉴别人的经验和教训,加快科研和生产的步伐。

④ 三次文献:是在利用二次文献检得一次文献线索的基础上,合理应用一次文献,对其

内容进行综合、分析、评述、再度加工的产物。例如，进展报告、评论、综述、字典、词典、手册、年鉴、百科全书等都属于三次文献。三次文献一般综合性强、系统性好、知识面广，有的还具有检索功能，参考价值比较大。

总之，从零次文献、一次文献、二次文献到三次文献，是一个由分散到集中、由无序到有序、由博而略地对知识信息进行不同层次的加工的过程。它们所包含的信息的质和量是不同的，对于改善人们的知识结构所起的作用也是不同的。零次文献和一次文献是最基本的信息源，是文献信息检索和利用的主要对象；二次文献是对一次文献的集中提炼和有序化，它是文献信息检索的工具；三次文献是把分散的零次文献、一次文献、二次文献，按照专题或者知识的门类进行综合分析加工而成的成果，是高度浓缩的文献信息，在内容上具有综合性，在功效上具有参考性。科学合理地利用好二次文献和三次文献，对一次文献的形成和再生产，以及提高文献信息资源的利用效率具有重要意义。

(3)按出版形式划分，科技文献有以下 10 大类型。

① 科技图书：科技图书是对科学技术成果、生产技术知识和经验的概括和总结。包括科技著作和参考工具书。其特点是内容比较系统、全面、理论性强、成熟可靠，缺点是编辑出版周期长，知识的新颖性不够。但对要获取某一专题较全面、系统的知识，或对于不熟悉的问题要获得基本了解的读者，参阅图书是行之有效的方法。

公开出版的图书都有一个 ISBN(International Standard Book Number)号，即国际标准书号，它是国际标准化组织于 1972 年公布的一项国际通用的出版物统一编号方法。ISBN 具有唯一性，指的是一种图书，如果装帧不同，版本不同，就有不同的 ISBN。

10 位的 ISBN：ISBN 由 10 位数字组成，例如，《信息检索与利用》一书的 ISBN 号为：ISBN 7-5601-3374-6，具体含义解释如下。

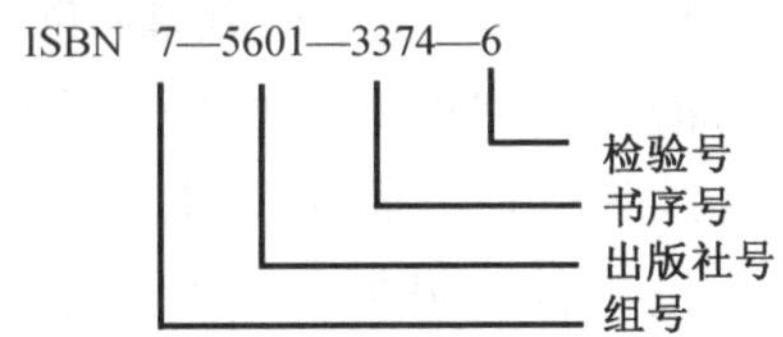

a. 组号：代表出版者的国家、地理区域、语种等。其中，0 和 1 为英语区，包括美国、英国、加拿大、澳大利亚、南非、新西兰等国；2 为法语区；3 为德语区；4 为日语区；5 为俄语区；6 暂空；7 为汉语区。中国香港、中国澳门、中国台湾的组号为 3 位数字，分别为“962”“972”“957”。组号是由国际标准书号管理机构(International ISBN Agency)分配的。

b. 出版社号：代表组内所属的一个具体出版者(出版社、出版公司等)，一个出版社只有唯一的一个号码。由其隶属的国家或地区 ISBN 中心分配，出版社的规模越大，出书越多，其号码就越短。

c. 书序号：代表某出版社所出版的一种具体出版物的专用号。由出版社负责管理分配，出版社的规模越大，出书越多，序号越长。

d. 校验码：1 位数，是 ISBN 号的最后一位数值，用作书号编码的计算机校验，它能够校验出 ISBN 号是否正确。

13 位的 ISBN：从 2007 年开始，在全球范围内开始启用 13 位的 ISBN，将 ISBN 纳入国际标准产品编码(EAN-UCC-13)的编码系统中,使其与国际标准产品编码统一起来,具体方法是在ISBN的前面增加EAN前缀码——978或979,并重新核算最后一位的校验码,这样就可以把国际标准书号直接改变成欧洲物品编码(EAN),使ISBN与EAN统一起来。其余的号码用法与过去一样。例如,《体育与健康》一书的ISBN号是:ISBN 978-7-301-04815-3。

要想获得某一册科技图书,必须正确注明书名、著者、出版社、出版年月、国别、文种及版本等项目。

② 科技期刊:期刊也叫杂志,是指采用固定名称的定期或不定期出版的连续性刊物。每期有连续的卷、期号或年、月顺序号,有固定的篇幅和开本,内容一般最少有2篇以上的独立文章。科技期刊出版量大、学科多、内容新,是及时了解科技动态,掌握某一学科的进展情况,开阔视野,拓宽思路,吸收新知识的好工具。许多期刊的封面上印有国际标准刊号(International Standard Series Number,ISSN)。ISSN也有唯一性,指的是一种期刊,不管哪一种期刊,ISSN始终不变。国际标准刊号由8位数字组成。8位数字分为两段,每段4位数字,中间用"-"隔开。前7位是刊名代号,末位是计算机校验位,它能够校验出ISSN号是否正确。例如,ISSN 1000-5420,其中前7位是标准号,最后一位是计算机核对号。要获得某一期刊,必须正确注明该期刊的刊名、卷、期、出版年月、出版国家或出版单位及文种。

③ 科技报告:科技报告又称研究报告、技术报告,是作为科研工作成果的正式报告,或者是对研究和试验过程中的每个阶段的进展情况的实际记录。这种报告在形式上每份报告自成一册;在内容上,题目专深具体,往往涉及尖端学科的最新研究课题;在时间上,一般都早于期刊等其他类型的文献。科技报告是在第二次世界大战期间及战后迅速发展起来的,并逐渐成为一种重要的信息源。目前全世界每年出版的报告大约60万件以上,其中公开发表的约有20万件,其余的都是保密报告。美国有著名的PB、AD、NASA及DOE四大报告。报告内容各有侧重,PB报告的内容侧重于民用工程技术方面;AD报告侧重于军用工程技术方面;NASA报告侧重于航空和宇航方面;DOE报告侧重于能源及其应用方面。四大报告每种都包括数十万篇,占全世界科技报告的绝大多数。要索取科技报告,必须有报告号。

④ 会议文献:科技会议已成为科学技术交流的一条重要渠道。各个科学技术学会、协会、有关主管部门经常召开学术会议,会议文献就是这些会议的报告、记录、论文集等。这些文献代表着一门学科或专业的最新研究成果,反映了国内外发展水平和趋势,因此是信息的重要来源。会议文献,除专题论文集、连续会议录外,常常以期刊特号、专题或编入科技报告中发表。如果会议论文以会议录(图书)的形式报道,则需要掌握会议召开的时间、地点、会议名称、会议录名称,会议录出版年、出版地、出版单位,论文所在的页码;如果会议论文是以期刊的形式报道,则需要掌握该期刊的刊名、年、卷、期,以及刊登论文的页码;如果会议论文是以报告的形式报道,则需要掌握报告类型和报告号。

⑤ 专利文献:专利文献是一种用法律形式来保护的文献。专利文献包括专利说明书、专利公报、专利文摘、与专利有关的法律文件及诉讼资料等。这是对专利文献的广义解释。狭义的专利文献就是专利说明书。专利说明书是专利文献的主体。专利说明书是指个人

或机构为了获得某项发明的专利权，在申请专利时必须向专利局呈交的有关发明的一份详细技术说明书。它说明该项目发明的目的、用途、特点、效果及采用何种原理或方法等方面。专利文献不仅向人们提供维护工业社会秩序的权利情报，而且向人们提供大量的技术开发中不可缺少的技术情报。世界各国的科技人员都十分重视专利文献，利用率非常高。一般在下列情况时需要查专利文献：查明某些技术领域内新发明和新设计的发展动向；制订长远的技术开发计划；调查先进技术；从别人的发明或设计中得到启发；避免对研究和生产设备的重复投资；获得与外国公司技术合作的谈判资料，加强自己的谈判地位等。如果想获得一份专利文献，必须知道专利说明书的编号。

⑥ 标准文献：是指由技术标准及其他在特定活动领域内必须执行的规格、定额、规划、要求等的技术文件所组成的一种特定形式的技术文献体系。标准文献有一定的法律约束力。标准文献的种类有国际标准、区域标准、国家标准、部颁标准、专业标准、企业标准等。技术标准已成为各国执行技术政策所必需的工具。通过标准文献可以了解各国的经济政策、技术政策、生产水平、资源情况和标准化水平；先进的标准可供研制新产品、改造老产品，改进工艺和提高操作水平时借鉴；外贸方面的检验工作也须以标准文献为依据。要获得某一技术标准，必须正确注明该技术标准颁布的国家或标准化组织名称，制定年份及标准号。

⑦ 政府出版物：是指各国政府部门及专门机构发表、出版的文献。它的内容广泛，概括起来可分为行政文件和科技文献两大类。行政文件包括国会记录、司法资料、方针政策、决议等。科技文献包括各部门的研究报告、技术政策文件等。其中科技文献占整个政府出版物30%~40%。尽管政府出版物在出版之前，部分已被所在单位出版过，所以与其他文献(如科技报告等)有时重复。但是政府出版物对于了解某国的科技政策、经济政策及演变情况，对于了解其科技活动本身，具有一定的作用。

⑧ 学位论文：学位论文是作者为了取得各级学位进行公开答辩而撰写的学术论文。在撰写论文过程中，既有导师的监督指导，又有严格的科学规范及要求。学位论文的质量参差不齐，但都是就某一专题进行研究所做的总结，对问题的论述比较详细、系统，具有一定的独创性，对科研有一定的参考价值，属难得文献。早期学位论文一般不公开出版，仅由学位授予单位和国家指定单位收藏。不过现在大家可以通过相关的学位论文数据库来了解国内外学位论文的情况。

⑨ 产品资料：产品资料是各国厂商为推销产品而印发的宣传性出版物。其中包含关产品的技术信息，如产品的性能、规格、重量、结构图、线路图及照片等。它是生产及科研单位研究、分析各国产品技术发展情况和产品水平的重要资料。也是贸易部门判断某项产品价值或洽购产品的主要依据。产品资料图文并茂给人以直观印象，对造型设计、技术引进等都有较大参考价值。另外产品样本一般都作为赠阅品，而且传递迅速，交流广泛。

⑩ 其他类型：科技文献除了上述列出的几种主要类型外，还有许多类型。这里统归为其他类型。如报纸、科技档案、技术图纸、技术资料等。

5.3 信息爆炸与文献检索

5.3.1 信息爆炸

当我们着手去搜集所需要的信息时,马上就会感觉到现有的信息种类繁多,数量巨大,分布很分散,搜集难度很大。据联合国教科文组织统计,全世界每年发表的科技论文约有600万篇,出版图书80万种,期刊10万种,专利文献100万件以上。另据中国图书进出口公司统计,全世界有大小出版社约12万家,每年出书约60万种,报刊约18万种(其中较有参考价值的约为3万种),各种文献资料约400万件以上。最近几十年以来,科技文献的数量急剧增长。据有些资料估计,19世纪以来大约每50年增加一倍,20世纪中叶每10年增加一倍,20世纪70年代每5年增加一倍,20世纪80年代后每3年增加一倍。一些尖端领域和新兴学科每2~3年文献量就要翻一番,且其倍增周期有进一步缩短的趋势。文献使用的语言也在增多,目前已有几十种,比较通用的有12种。据英国情报学家霍森估计,目前全世界的科技文献有一半是用非英语发表的。另外,随着科学技术发展速度的加快,文献的有效期也愈来愈短,失效速度也逐渐加快。人们称这种现象为“信息爆炸”或“情报爆炸”。它是由于科学发展、科学对新技术的推动以及人们对信息和知识的需求日益增长等一系列因素相互作用下造成的。其后果是,人们对汹涌而至的信息洪流感到难以应付,许多有价值的信息还未来得及发现和利用就消失得无影无踪了。继之而来的是信息不灵,决策失误,研究重复,浪费巨大,搜集信息的时间消耗之大也使人感到难以忍受。

古人云:“书山有路勤为径”,而在信息爆炸的今天,要获取一切有用的知识,光靠一个“勤”字恐怕不够了,还要再加上一个“巧”字,即既要勤奋学习,又要掌握搜集信息和利用信息的技巧,其中包括文献检索或信息检索的方法。本书将重点介绍各种文献信息的检索方法,以期对大家的学习和研究工作有所帮助。

5.3.2 文献检索

1. 什么是文献检索

为了便于确切地解释文献检索这个概念的含义,我们先解释一下什么是信息检索及信息检索的类型。信息检索来源于英语“Information Retrieval”的译义,是信息工作和文献工作的术语,是指将信息按照一定方式组织和存储起来,并根据需要找出所需特定信息的过程。它的全称又叫信息存储与检索(Information Storage and Retrieval),这是广义的信息检索。狭义的信息检索,是指从信息源中查找出所需特定信息的过程。据此,可以将信息检索表述为从庞大的高度分散的信息源中查找出所需特定信息的过程。

信息检索根据不同的检索对象,一般可分为3种类型:文献检索(Document Retrieval),数据检索(Data Retrieval)和事实检索(Fact Retrieval)。

(1)文献检索:凡以文献(或文献线索、文摘)为检索对象的叫文献检索。检索结果是特定文献,例如,检索"关于通信卫星都有哪些文献?"就是文献检索。

(2)数据检索:凡以数据(或计算公式、化学分子式、图表等)为检索对象的叫数据检索。检索结果为数据信息,例如,检索"通信卫星的飞行高度,飞行速度各是多少?"就是数据检索。

(3)事实检索:凡以具体事实为检索对象的叫事实检索。检索的结果是某一事实,例如,检索"世界上有哪些国家发射了通信卫星?"就是事实检索。

从信息检索的3种类型来看,文献检索与数据检索和事实检索之间在原理、方法和实践方面并无本质差异,相反,有着密切的联系。数据和事实要通过检索的文献才能获得。因此,文献检索是最基本的形式,是获取信息的主要手段。正因为如此,国内外有不少人常把文献检索与信息检索等同起来,把文献检索作为信息检索的同义语。可见,文献检索只是信息检索的一部分,但它是其中最重要的一部分。

2. 文献检索的重要性

文献检索的重要性主要体现在促进信息资源的开发和利用;协助管理者做出正确的决策;便于继承和借鉴前人的成果,避免重复研究或走弯路;节省研究人员查找文献的时间等方面。

(1)促进信息资源的开发和利用。人类社会正跨入"信息时代"。信息是社会中的重要资源和宝贵财富。信息资源的开发利用已经显露出越来越大的经济效益和社会效益。正因为如此,20世纪60年代以来,许多发达国家一直致力于推行"信息化"政策,通过开发利用信息资源来促进经济发展。进入20世纪90年代以来,发达国家信息产业的产值已占国民生产总值的40%~60%,年增长率是传统产业的3~5倍。我国每生产1美元产品所消耗的能源、原材料为发达国家的2~5倍,而消耗的信息流量却只有世界平均水平的1/10。我国要在近几十年内建成有中国特色的中等发达的社会主义国家,也必须重视信息资源的开发与利用。目前,我国政府已发出推进国家信息化的号召,并指出信息化的核心内容是开发利用信息资源。文献检索是开发利用信息资源的有力工具,如果把信息资源看作一个巨大的宝库的话,那么文献检索就是打开这个宝库的一把"金钥匙",它能帮助人们传播知识和利用知识,使知识转化为社会物质财富或创造出更多的精神财富,为促进社会的发展贡献力量。

(2)协助管理者做出正确的决策。信息虽不能确保决策正确无误,但它是决策的基础。《孙子兵法》云:"知己知彼,百战不殆。"打仗是如此,搞管理也是如此。在今天这个复杂的社会,管理问题显得尤其重要。从一个国家(地区或单位)来说,要发展什么,限制什么,引进什么,都需要有准确、可靠和及时的信息,以便做出正确的决策。日本引进大量国外先进技术,促使其经济"腾飞",重要原因之一是技术信息搞得好,及时准确地掌握了国外科技发展动向。而我国前些年由于信息不灵，盲目引进，使一些引进技术和设备不适用，造成了惊人的损失和浪费。遗憾的是，至今还有不少管理者没有认识到信息工作对决策的重要性。如果要花费气力、金钱或时间去获取信息，那么他们宁愿在无知的情况下采取行动。这样的决策和行动难免会造成一些不良的、甚至是灾难性的后果。例如，由于我国多年来一直未能解决的重复建设问题，致使现在很多产品出现了供过于求的情况，VCD 的生产就是一个实例，生产的数量位于世界第一，造成了产品的大量积压。再如，2011 年我国山东、河南、浙江等多个地区部分品种的蔬菜出现滞销，山东一些地方的大白菜，甚至出现了卖 2 分钱一斤也无人收购的现象，由于信息不灵造成的经济损失极大；另外某科研机构盲目上马的金刚石压机厂，经济损失 100 多万元等。可见，作为一个管理者，如果平时重视信息工作，善于利用文献检索等信息检索方法搜集信息，并对这些信息进行分析，就有可能做出正确的决策，避免重大的损失和浪费。

(3)便于继承和借鉴前人的成果，避免重复研究或走弯路。整个科学技术史表明：积累、继承和借鉴前人的研究成果是科技发展的重要前提，没有继承就不可能有创新。所以，牛顿说："假如我比别人看得略微远些，那是因为我站在巨人的肩膀上。"在研究工作中，任何一个项目从选题、试验研究或设计到成果鉴定，每一步都离不开情报信息。只有充分掌握了有关情报信息，知道哪些工作前人已经做了，哪些目前正在做，什么人在做，进展情况如何，这样才能避免重复，少走弯路，保证工作在高水平上进行，并缩短研究周期，获得预期的经济效果。相反，如果继承和借鉴工作做得不好，"闭门造车"，就容易造成重复研究；或者采用了较差的实验方法或程序，使研究工作进展缓慢甚至失败。例如，国外一位科研人员，搞了一项利用计算机控制汽化器的装置 A。用传感器监控内燃机速度、进气压、温度，由一个数字运算器对传感器信号进行处理，达到自动控制进气的目的。申请专利时未被批准。因为日本日立公司已掌握这种技术，并已在美国申请专利得到批准。这项已取得专利的电子控制汽化器，精度和效率都比这位科研人员搞的装置 A 高。又如，国内某单位可关断可控硅(GTO)科研取得了一定的成果，但存在使用时容易烧毁晶体闸流管的问题。承担这项研究的科研人员不会查找国外有关文献资料，还以为是国外机密。试验长期在烧管换管中徘徊。后来他们与文献检索有经验的人员一起查找资料，找到一批对口文献。从这些文献中很受启发，总结经验，修改后再试验不再烧管子了。经过不断改进完善，有关指标达到国际先进水平，获得了政府机构的科技成果奖。

(4)节省研究人员查找文献的时间。据调查，科研人员为了确定科研课题，进行科学研究，以致最后成功，在全过程所花费的时间中，有相当比例是用于检索需要的文献信息。例如美国曾对 8 000 名化学化工科研人员调查，统计用于文献检索的时间比例，最多达 61%，最少是 15%，平均为 33.4%。日本某电气公司科研人员实验研究时间占 42%；用于检索、计划研究、资料处理的时间占 58%。从国内外的许多实践经验看，科研中出现的各种问题，几乎有 85%～99%可以通过科技文献检索获得启发、帮助和解决。因此，只有借助文献检索，才能在最短的时间内获得所需的信息，腾出更多的精力搞研究，提高科研效率。

5.4 检索工具

检索工具是存储、报道和查找文献的工具(或者说检索工具是以浓缩形式报道、存储和查找信息线索的工具)。存储文献不是存储文献的全文,而是把有信息价值的文献的某些内容特征和外部特征著录下来,成为一条条文献线索,并将它们排列成有条不紊的整体。这个存储文献的过程,也就是将一次文献加工成为二次文献的过程。另一方面,检索工具具有必要的检索功能,人们按照一定的方法,就能从检索工具中检出所需文献的线索。这个过程就是检索过程。存储的目的是检索;要检索就必须存储,二者互相依存。任何一部检索工具,都具有存储和检索这两个方面的功能。

从检索角度看,检索工具是人们查找文献不可缺少的工具。如果把大量珍贵的科技文献比作一座知识宝库,那么,检索工具好比钥匙,掌握它的使用方法,就能打开知识宝库的大门,获取到所需的科技文献。

5.4.1 检索工具的类型及特点

1. 检索工具的类型

检索工具的类型很多,按照不同的分类标准可以划分成不同的类型。

(1)按照收录范围划分:有综合性、专业性和单一性检索工具。

(2)按照著录格式划分:有目录、题录、文摘等检索工具。

(3)按照出版形式划分:有期刊式、单卷式、附录式、胶卷式、磁带式、光盘式等检索工具。

(4)按照检索手段划分:有手工检索工具和计算机检索系统。手工检索工具是指仅用手工方式来处理和查找文献的一切工具,如目录、题录、文摘等印刷型检索工具。计算机检索系统就是用计算机来处理和查找文献的一种电子化自动化的系统,由计算机、检索软件、数据库、检索终端及其他外围设备组成。它包括光盘检索系统、联机检索系统、网络检索系统等不同类型。

2. 检索工具的特点

检索工具是用来存储和检索文献信息的工作系统,因此它应具有3个必备要素。

(1)必须存储有丰富的文献款目:存储文献款目是指详细著录的文献题名、文献著者、文献出处、文摘等一条条记录。

(2)必须具备必要的检索标识:是指提供检索的各种标志,如分类号、主题词、著者姓名、文献编码等。

(3)必须具有提供多种途径的检索手段:是指提供检索途径的辅助手段。如主题索引、分类索引、著者索引等各种索引。

总之,作为检索工具,必须具备上述3个条件,否则就不能称其为检索工具。

5.4.2 检索工具的内容结构

检索工具都是由一定数量的文献著录款目按照严密的结构编制而成的,典型的检索工具,一般由说明、正文、辅助索引和附录4个部分组成。

1. 说明

说明是检索工具的必要组成部分,它包括封面、书名页、版权页、目次、前言或后记等。编者通过这些内容,向用户说明该检索工具的编制目的、内容范围、收录年限、著录说明、使用方法、对象等,为用户使用提供了必要的指导。因此,用户在利用每种检索工具时,必须首先仔细阅读检索工具的说明,熟悉和掌握其特点和使用方法,避免不必要的差错,提高检索的效果。

2. 正文

正文是检索工具的主体部分,由所收录文献信息的著录款目组成。这是因为编制检索工具时,为了节省存储空间,防止检索工具体积过大,因而编入检索工具的不是文献信息的全文,而是描述文献外表特征和内容特征的著录。每一篇文章的著录称为款目,每一条款目著录项目多少,根据检索工具编制方式不同而异。但是,不论什么检索工具,款目的著录项目至少要包括文献题名、著者、出处等几项主要内容。检索工具收录的文献越多,著录的款目也就越多,众多的文献款目汇集起来,按照一定的方式编成文献检索工具或文献数据库。信息检索就是从文献检索工具或文献数据库中查出相关的文献著录,从而根据文献的著录了解其内容和获得原文的线索。因此,正文是检索工具结构中的主体。

检索工具正文部分的检索功能优劣,关键在于著录款目的编排是否科学合理。正文编排一般有分类、主题和篇名、著者等方式。前两种属内容编排,具有推荐性强的特点,适用于按一定专题查阅成批文献的要求。后两种属于形式排列,具有专指性强的特点,适用于查找特定文献的要求。检索人员能否顺利地从正文中获取所需文献线索,重要的是要根据检索目的和要求,区别检索工具的编排特点。

3. 辅助索引

辅助索引是检索工具的重要组成部分,一个好的检索工具必须能提供迅速、准确、全面查找所需文献线索的多种途径。辅助索引就是为了扩大检索途径,加强文献检索深度而编制的。一般由主题索引、著者索引、文献编码索引组成。

辅助索引在检索工具中虽处于辅助地位，但从在检索工具中发挥的作用来看，则处于重要地位。辅助索引种类越多，则检索途径就越多，辅助索引是体现检索功能的重要标志，能否打开检索工具存储的文献宝库的关键是辅助索引。

4. 附录

附录是检索工具的内容的补充，一般大型检索工具都有附录，主要包括收录文献类型、摘用文献目录、术语缩写、语种对照以及文献收藏单位等内容。因此，附录为检索人员提供了必备参考资料，帮助检索人员进一步了解检索工具，识别文献专用术语，掌握文献来源。

5.4.3 目录性检索工具

目录是编排最简单、查找最方便的一种检索工具，它在信息检索中有着一定地位。因此，熟悉和了解目录的基本概念，掌握目录的基本类型及特点和作用，对文献检索具有重要意义。

1. 目录及目录款目

目录是著录一批相关文献的款目，并按照一定规则编排而成的一种揭示、报道和检索文献的工具。所谓著录就是编制目录时，对文献外表和内容特征进行分析、选择和记录的过程。所谓款目就是依据一定的方法，对一定文献的外表和内容特征所做出的每一条记录。目录的著录对象是出版物的整体，如一本书、一种期刊、一份资料等。目录款目的著录项目比较简明，一般包括出版物名称、责任者姓名、出版年代、收藏单位等。可见，目录是用来揭示出版物外表特征的一种工具，它既是图书情报人员用来订购书刊、识别文献、指导阅读、开展咨询服务的常用工具，也是信息检索人员查找和利用文献不可缺少的工具。

2. 目录的类型

目录按照不同划分标准，可以划分出不同类型。

(1)按出版物的类型划分：有图书、期刊、资料等目录。

(2)按出版物的语种划分：有中文、西文、日文、俄文等目录。

(3)按载体的形式划分：有卡片式、书本式、磁带式、电子式等目录。

(4)按检索途径划分：有书名、著者、分类、主题等目录。

(5)按目录的职能划分：有出版、发行、馆藏、联合、国家等目录。

5.4.4 题录性检索工具

题录是加工容易、报道及时的一种检索刊物，这不仅是情报、信息人员处理和报道文献常用的文体，也是用户获取最新信息的重要工具。因此，了解和熟悉题录的基本概念，掌握题录的基本类型及特点,对及时获取最新信息具有重要作用。

1. 题录及题录款目

题录是描述某一文献外表特征并由一组著录项目构成的一条文献记录,它通常以一个内容上独立的文献为基本著录单位,如一篇文章、一本书的一部分,有时也可以是整本出版物(如科技报告等)。它与目录的区别主要在于著录对象不同,目录以单元出版物为著录对象,而题录则以单篇文献为著录对象。题录款目的著录项目除文献名称、著者姓名及必要说明外,还对收录该文献的单元出版物有所描述,即文献来源项。由此可见,题录可以帮助用户准确地鉴别一种出版物或其中的一部分,从而获取所需最新信息。

2. 题录的类型及特点

根据不同编制技术,可以有各种各样的题录,归纳起来有以下 4 种类型。

(1)新刊目次型:这种类型的题录,主要是以报道最新期刊目次为主,及时为用户提供最新出版的重要文献信息。如美国科学情报所编制出版的 *Current Contents*(《现期期刊目次通报》),它以周刊形式出版,每一期把 12 天以前所收集的世界各国近期期刊目次版面直接影印下来,按学科分类编排,共分 7 个分册,每个分册每期前均有本期所报道的期刊名称及卷期号。期末附有篇名关键词索引、著者索引和刊名缩写对照表。

(2)新刊题录型:这种类型的题录,是一种由计算机按照期刊论文篇名关键词轮排的题录式检索工具。例如,美国化学文摘社于 1960 年开始编辑出版的 *Chemical Title*(《化学题录》),它以双周刊形式出版,专门收集世界各国化学、化工方面的主要刊物 700 多种,年报道量达 7.5 万余条。

(3)索引刊物型:这种类型的题录,是一种比较正规、大型的检索工具。例如,由英国图书馆协会 1962 年编辑出版的 *Current Technology Index*(《当代工艺索引》),它以月刊形式出版,收录了包括普通工艺学、应用科学、工程学、化学工艺学和制造与技术工作等方面的英国国内 400 多种工程技术刊物。

(4)普通题录型:这种类型的题录,是一种兼起通报新文献和回溯检索的工具。例如,日本国会图书馆编辑出版的《杂志记事索引》,从 1965 年起就改为题录刊物。

5.4.5 文摘性检索工具

文摘性检索工具是一种描述文献外部特征和简述文献内容梗概的刊物,它是系统报道、积累和检索文献的重要工具。因此,了解和熟悉文摘的基本概念,掌握文摘的类型及特点,对信息检索具有十分重要的作用。

1. 文摘及文摘款目

文摘是指对一篇文献内容所做的简略、准确的摘录,一般不包含对原文的补充、解释或评论。文摘款目由题录和文摘两部分组成,著录项目主要包括文摘号、文献篇名、语种及文献类型、著者及其单位、文献出处、文摘内容、参考文献数目等。文摘性检索工具就是将一批文献的外表特征和内容摘要按照一定著录规则和排列方式系统而连续编制成的。由此可见,文摘性检索工具检索的结果,不仅能提供需要检索的文献线索,而且能提供需要检索的文献内容梗概,据此可以根据要求进行筛选,舍去参考价值不大的部分,保留参考价值大的部分,最后获得所需文献。

2. 文摘的类型及特点

文摘根据不同摘录方式,可以区分为不同类型及不同特点的文摘,归纳起来主要有以下 2 种类型。

(1)指示性文摘:一般比较简短,有 100~200 字,扼要介绍文献的研究目的、研究方法、结论和用途等,不涉及文献的具体技术内容,故又称为简介,主要用以指引检索人员了解文献的内容,考虑是否需要查阅全文。

(2)报道性文摘:一般比较详细,有 300~500 字,有的多达 1 000 字以上,主要介绍文献的主要内容、观点、方法、材料、设备、数据等,便于检索人员能准确判断文献的参考价值,以决定取舍。

文摘性检索工具,一般都会有各种辅助索引,便于从不同途径准确而迅速地查找所需文献。所以,它是文献检索常用的工具。近年来,国内外出版的文摘性检索工具都打破了传统的文摘、索引、题录界限,把题录、文摘、索引结合在一起,对参考价值大的文献详细摘录,重点介绍;对有一定参考价值的文献简略摘录,简要介绍;对一般的有关文献则做题录报道。从而全面地体现了原有文摘、索引和题录的特点,使检索工具质量大大提高了一步。

5.5 索引与检索语言

5.5.1 索引

"索引"一词来源于英文单词"Index",有"目次表"或"指南"之意。索引的主要作用是给人们提供所需的指南或指示系统。

索引是我们日常生活中不可缺少的工具。如查电话簿、查找地图资料、查对交通时刻表、安排活动日程等都和各种索引有关,而索引与文献检索工具的关系尤为密切。检索工具之所以成为一种能以较快速度从大量文献中寻找出所需文献的工具,其关键就是在于它用一定的排检方法,将有关文献组织成各种索引,因此索引是使检索工具能发挥其检索功能的主要手段。

对文献的外表特征和内容特征用各种检索语言进行描述,并将它们按一定的规则及排序方式组织起来,这就是索引。采用各种不同检索语言以及使用各种不同的编排方式,就构成了各种不同类型的索引。

1. 索引款目

索引款目是组成索引的基本单位,它是描述所指示的主题或事物及其出处的一条记录。索引款目通常包含 3 项内容,即标目、说明语和地址。

(1)标目:又称标识或索引词,在计算机索引文件中称“键”或索引键。其功能是:用最简单明了的方式描述某一特征信息(如主题、著者、文献中涉及的事物、文献代号等),决定索引款目的排序位置,标目是排序和检索的起点,通常位于索引款目的开头。一切有检索价值的特征信息都可以做标目。

(2)说明语:又称标目修饰语,是对特征信息进行补充性或限制性说明的词语。它还可以区分同一标目下的不同材料和辅助排序。索引中通常用文献题名或自编短语做说明语。

(3)地址:提供特定信息的存储地址或来源,如来自哪一条文献记录或文摘,通常用记录顺序号或文摘号表示。

索引款目实例:

超声波探伤仪

研制　　9711927

其中,“超声波探伤仪”是标目,它下面分别为说明语和文摘号。其他索引款目的例子可以参看后面介绍具体检索工具章节中的有关例子。

2. 索引的类型

索引的类型较多,按文献的外表特征编排的索引有文献名称索引、著者索引、文献号码索引等;按文献的内容特征编制的索引有分类索引、主题索引等。

(1)文献索引:它是把文献上记载的书名、刊名、篇名等作为文献存储的标识和检索提问的出发点,把文献名称按字顺序排列组成索引体系。检索时就像查字典那样,逐字查对。属于这一索引系统的有书名目录(索引)、刊名目录(索引)及篇名索引等。其特点是只有在准确地知道书名、刊名或篇名的情况下,利用这类索引才能准确检索到有关的图书、期刊或文献。目前这类索引一般仅限于在图书馆的书名目录、刊名目录及检索工具的文献来源索引中查找某一具体文献的收藏或出处时使用。

(2)著者索引:它是按著者的姓名字顺序将有关文献排序而成。通过著者索引可以查到某一著者发表的著作或文章,属于这一索引系统的有:著者索引、专利权人索引及团体著者索引等。使用著者索引可以有效而又方便地从著者角度进行情报跟踪。著者索引是一种比较重要的索引,绝大部分的检索工具都附有这种索引。它的主要用途是:通过著者姓名的指引,使用户查到相关主题的文献或特定的著作。此外,它还可以反映某著者正在做些什么,研究工作是否活跃,是否改变了研究方向等方面的情况。

(3)文献号码索引:这种索引是将本期或本年检索工具书中有固定编号的文献(如专利说明书、技术标准、科技报告等)按其号码顺序编排而成。它可以用于检索某一已知文献的报道和出处情况。更重要的是作为不同号码的文献互相转换的重要工具(如不同国家专利号的对照索引、专利申请号与专利说明书号对照索引等)。因此文献号码索引通常是检索工具的重要辅助索引之一。

(4)分类索引:分类索引是利用科技文献的分类法所建成的索引体系,它是按照一定的观点和原则以科学分类为基础,结合文献资料的特点采用概念划分方法将科技文献组成具有展开、隶属关系的索引体系。分类索引以分类号码为标目,按某种分类法的类目体系组织索引款目。例如,我国图书馆和情报机构普遍采用的按《中国图书馆分类法》编制的图书分类索引,使用者只需根据其学科专业知识需要,利用分类表及图书分类索引,就能方便地查到他所需要的参考书。系统性是分类索引的主要特征。它适合于从学科分类的角度查找与某一学科有关的课题,也就是人们所讲的较适合于进行族性检索。分类索引在科技文献检索中占有重要的地位。

(5)主题索引:主题索引就是将文献按表征其内容特征的主题词组织起索引系统。检索时,不必像使用分类索引那样先要考虑课题所属的学科范围,然后逐步迫近到所需类目,只要像查字典那样,按字顺序即可找到一定的主题,查得有关的文献。直接性是主题索引的主要特征。它不受传统的学科分类框架的限制,从人们生活和实际工作中的主题出发,来查找有关的课题。因此往往能把分散于各学科中有关课题的文献集中于同一主题之下。主题索引由于具有直观、专指、方便等特点,因此是目前检索工具中使用最多的一种索引。

5.5.2 检索语言

文献检索的实质是将人们的检索提问与各种索引中的存储标识进行比较后决定其取舍的过程。检索提问与存储标识相一致,这就是所谓“检索命中”,即查到了符合要求的文献。为使检索过程能顺利进行,文献的标志用词和文献的检索用语都需要使用同样的语言。这就是说,文献存储时,文献的内外特征按照一定的语言描述,构成各种索引中的存储标识。而检索时,文献检索提问也按照同样的语言来表达,构成检索标识。这种在文献的存储与检索过程中共同使用的语言就叫检索语言。

检索语言是一种专门的人工语言。其用途是能够描述文献特征,表达检索提问,并使两者能相互沟通。检索语言的基本功能和普通语言的功能相同,都是用于交际,只是它的应用范围很窄,仅仅在标引者与检索者、人与检索工具之间使用。检索者在使用某一种索引时,为了保证索引与检索者之间能沟通,必须懂得和掌握有关的检索语言,才能使检索提问和索引中的存储标识相一致,从而取得最佳的检索效果。

检索语言种类很多,不过常用的只有体系分类语言、标题词语言、单元词语言、叙词语言和关键词语言,现分别介绍如下。

5.5.3 体系分类语言及分类表

1. 体系分类语言

体系分类语言是一种直接表达知识分类等级概念的标识系统,它是对概括文献内容的概念进行逻辑划分和系统排列而构成的检索语言。因此,它能直观地反映学科内容上的等级关系。用体系分类语言标引文献,不仅能从学科知识角度揭示各类文献内容上的区别和联系,还能从学科和专业的角度集中文献,所以,在图书情报部门中体系分类语言应用十分广泛。这种检索语言最适用于熟悉某一专业教学、科研、生产和管理人员用来按专业内容检索文献,因此,它是文献检索系统中最重要的一种检索语言。

2. 分类表

分类表是体系分类语言的直观反映形式,它是整个分类法的一个体系。目前国内外主要分类法有《中国图书馆分类法》《国际十进分类法》《美国国会图书馆图书分类法》等。现以我国普遍采用的《中国图书馆分类法》(简称《中图法》)为例,其分类表由 5 个部分组成。

(1)基本部类:又称基本序列。《中图法》采用五分法,把基本部类分为马克思列宁主义、列宁主义、毛泽东思想,哲学,社会科学,自然科学和综合性图书。

(2)基本大类:又称分类法大纲。它是在基本部类的基础上进一步展开而成的,是分类表中首先区分出来的第一级概括性类目。《中图法》的基本大类共有 22 个类目,并用 22 个大写汉语拼音字母代表类目的具体内容。

(3)简表:它是在基本大类的基础上进一步区分出来的类目,由二级类目组成。它比基本大类细,比详表粗,浏览简表可以很快了解分类概貌。因此,查表时,一般先查简表,再在简表的指引下查详表,就能快而准确。

(4)详表:又称主表,它是分类表的正文部分。详表由类目、类号、类目注释组成。它是文献分类的直接依据,也是用户查找文献不可缺少的工具。

(5)辅表:也称复分表。它由一组一组的通用或专用子目表组成,主要用于对主表中列举的类目进行细分。通用复分表包括总论复分表,世界地区表,中国地区表,国际时代表,中国时代表,通用时间、地点复分表等,均附在主表之后。专用复分表则插在主表中的有关部分。

《中图法》分类表结构如图 5-1 所示。

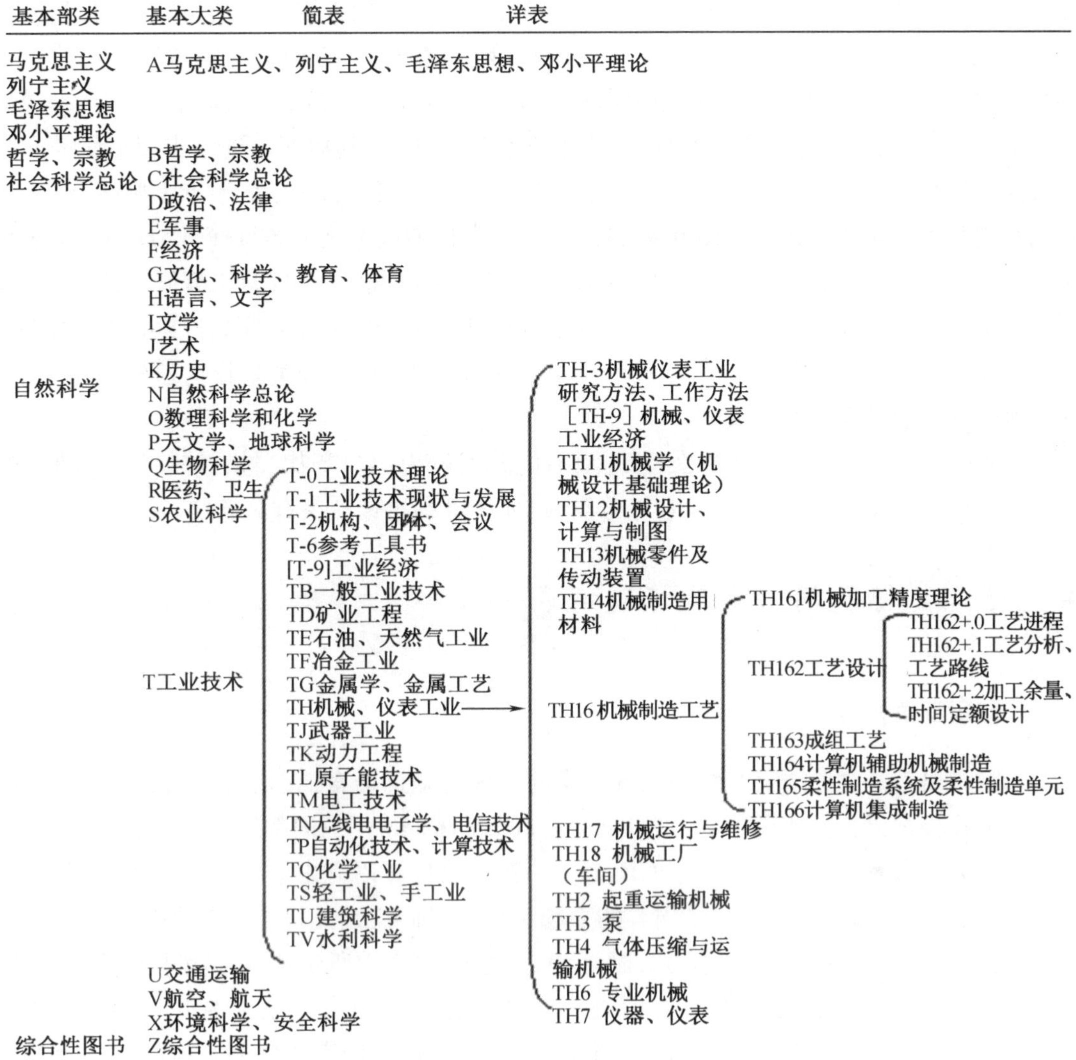

基本部类	基本大类	简表	详表
马克思主义 列宁主义 毛泽东思想 邓小平理论	A马克思主义、列宁主义、毛泽东思想、邓小平理论		
哲学、宗教	B哲学、宗教		
社会科学总论	C社会科学总论 D政治、法律 E军事 F经济 G文化、科学、教育、体育 H语言、文字 I文学 J艺术 K历史		
自然科学	N自然科学总论 O数理科学和化学 P天文学、地球科学 Q生物科学 R医药、卫生 S农业科学		
	T工业技术	T-0工业技术理论 T-1工业技术现状与发展 T-2机构、团体、会议 T-6参考工具书 [T-9]工业经济 TB一般工业技术 TD矿业工程 TE石油、天然气工业 TF冶金工业 TG金属学、金属工艺 TH机械、仪表工业→ TJ武器工业 TK动力工程 TL原子能技术 TM电工技术 TN无线电电子学、电信技术 TP自动化技术、计算技术 TQ化学工业 TS轻工业、手工业 TU建筑科学 TV水利科学	TH-3机械仪表工业研究方法、工作方法 [TH-9]机械、仪表工业经济 TH11机械学（机械设计基础理论） TH12机械设计、计算与制图 TH13机械零件及传动装置 TH14机械制造用材料 TH16机械制造工艺 　TH161机械加工精度理论 　TH162工艺设计 　　TH162+.0工艺进程 　　TH162+.1工艺分析、工艺路线 　　TH162+.2加工余量、时间定额设计 　TH163成组工艺 　TH164计算机辅助机械制造 　TH165柔性制造系统及柔性制造单元 　TH166计算机集成制造 TH17 机械运行与维修 TH18 机械工厂（车间） TH2 起重运输机械 TH3 泵 TH4 气体压缩与运输机械 TH6 专业机械 TH7 仪器、仪表
	U交通运输 V航空、航天 X环境科学、安全科学		
综合性图书	Z综合性图书		

图 5-1 体系分类表示意

3. 分类表的作用

体系分类表在图书信息机构中，不仅是一种信息检索语言，而且是从事工作的重要工具，其作用如下。

(1) 它是分类和标引文献的规范：分类人员对文献进行分类和标引时，不能任意拟定类目，必须根据文献主题概念的学科性质和有关外表特征，以分类表为标准，确定相应的类目，从分类表中选出对应分类号加以标引。

(2) 它是组织分类目录和文献分类排架的依据：文献按分类标引著录的分类款目，要组织成分类目录，必须以分类表为依据，才能保证分类目录的科学性，形成准确揭示馆藏文献的科学体系。文献分类排架也必须以分类表为依据，才能保证分类的每一种文献能排到文献系统中的相应位置。

(3) 它是从分类途径查找文献的指南：经过分类标引的文献，都是按其分类号组织分类目录和文献的，用户要从分类途径查找所需文献，关键在于能否按分类的逻辑序列，从分类表中查到相应的类目和类号。例如查找“机械设计工艺规程”方面的文献，第 1 步，分析检索课题“机械设计工艺规程”类文献所属的类别是“工业大类”；第 2 步，从基本大类(一级类目)中查该大类的分类号及类目名称“T 工业技术”；第 3 步，利用简表进一步查出所需文献的二级分类号和类目名称“TH 机械、仪表工业”；第 4 步，利用详表查出“TH 机械、仪表工业”后，在其下位类中查出“TH16 机械制造工艺”，再仔细浏览其下类目查出“TH162 工艺设计”，最后从“工艺设计”类目下得其“TH162.0 工艺规程”，这一类目的完整概念是“机械设计工艺规程”，这个概念与需要查找的文献主题概念一致，根据这个分类号，可在检索工具中查到有关“机械设计工艺规程”方面的文献。由此可见，没有分类表作为检索指南，就不可能利用分类途径查到所需文献。

(4)它是从事其他工作的参考工具：图书信息人员为用户查找文献、解答咨询、进行馆藏统计分析等有关工作，有时也要参考分类表，才能准确迅速解决有关问题。

5.5.4 标题词语言及标题词表

1. 标题词语言

标题词语言是主题语言系统中出现最早的一种主题词语言，它是在标题的基础上形成的一种主题检索语言。所谓标题，是由英文“Subject Heading”一词翻译而来，其含义为主题标目，或称主题标识，是指具体的字面而言。一般采用自然语言中事物的名词术语，经过一定规范化后，作为概括和表达文献内容的主题标识，即标题，因此标题成为文献内容主题的一种语言形式。用标题词语言作为文献标识，直接表达文献所论述和涉及事物的主题，不管该文献是从哪个角度、哪一学科方面论述该事物的主题，也不管各个标识所表达的事物主题之间的相互关系如何，全部标识一律按字顺排列，从而用字顺序列直接提供主题检索途径。

标题词语言是一种先组式主题语言。所谓先组式是指表达文献内容的标题，是在用户检索文献之前就已经选定和组配好的。这种选定和组配，或者是在编制词表时选定和组配，是属于先组式中的定组型标题词语言，或者是在标引文献时选定和组配，这是属于先组式中散组型的标题词语言。标题词语言的预先选定和组配都是为了检索文献方便，防止漏检和误检。

2. 标题词表

标题词表又称主题词表，这是对同一事物从两个不同认识角度的称呼。从揭示文献内容的主题角度，称为主题词表，而从表达文献内容的主题形式，即从标题的角度，则称之为标题词表。所谓标题词表，就是把选定的大量的能直接表达文献内容主题的标题词，经过规范化处理后，依据字顺方法编排起来的供标引和检索文献用的一种控制术语和工具。标题词表的职能，是对概念等同关系的词进行优选，对同一标题词可能出现的不同形式进行选择,对多义词(同形异义词)的词义进行限定,对标题词之间及非标题词与标题词之间的相互关系进行显示,并提供标题词标引的方法指示。所以,标题词表是标题词规范化的工具,是对文献进行标引词标引和主题检索的依据。目前,国外典型的标题词表有美国《国会图书馆标题词表》《医学标题词表》《工程标题词表》等。

5.5.5 单元词语言及单元词表

1. 单元词语言

单元词语言是克服了标题词语言的先组式缺点而产生出来的一种后组式主题词语言。所谓单元词(Uniterm)是指一个个最小最基本的词汇单位,是用来描述文献所论及或涉及的那些规范化的单词。所谓后组式就是检索文献的主题标识,是在用户检索文献时才进行组配,故称后组式主题语言。一般来说,单元词在字面上不能或不宜再拆开,否则在专业上就不具有独立意义了,如机器、文献,不能拆开为机与器、文与献。每个单元词都是描述文献主题内容的一个概念,是组配主题的最基本的主题因素,因此,单元词语言比标题词语言灵活。

2. 单元词表

单元词是组成单元词表的基本成分。所谓单元词表,就是把能用来描述文献内容的规范化的单元词,按照字顺方法编排的一种词汇控制工具。它的功用主要是进行词汇控制,提供规范化的单元词,以保证单元词系统的统一。

简单的单元词表,只有一个字顺表。较完备的单元词表,则由一个字顺表和一个单元词范畴表组成。单元词字顺表包括全部单元词以及非单元词。在单元词款目下,列出与其等同的非单元词,以及一些本来可由该单元词组配表达但在表中已经列出的单元词和多元词,并用参见指向相关单元词。在非单元词款目下,则用“见”指向与其等同的单元词。单元词表不显示单元词间的等级关系,所有单元词都是平等的、各自独立的,并全部按字顺排列。单元词范畴表不包括非单元词,也无参照和注释,只将单元词按学科、专业或课题进行范围分类,并允许1个单元词在几个范畴重复出现,以便标引和检索时选择。现在单元词已发展成叙词,目前比较典型的单元词表有《WPI-规范化主题词表》(WPI-LIST OF STANDARD THESAURUS TERMS),它是德温特公司编制的,词表规范化单元词按字母顺序排列,用以作为从主题角度标引和检索德温特出版的专利文献的依据。

5.5.6 叙词语言及叙词表

1. 叙词语言

叙词语言又称主题词语言。所谓叙词,是指一些以概念为基础、经过规范化处理、具有组配性能、显示词间语义关系和动态性的词和词组。叙词语言是一种以自然语言词汇为基础的信息检索语言,它采用了标题词语言对词语进行规范化的方法,以保证词与概念的一一对应,采用并进一步完善了标题词语言的参照系统,采用了体系分类语言基本原理编制叙词分类索引(范畴索引)和等级索引(词族索引),采用了与关键词语言类似的方法编制叙词轮排索引,从多方面显示叙词间的相互关系,以保证准确、全面地选用叙词进行标引和检索。因而叙词语言是集分类语言、标题词语言和关键词语言之大成而发展形成的,它不仅具有一般主题词语言所具有的基本要素、性质和特点,同时,它比其他类型的主题语言更为全面、深刻、科学和完善。因此,用叙词语言来描述与表达文献主题比较灵活,可以形成任意逻辑符号的组配和众多的检索途径,更适用于计算机信息检索,有利于实现信息检索的自动化。

2. 叙词表

叙词表又称主题词表,它是以规范的、受控的和动态的叙词作为基本成分,以参照系统显示词间语义关系,并通过叙词的字顺表和等级表,用于标引和检索文献的一种信息语言的词汇表。常用的叙词表有《INSPEC 叙词表》(INSPEC Thesaurus)、《NASA 叙词表》(NASA Thesaurus)、《JICST 叙词表》(科学技术用语叙词表)以及我国编辑出版的《汉语主题词表》等。这些叙词表的编排结构基本类似,现以 1983 年出版的《INSPEC 叙词表》为例介绍如下。

《INSPEC 叙词表》由英国电气工程师学会编辑出版,它是编辑和检索《科学文摘》的依据。全表由主表(字顺表)和词组表(等级表)两部分组成。

(1)主表:主表又称字顺表(Alphabetic Display Thesaurus Terms)。叙词是组成字顺表的基本成分,叙词又分正式叙词和非正式叙词。正式叙词作标引和检索词,非正式叙词不作检索词,只用作指引到检索词。主表全部叙词按字顺排列,正式叙词作款目词的一律用黑体字母印刷,并列出与该款目词有参照关系的词。《INSPEC 叙词表》的主表片段如图 5-2 所示。

说明:①款目词:正式叙词,用黑体字印刷;②代项:UF 是 Used For 的缩写,表示用 UF 前面的正式叙词取代 UF 后面的非正式叙词;③分项:NT 是 Narrow Term 的缩写,表示 NT 后面的叙词是该款目下位概念词;④属项:BT 是 Broad Term 的缩写,表示 BT 后面的叙词是该款目词的上位概念词;⑤族首词:TT 是 Top Term 的缩写,表示 TT 后面的叙词是该款目的族首词;⑥参照项 RT 是 Related Term 的缩写,表示 RT 后面的词是该款目词的相关词;⑦分类代码:CC 是 Classification Code 的缩写,表示 CC 后面的分类号是《科学文摘》A 辑的分类号;⑧完全分类代码:FC 是 Full Form of Code 的缩写,表示 FC 后面的分类号是输入 INSPEC 数据库中完全形式的分类号;⑨输入日期:DI 是 Date Input 的缩写表示该款目词开始输入数据库的日期;⑩原始词:PT 是 Prior Term 的缩写,表示该款目曾用过的词;⑪用项:表示 USE 后面的词是正式叙词,其前为非正式叙词,作指引词用。

Critical points ①

UF critical constants, thermal ②

triple point

NT boiling point ③

melting point

BT critical phenomena ④

TT critical phenomena ⑤

RT critical mixtures ⑥

temperature

CC A0570J A6460 A8260 ⑦

FC a0570Jv a6460-k a6470-s a8260-p ⑧

DI January 1977 ⑨

PT thermal critical constants ⑩

critical temperature, superconducting

USE superconducting transition temperature

图 5-2 《INSPEC 叙词表》的主表片段

(2)词族表:词族表又称等级表(Hierarchical Display of Thesaurus Terms),按族首词的字母顺序排列,族首词一律用黑体字母印刷。每个族首词的下位词按其等级由大到小排列,用黑圆点和类目缩位表示级别。《INSPEC 叙词表》的词族表著录格式如图 5-3 所示。

critical phenomena ①

critical fluctuations

• • fluctuations in superconductors

• critical mixtures

• critical opalescence

• critical points

• • boiling points

• melting points

图 5-3 《INSPEC 叙词表》的词族表片段

说明:①族首词:概括一族叙词最上位概念的词;②下位词:用一个"•"表示族首下位词的为二级,用两个"• •"表示族首词下位词的为三级,依此类推。

5.5.7 关键词语言

关键词语言属自然语言。所谓关键词,是指那些出现在文献标题(书名、篇名)、摘要或正文中,对表达文献主题内容具有实质性意义起关键性作用的词语。关键性语言是直接将文献原来所用的能描述其主题概念的那些具有关键性的词语抽出,不加规范化或只做少量规范化处理,按字顺排列,提供检索途径的。它与标题词语言、叙词语言同属主题语言类型,但是,关键词语言与其他主题语言有一个明显的不同点,就是标题词语言、叙词语言是受词表控制的经过规范化处理的自然语言,而关键词语言则是不受词表控制的未经过规范化处理的,或者仅做少量规范化处理的自然语言。因此,关键词语言从它能表达文献主题概念并能提供检索途径来说,它可以作为一种主题语言类型,而从必须符合表达概念的唯一性和能显示概念之间关系的严格要求来说,则不能称为主题语言,它仅仅是在信息检索中直接使用自然语言的一种方法。

关键词语言适应了检索工具自动化编排的要求,主要表现在标引文献时抽词方便。利用受控词表标引文献时,必须根据文献的主题概念,从词表中选取最能确切反映文献主题概念的词进行标引。

5.6 文献检索策略

文献检索策略是进行文献检索的具体方案。过去不少文献检索人员认为,只有进行计算机检索才需要制定检索策略,其实不然,人工检索也同样需要一个检索策略,才能获得满意的检索结果。所不同的只不过是人工检索对文献检索策略的运用更灵活罢了,因为人能进行思维活动,而计算机则不能。

制定文献检索策略,就是要根据文献检索的需要与可能制定一套可供检索文献遵循的方案。其基本内容包括多个检索步骤,而重点是选用检索工具和正确使用检索语言。根据文献检索的全过程来分析,文献检索可分 6 个步骤进行,如图 5-4 所示。

5.6.1 分析检索课题

文献检索都是围绕着具体目的和要求在一定范围内进行的,因此在检索之前,首先必须对检索课题进行分析。分析检索课题应包括以下几项内容。

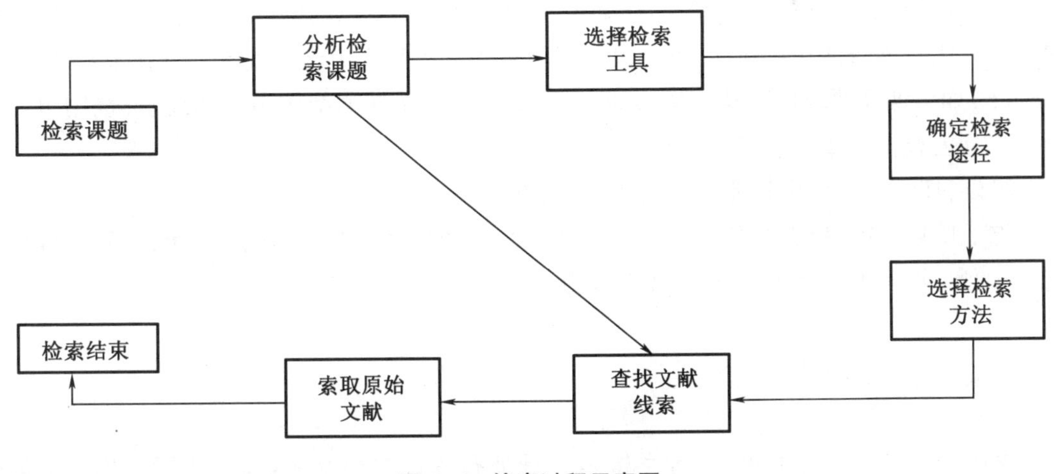

图 5-4 检索过程示意图

1. 分析主题内容

分析主题内容是指分析检索课题所包含的内容实质。一个检索课题要检索的主要内容叫作主题内容。一个主题往往是由一些单元概念的组合表现的,构成复杂主题的单元概念形式叫作主题要素,在若干个主题要素中最重要的一个主题要素叫作主题中心,分析出主题要素和主题中心的过程叫作主题分析。而主题的表现形式又分显性主题和隐性主题两种。所谓显性主题是指主题概念一目了然。例如,检索“镍铬钢的电弧焊”课题,其中包含“镍铬钢”和“电弧焊”的主题概念,主题要素呈显性状态,因此称为显性主题;所谓隐性主题是主题概念中的某些主题隐含在某些概念之中。例如,检索“海水环境下使用的不锈钢”课题,其中包含着“不锈钢”的显性主题,同时又包含着“耐海水腐蚀”的隐性主题,“耐海水腐蚀”这一主题要素隐含在“海水环境下使用的不锈钢”的概念之中,因此称为隐性主题。显然,这是需要对检索课题的内容进行分析才能弄清楚的。只有在分析检索课题内容的基础上,才能进一步明确检索课题的目的和要求,并在此基础上形成检索需要的主题概念,以便转换成检索语言,为正确地进行检索做好必要的准备。

2. 分析课题的已知信息

在实际检索中,检索课题的类型多种多样,检索的要求也各不相同。分析各类型检索课题的要求,可提供出已知信息,例如以下几种情况。

(1)如果课题要求检索新材料、新工艺、新设备等方面的信息,在没有其他任何已知条件的情况下,可以以课题分析所得到的主题概念作为已知线索去查找未知信息。

(2)如果课题要求检索国内外已知同行专家学者的有关信息,想了解他们的最新研究成果,以便掌握其研究动态和成果水平,可以以同行专家学者的姓名作为已知线索去查找未知信息。

(3)如果课题要求检索引进某工厂或某公司的新技术或新设备,需要掌握该新技术的水平和该新设备的性能,可以以该工厂或该公司的名称作为已知线索去查找未知信息。

(4)如果课题要求检索专利,并已知该专利研究课题所属的国际专利分类号,需要查出同类专利比较创造性和新颖性,可以以该国际专利分类号作为已知线索去查找未知信息。

(5)如果课题要求检索某一类型的文献,则可以以文献类型作为已知线索,选用单一性检索工具去查找未知信息。

另外,还可以分析出其他已知信息,这里不再一一列举。

综上所述,分析检索课题,是整个文献检索过程的重要准备工作,检索课题分析得越深刻、越细致,检索工作就越顺利,检索效率就越高,检索效果就越好。

5.6.2 选择检索工具

文献检索工具的种类很多,各类检索工具都有各自的特点和功能。因此,要使文献检索获得满意的结果,必须对检索工具进行认真选择。

1. 选择检索工具的方法

选择检索工具有多种方法,主要方法有两种。一是直接浏览选择;二是利用工具书指南选择。

(1)直接浏览选择:是指浏览图书信息机构的检索工具室陈列的全部检索工具。通过阅读每种相关检索工具的编制说明,了解收录文献的范围(包括文种和类型)、索引体系是否完善等,并以此决定取舍。

(2)利用工具书指南选择:是指利用中国科技信息研究所编的《国外科技文献检索工具简介》《国外科技文献单卷检索工具书简介》作为指导选择外文检索工具主要参考工具书。

2. 选择检索工具的原则

选择检索工具有许多原则应遵循,而其中主要应注意专业对口、语种熟悉、与检索要求匹配、检索工具质量等原则。

(1)专业对口原则:是指所选检索工具收录文献学科内容必须与检索课题学科内容相一致,或包含检索课题所研究的学科内容。因为信息检索一般都是专业信息检索,针对性很强,如果选择的检索工具专业不对口,不仅不能检索到有关的专业信息,而且还会白白地浪费时间。例如检索“金属加工”类课题,就应选择专业对口的检索工具《金属文摘》进行检索,而不应选择《科学文摘》进行检索。

(2)语种熟悉原则:是指对选择外文检索工具而言的,即选择外文检索工具必须选择检索人员语种熟悉的检索工具。因为语言是利用检索工具的工具,如果选择了语种不熟悉的检索工具,不但无法进行检索,更谈不上检索到所需要的信息。例如,检索人员熟悉英语和日语,就应选择英文和日文检索工具,而不应该选择俄文和德文检索工具。

(3)与检索要求匹配原则:是指所选择的检索工具收录的信息内容必须与检索课题要求信息内容相当。因为信息检索专指性很强,如果选择了与检索课题要求的信息内容不相当的检索工具,不但达不到满意的检索结果,甚至检索不到所需要的信息。例如,检索课题要求检索引进国外新技术或新设备等信息，就应该选择专利检索工具或产品样本等；检索课题要求检索专业性强且专深的信息，一般利用专业性及有关特种文献检索工具检索要比综合性检索工具检索更为合适。

(4)检索工具质量原则：是指所选择的检索工具必须功能好、质量高。所谓功能好主要是指所选择的检索工具要检索途径多，检索方便易掌握。所谓质量高主要是指所选择的检索工具要收录文献的学科领域和区域范围广，文献的类型齐全，出版周期短，报道量大而及时。总之，选择一部好的检索工具，应该具备收录文献的全面性和广泛性、检索手段的多样性和方便性、检索结果的准确性和有效性。

5.6.3 确定检索途径

检索途径是达到检索目标的路径。同一个检索目标，往往可以通过不同的途径达到，但其检索的效率和效果却是大不一样。因此要想达到满意的检索效率和检索结果，必须研究各种检索途径的特点及确定检索途径的原则。

1.检索途径的种类及其特点

文献检索是根据文献信息的某些外表特征和内容特征，从不同的角度进行查找的。一般来说，文献信息有题名、著者、编码等外表特征；有分类、主题、分子式等内容特征。于是检索途径也就有：分类途径、主题途径、著者途径等。

(1)分类途径：是根据文献内容在分类系统中所属的类别作为查找文献途径的。常用的检索工具有分类目录、分类索引等。这种检索工具按照学科分类体系编排，检索时可按课题所需文献的类别在检索工具相应类别中查找，或利用分类索引集中查找。这种检索途径因按学科体系排列，体现了学科的系统性，反映了事物的派生、隶属、平行关系，满足了族性检索要求，是信息检索的主要途径之一。分类途径的主要缺点，首先是分类法的类目设置一一枚举，线性排列，难以满足多维检索要求；其次，由于分类法是定组式的先组配检索语言，对新兴学科、边缘学科的文献检索，不易确定确切的类目，造成检索困难；再次，从分类途径检索，必须将类目概念转换成检索标识，即分类号，但在这一转换过程中，容易发生差错，造成误检，影响检索效果。

(2)主题途径：是根据代表文献内容实质的主题词(或叙词、关键词)作为查找文献的途径的。常用的检索工具有主题索引、关键词索引等。这种检索工具按主题词(或叙词、关键词)的字顺编排，查找方便。检索时，只要按字顺查找主题词，不需要考虑学科体系，能较好地适应特性检索要求，是文献检索的主要途径。主题途径的最大优点，就是能将分散在各学科中的同一课题文献，集中在一个主题词下，便于检索人员各取所需。但是，主题途径编制复杂，查找时对专业知识和水平要求较高，再加上主题词的语义、语法关系不明确，容易产生误检和漏检。

(3)著者途径：是根据文献著者(个人或机构、团体)名称查找文献的途径。常用的工具有著者索引、机构索引等。这种检索工具按著者姓名字顺排列，编制简单。检索时，只要按已知著者姓名字顺查找,就能迅速而准确地获得文献。但是,在通常情况下,著者是未知的,所以,著者途径只能作为一种辅助途径。

另外,题名途径是根据文献名称(书名、刊名、篇名)来查找文献的途径;文献编码途径是根据文献编码序号(报告号、专利号、标准号、合同号)来查找文献的途径,分子式途径是根据化学物质的分子式来查找文献的途径。这些途径在检索中有时也根据需要配合使用,都应注意掌握其检索方法。

2. 确定检索途径的原则

确定检索途径应根据分析检索课题所明确的检索要求,检索课题所提供的已知信息,以及所选择的检索工具来确定。因此应遵循以下 3 个原则。

(1)根据课题检索要求确定检索途径:是指通过对检索课题内容分析,明确了检索课题要求后,如果课题检索范围较广,泛指性较强,要求从学科或专业角度检索时,则应确定分类途径检索;如果课题检索范围较窄,专指度较高,要求从特定事物角度检索时,则应确定主题途径检索。

(2)根据课题提供的已知信息确定检索途径:是指检索课题已提供文献名称、著者、文献编码等已知特征,则可直接确定用题名途径、著者途径、文献编码途径选择相应的目录、题录、文摘等检索工具检索。

(3)根据选择的检索工具确定检索途径:是指检索途径的确定受检索工具的制约,因为检索途径是由检索工具提供的。多数检索工具只有几种主要检索途径,如分类途径、主题途径、著者途径。如果选择的检索工具提供的检索途径较多,如像美国《化学文摘》,可提供分类、主题、著者、专利号、分子式、登记号等途径,则可按课题检索要求或课题提供的已知特征确定检索途径检索。如果选择的检索工具提供的检索途径较少,如有些中文检索工具按分类编排,没有辅助索引,只能提供分类途径,则只好确定分类途径检索了。

5.6.4 选择检索方法

文献检索要达到多、快、好、省的效果,检索方法有着直接的影响。因此,研究各种检索方法的特点和选择检索方法的原则,对提高检索效率和效果有很大作用。

1. 检索方法的种类及其特点

文献检索方法的种类很多,目前检索人员常用的检索方法主要有以下几种。

(1)追溯法:是指利用文献末尾所附的参考文献,逐一跟踪查找的一种方法。这种检索方法的优点是,在没有检索工具或检索工具不齐全的情况下,借助于原始文献所引用的参考文献跟踪追溯,可以查到一批有关文献。缺点是,检索受到原始文献所引参考文献的限制,漏检和误检文献比较多,检索效果不好。美国科学技术情报所出版的《科学引文索引》,就是在此基础上发展起来的一种检索工具。所以,现在追溯法包括利用参考文献进行追溯查找和利用《科学引文索引》进行追溯查找两种方法。

(2)常用法:是指文献检索的常用方法。常用法根据查找方式的不同,又分为顺查法、逆查法和抽查法3种。所谓顺查法就是根据检索课题分析所得出的年代要求,由远及近逐年查找的方法。这种检索方法的优点是,由于逐年逐卷查找,漏检文献少,同时由于在检索过程中可以根据检索进展情况,随时修订检索策略,误检文献少,检准率高;缺点是,查找费时间,工作量大,检索效率不高。所谓逆查法就是根据检索课题分析所得出的年代要求,由近及远逐年查找。这种检索方法,常常用来查找最新文献。因为检索时,只需要查到基本所需的文献就可以了,不必逐年查到头。其优点是花费时间少,缺点是,不如顺查法所查得的文献全面、系统,漏检率高。所谓抽查法就是根据学科发展特点,抓住某学科发展迅速,文献发表较多的年代,抽出几年或十几年逐年查找的方法。这种检索方法优点是,检索的时间较少,获得的文献较多,检索效率高。但使用这种检索方法,必须在熟悉某学科发展特点的情况下才能检索。

(3)循环法:是指先利用检索工具查出一批有用文献,然后利用这些文献所附参考文献追溯查找的方法。因为引用文献,一般5年以内的重要文献都会引用。根据这一规律,可跳过引用的5年,再用检索工具查出一批有用文献,利用其所附参考文献追溯查找。如此循环检索,直到达到满意的检索结果为止。这种检索方法,检索效率高,检索速度快,能系统地查到所需文献。

2. 选择检索方法的原则

选择检索方法,总的来说是要根据检索要求选定,但所选方法能否满足检索要求,还要看提供的检索条件,因此,选择检索方法主要应视检索要求、检索条件和检索内容的特点而定。

(1)根据检索要求选择检索方法:是指检索方法要针对检索要求来选定,因为不同的检索要求,需要采用不同的检索方法。例如,检索课题要求全面、系统地检索所需文献信息,则可选用顺查法查找;又如,检索课题要求检索最新信息资料,则可选用逆查法查找等。

(2)根据检索条件选择检索方法:是指选择检索方法要视检索工具收藏条件而定。如果检索工具收藏齐全,则可选用常用法查找;如果检索工具收藏不齐全,而又掌握了一批与检索课题相关的文献,则可选用追溯法查找。

(3)根据检索内容的特点选择检索方法:是指选择检索方法要视检索的学科内容、发展规律和特点而定。如果课题检索的学科内容是新发展起来的新兴学科,一般采用逆查法,也可采用顺查法;如果课题检索的学科内容是古老的学科,又掌握其在某些年代的发展规律和特点,一般可采用抽查法查找。

5.6.5 查找文献线索

查找文献线索是文献检索的实际操作阶段,一般都是针对检索课题的检索要求,选择相应的检索工具和检索方法,按照一定的检索途径查找文献线索的。其主要查找途径有以下几种。

1. 通过分类途径查找

分类途径的查找原理是以检索课题所属的学科类别特征作为查找文献途径而获取未知信息线索的。具体查找方法如下。

(1)确定类目:是指根据对检索课题分析的主题概念,按所选定检索工具的分类体系来确定类目,并将类目转换成该分类体系的分类号。

(2)查阅文摘:是指根据所确定的类目或分类号,查阅该类目或类号下的文摘。

(3)记录出处:是指阅读文摘并进行筛选后,将所需文献的出处记录下来,这便是要查找的文献线索。

2. 通过主题途径查找

主题途径的查找原理是以检索课题所含主题内容的概念特征作为查找文献途径,而获取未知信息线索的。具体查找方法如下。

(1)确定主题词:是指根据对检索课题分析出的主题概念,按所选定的检索工具主题词的规范要求,将主题概念转换成主题词。

(2)查阅文摘:是指根据所确定的主题词,利用相应的主题索引,查阅该主题词下的文摘。

(3)记录出处:是指阅读文摘并进行筛选后,将所需文献的出处记录下来,这便是要查找的文献线索。

3. 通过著者或机构途径查找

著者或机构途径的查找原理是以已知著者姓名或机构名称作为查找文献途径,而获取未知信息线索的。具体查找方法如下。

(1)准确写出著者姓名或机构名称:是指将著者姓名转换成相应检索工具要求的写法时,要准确一致。例如,中国著者的方块字写法转换成拼音写法要准确,外文著者要注意将姓提到名的前面。机构名称的确定,有时要参照检索工具给出的机构名称列表,同时要注意不同的书写方式。

(2)查阅文摘:是指根据著者姓名或机构名称,利用相应的著者索引或机构索引,查阅该著者或机构的文摘。

(3)记录出处:是指阅读文摘并进行筛选后,将所需文献的出处记录下来。这便是要查找的该著者或机构的文献线索。

5.6.6 索取原始文献

文献检索的最终目的是要获得原始文献,但用各种检索途径和方法检索到的只是所需文献的线索。而要根据所检索出的文献线索,获取原始文献还须经过以下几步。

1. 将出版物缩写名称转换成全称

外文检索工具在编辑出版时,为了缩减篇幅,常将出版物名称缩写。因此,索取原始文献时,为了准确识别出版物名称,首先必须将出版物名称缩写转换成全称。一般检索工具都附有“引用出版物一览表”,提供查对全称参考。例如,美国《工程索引》中的出版物缩写名称 *J Mech Work Technol*,应用“工程出版物索引”核对将其转换成全称 *Journal of Mechanical Working Technology*,才能准确识别出《机械加工技术杂志》这个刊名。

2. 将非拉丁语文字出版物名称转换成原文名称

在外文检索工具中,常根据字母发音相对应原则,将收录的各种不同文字的出版物名称音译成拉丁文字再缩写出版。这种出版物,将其缩写转换成全称后,还要音译成原文。例如,美国《工程索引》中的苏联出版物缩写名称 *Probl Prochn*,用“工程出版物索引”核对转换成全称 *Problemy Prochnosti* 后,再用“俄文字母—拉丁字母音译对照表”逐字母对译:

P	r	o	b	l	e	m	y	P	r	o	ch	n	o	s	t	i
↓	↓	↓	↓	↓	↓	↓	↓	↓	↓	↓						
П	Р	о	б	л	с	м	ы	П	Р	о	ч	н	о	с	т	и

由《ПРоблсмы ПРочности》全称可识别出该出版物是苏联《强度问题》杂志。

3. 查找原始文献收藏单位借阅复制

在准确掌握出版物名称、出版年、卷、期、页码等信息后,首先用本单位馆藏目录查找是否有收藏,如没有收藏,再用其他单位馆藏目录,或用联合目录,查到收藏单位后,借阅或复制原始文献。

5.6.7 检索效果的评价

检索效果(Retrieval Effectiveness)是指利用检索系统进行信息检索时所产生的有效结果。检索效果评价就是按照一定的方法,对检索结果做出评判。其目的是准确掌握检索系统的各种性能指标,找出影响检索效果的各种因素,以便改进检索系统,提高检索质量。衡量检索效果有两个主要指标,即查全率(Recall Ratio)和查准率(Precision Ratio)。

1. 查全率

查全率是指在进行某一课题检索时,针对某一检索提问,所检出的相关的信息量与系统信息库中相关信息总量的比率。查全率可用以下列式计算。

查全率 = 检出相关信息量/系统相关信息总量 × 100%

查全率是描述检索系统检出相关信息能力的一种尺度,既是评价检索系统效率的一个重要指标,又是反映检索效果的重要指标。

2. 查准率

查准率是指进行某一课题检索时,针对某一检索提问,所检出的可用信息量与检出相关信息量的比率。查准率可以用以下列式计算。

查准率 = 检出可用信息量/检出相关信息量 × 100%

查准率是描述检索系统拒绝不相关文献能力的尺度(精确度)。

从上面两个公式不难看出,如果查全率和查准率都能达到 100%,即检索系统中全部相关文献都被检出,而且检出的文献全部是相关文献,这当然是最理想的检索效果。然而,在实际检索中,由于受多个因素影响查全率和查准率不可能都达到 100%。实验证明,查全率和查准率之间存在互逆关系,即在达到一个最佳点之后,查全率提高,查准率下降,反之,查准率提高,查全率下降。因而出现了信息检索中的误差。

3. 影响检索效果的主要因素

对用户来说,最关心的是检索效果,影响检索效果的主要因素有信息标引的广泛性和用户检索标识的专指性。标引的广泛性是据标引时揭示信息主题基本概念的广度而言,是支配查全率的重要因素;检索标识的专指性是据检索标识表达主题的基本概念的专指度而言,是支配查准率的重要因素。对于一个信息系统来讲,系统内信息存储不全,收录遗漏严重;索引词汇缺乏控制;词表结构不够完善;标引缺乏详尽性,没有网罗应有的内容;信息分类(标引)专指度缺乏深度,不能精确地描述信息主题;组配规则不严密,容易产生模棱两可或歧义现象等,这些都是影响查全率和查准率的客观因素。对用户来说,影响查全率和查准率的主观因素有:检索课题要求不明确;检索工具或检索系统选择不恰当;检索途径和方法过少;检索词缺乏专指性;检索面过宽;用词不当;组配错误等。

4. 提高检索效果的措施

通常,提高检索效果的措施有 2 项,一是选择质量较高的检索系统,二是提高检索者的检索能力。

检索系统质量的优劣是影响检索效率的重要因素。评价某个检索系统的优劣主要看它的存储功能和检索功能。通常,检索系统摘录的文献量越多,编排结构越简便易用,采用的检索语言越准确和实用,辅助索引越齐全,收录内容越新颖,系统性能越优越。

影响检索效率的更重要因素是检索者本身,也就是说要提高检索者自身的检索能力。检索效果与检索者的知识水平、业务能力、工作经验,特别是检索技能的熟练程度和外语能力密切相关。

5.7 计算机信息检索概述

5.7.1 计算机信息检索的发展历史

1946年世界第一台计算机问世,此后不久,计算机就被应用到信息检索中,计算机信息检索是计算机技术、通信技术以及高密度存储技术的发展与检索技术结合的产物,计算机信息检索从产生到现在大体经历了4个阶段。

1. 脱机信息检索阶段

1954年美国海军军械中心(NOTS)应用第一代电子管计算机,建立了世界上第一个计算机信息检索系统。1958年美国国立图书馆首先将美国人卢恩研究成的计算机自动标引技术,应用于编制《最新医学文献目录》。1961年该图书馆研制了影响颇大的医学文献分析与检索系统MEDLINES,编制机读磁带,并于1963年提供检索服务。这时的计算机信息检索,用磁带、磁鼓作存储介质,一般为连续的顺序检索方式。检索人员把许多用户的检索提问汇总到一起,进行批量检索,然后把检索结果通知各个用户,用户不直接接触计算机。这种方法更适合大批量的定题信息检索,所以也叫脱机批处理检索。

2. 联机信息检索阶段

在脱机批处理信息检索过程中,用户与系统不能进行“人机对话”,用户的信息需求不能即时得到回答,也不能通过检索结果的反馈随时修改检索提问式,因此这种检索存在着很大的不便。1965年洛克希德导弹与空间公司为美国航空航天局设计了可以检索20万篇NASA文献的第一个对话式联机信息检索软件RECON,洛克希德公司利用同一软件于1972年建立提供商业服务的DIALOG联机对话检索系统。用户通过检索终端即可访问远程计算机中心的数据库。1972年美国系统发展公司(SDC)研制了联机检索系统(ORBIT)提供商业检索服务。欧洲航空航天局引进RECON软件于1969年建立了ESA/IRS联机检索。计算机硬件和软件的进展,推动联机情报检索在20世纪70年代进入广泛的实用阶段。随着计算机软硬件技术的不断提高,发达国家的一些计算机信息联机检索系统,通过卫星通信网络(公共电报、电话线路)和计算机专用终端,在世界范围内提供联机信息检索服务,形成国际联机检索服务业。联机检索服务是计算机检索走向实用化、规模化、产业化的重要的标志。世界上比较著名的联机检索系统有ESA/IRS、DIALOG、ORBIT、MEDLINE、JICST、BRS等。

3. 光盘信息检索阶段

联机检索打破了地域的限制,并日益国际化,越来越多的用户利用国际联机检索来查找文献。但是,联机检索的费用问题始终是困扰人们的一个问题。光盘存储技术的出现为降低计算机检索的成本提供了解决的方法。光盘是一种用激光记录和读取信息的盘片,具有信息存取密度高、容量大、读取速度快、信息类型多、保存时间长、成本低等优点。它是20世纪80年代在光电子技术和微电子技术等现代科学技术成果的基础上发展起来的新型电子出版物。大量的CD-ROM技术促使计算机信息检索成本迅速下降。计算机信息检索逐渐进入以光盘检索为主的新阶段。

4. 网络化信息检索阶段

从1995年起全球进入了真正的因特网(Internet)时代,图书馆、信息服务机构和科研机构以及一些大的数据库生产商纷纷加入Internet,为信息需求者提供各种各样的信息服务,构成极其丰富的网络信息资源。超文本技术的出现,基于客户/服务器的检索软件的开发,使得联机检索的主机系统转移到服务器上,联机检索的终端/主机结构由客户/服务器检索模式取代。同时由于各种网上的信息资源十分丰富,更新速度也很快,网上又提供了检索功能较强的搜索引擎。因此这个阶段的计算机信息检索不再局限于文献信息数据库,而是进入文献信息数据库的检索和互联网网络信息的检索并重的阶段。Internet为我们获取文献信息提供了前所未有的方便,它彻底打破了信息检索的区域性和局限性,用户足不出户就可以获取所需要的文献信息,而且信息形式图文并茂,有声有景。网络技术的迅速发展和广泛应用改变了计算机信息检索的方式和方法,将信息检索拓展到一个更广阔的领域。

5.7.2 计算机信息检索的原理

计算机信息检索是指人们在计算机或计算机检索网络的终端机上,使用特定的检索指令、检索词和检索策略,从计算机检索系统的数据库中检索出所需的信息,继而再由终端设备显示或打印的过程。为实现计算机信息检索,必须事先将大量的原始信息加工处理,以数据库的形式存储在计算机系统中,所以计算机信息检索广义上讲包括信息的存储和检索两个方面。

计算机信息存储过程是:用手工或者自动方式将大量的原始信息进行加工,具体做法是,将收集到的原始文献进行主题概念分析,根据一定的检索语言抽取出主题词、分类号以及文献的其他特征进行标引形成存储标识,或者写出文献的内容摘要,然后把这些经过"前处理"的数据按一定格式输入计算机存储起来,计算机在程序指令的控制下对数据进行处理,形成机读数据库,存储在存储介质(如磁带、磁盘或光盘)上,完成信息的加工存储过程。

计算机信息检索过程是:用户对检索课题加以分析,明确检索范围,弄清主题概念,然后用系统检索语言来表示主题概念,形成检索标识及检索策略,输入到计算机进行检索。

计算机按照用户的要求将检索策略转换成一系列提问，在专用程序的控制下进行高速逻辑运算，选出符合要求的信息输出。计算机检索的过程实际上是一个比较、匹配的过程，检索提问只要与数据库中的信息的特征标识及其逻辑组配关系相一致，则属“命中”，即找到了符合要求的信息。

计算机信息检索的原理就是利用计算机将用户所提出的检索标识与数据库中的存储标识进行比较，并将匹配的文献输出作为检索命中。

5.7.3 计算机信息检索与手工信息检索的比较

计算机信息检索是从手工信息检索发展而来的，因此在一些检索概念和检索语言上与手工检索是相同的，但值得注意的是，在 Internet 上检索信息的检索技术与以往的计算机检索技术又有很大的差别。为了便于大家更好地掌握各种信息检索技术，有必要了解手工检索、计算机检索及 Internet 上检索之间的异同点。

1. 检索语言

检索语言就是在检索信息时所使用的语言词汇，关于更多的检索语言知识已在前面的章节里做了介绍。在检索语言上，手工检索与计算机检索基本相同，不同的是计算机检索可以使用较多的自然语言，Internet 上检索一般使用自然语言。

2. 检索概念的组配

在检索概念的组配上，手工检索主要是以人脑进行检索概念的组配，而计算机检索则是用布尔逻辑、位置逻辑等运算符进行概念组配，Internet 上检索概念组配方式尚不成熟。其中计算机检索的概念组配最为严谨，手工检索的概念组配最为灵活。

3. 检索途径

检索途径也就是检索入口，是根据信息的某种特征所进行的检索，如著者、文献题目等。手工检索与计算机检索的基本检索途径是相同的，如著者、分类、主题等。但是，计算机检索的检索途径要更加广泛和灵活，计算机检索还可以从年代、题目、文摘、语种等途径进行检索，并且能够进行多途径同时检索。

4. 检索结果

3 种检索手段相比，手工信息检索的检索结果准确率最高，误检率最低，查全率较低。计算机信息检索的查准率要低于手工检索，误检率要高于手工检索，查全率较高。Internet 上检索结果误检率最高，查全率也较高。

5.8 计算机信息检索基础知识

5.8.1 信息数据库简介

1. 数据库的定义和类型

将信息标引、著录后形成的信息记录,按一定格式依次录入计算机,并存储在计算机存储设备上,形成供计算机检索用的数据库。数据库是被收集在一起的一组有序的信息单元,每个信息单元由若干个独立的结构单元组成,数据元存储在字段中,每个数据元描述信息单元的一个特性。每个信息单元将由诸如著者、标题、出版日期等数据元组成。因此,数据库是指在计算机存储设备上按一定方式存储的相互关联的数据集合。通常数据库可分成以下几种类型。

(1)文献目录型数据库(Bibliographic Databases)。也称为书目数据库或目录数据库,存储的是某个领域原始文献的书目,即二次文献数据库,记录内容包括文献的题目、著者、原文出处、文摘、主题词等。大多数是印刷本检索工具的机读版,如美国工程索引数据库(Ei Compendex),英国科学文摘数据库(INSPEC),美国化学文摘数据库(CA Search)等。

(2)信息指南数据库(Dictionary Databases)。也称为事实数据库,信息指南数据库主要是记录一些机构、人物、产品、项目简述等事实数据,通过该类数据库可以查到公司、机构的地址、电话、产品目录、研究项目或名人简历等信息。例如,各种机构名录数据库、人物传记数据库、产品数据库、软件数据库、研究开发项目数据库,基金数据库等。

(3)数值型数据库(Numeric Databases)。数值数据库是专门提供以数据形式表示信息的一种源数据库。主要记录科学研究中试验、测量、计算、工程设计、经济分析和工业规划等方面的数据。这类数据库主要包含数值数据,有的也包含文字,文字是用来定义数据所需的最小量的文字,有时称为文本-数值数据库(Textual-numeric Databases)。

(4)全文数据库(Full Text Databases)。全文数据库是存储文献内容全文或其中主要部分的数据库,简称全文库。它是将经典著作、学术期刊、重要的会议记录、法律法规、新闻报道以及百科全书、手册、年鉴等的全部文字和非文字内容转换成计算机可读形式。全文数据库可以解决用户获取一次文献所遇到的困难,能向用户提供一步到位的查找原始文献的信息服务。

近年来,全文数据库发展很快,在各类数据库建设中异军突起。据统计,在美国,全文数据库从1985年的28%增加到1995年的52%,其数量是书目型数据库的一倍,而书目型数据库则从57%下降到24%。在我国,已有《中国学术期刊全文数据库》《书生之家数字图书馆》和《超星数字图书馆》等期刊、图书全文数据库建成投入使用。除了上述4种基本的数据库类型之外,还有多种混合型的数据库形式,如“数值-全文型”数据库,“书目-数值-全文型”数据库等。特别是随着多媒体技术的迅速发展和广泛应用,将图形、图像、文字、动画、声音等多媒体数据结构结合为一体,并统一进行存取、管理和应用的多媒体数据库已经问世,并受到人们的普遍欢迎。随着超文本、多媒体和光盘驱动器技术的发展和普及,多媒体数据库的数量会越来越多。

2. 数据库的构成

数据库是以文档的形式组织起来的,文档的基本组成单位是记录。一条记录由字段、子字段组成。

(1)文档(File)。若干个逻辑记录构成的信息集合称为文档。一个数据库是由若干个文档组成的,按文档在计算机存储器中的存放方式,可分为顺排文档和倒排文档。

① 顺排文档。顺排文档存入了数据库的全部记录,文献记录按照记录号的大小顺序排列,类似于检索刊物中按文摘号排列文摘款目。每一篇文献为一条记录单元,一个记录号对应一条记录,记录号越大,对应的记录就越新。由于它存储记录最完整的信息,所以,又把它称为主文档。如果在顺排文档中进行检索,计算机就要对每个检索提问式逐一扫描数据库中的每一条记录,存储的记录越多,扫描的时间越长,这样检索效率就会很低。

② 倒排文档。倒排文档是将主文档中的可检字段(如篇名、著者、著者所在单位、叙词、分类号等)抽出,按照一定顺序重新排列起来所形成的一种文档。不同的字段组成不同的倒排文档(如篇名倒排文档、著者倒排文档等)。顺排文档和倒排文档的主要区别是顺排文档以文献的完整记录为处理和检索单元,倒排文档以文献的属性(即记录中的字段)为处理和检索单元,倒排文档是主文档派生出的文档。按表达文献内容特征的标识排列的文档称为基本索引文档;按表达文献外部特征标识排列的文档称为辅助索引文档。倒排文档只有文献的标识、命中文献篇数及文献记录号。因此,在进行检索时,必须和顺排文档配合使用,先在数据库的倒排文档中查得命中文献篇数及其记录号,再根据记录号从顺排文档中调出文献记录。倒排文档类似于检索工具中的辅助索引。

下面以一个简单的例子来说明顺排文档与倒排文档之间的关系。由一些记录组成的顺排文档共包含以下文献。

001 篇名:一种新型风力发电机的提出与实现. 著者:李帅;彭国平;鱼振民;易萍虎. 关键词:风力发电永磁;无刷电机;直流电机.

002 篇名:小型交流永磁风力发电机的转子结构分析小型风能发电机及其发电机(3). 著者:郭继高. 关键词:风力发电机;永磁.

003 篇名:变速恒频风力发电机空载并网控制. 著者:刘其辉;贺益康;卞松江. 关键词:风力发电机;变速恒频.

004 篇名:风力发电机及其控制系统的对比分析. 著者:桓毅;汪至中. 关键词:风力发电机;变速恒频;控制系统.

005 篇名:风力发电机及其相关技术. 著者:孟明;王喜平;许镇琳. 关键词:风能;风力发电;风力发电机;变速恒频.

006　篇名:海上风力发电. 著者:谭恢曾. 关键词:风能;风力发电.

表5-1所示为抽取记录中关键词所组成的倒排文档,即关键词倒排文档,形式如下。

表5-1　抽取记录中关键词所组成的倒排文档

关　键　词	记　录　号
风力发电	001,005,006
永磁	001,002
风力发电机	002,003,004,005
无刷电机	001
变速恒频	003,004,005
控制系统	004
风能	005,006
直流电机	001

在实际运行的数据库中,倒排文档通常有多个。这是因为不同性质的标识词需要建立不同的倒排文档(例如DIALOG系统中的基本索引倒排文档和辅助索引倒排文档)。

(2)记录(Record)。数据库的记录是构成数据库顺排文档(主文档)的基本单元,它是由若干字段组成的。一个数据库可能包含几千条甚至几十万条记录,一条记录又包含若干个数据字段。在全文数据库中,一个记录相当于一篇完整的文献;在书目数据库中,一个记录相当于手工检索工具正文部分的一条文摘或题录款目。不同数据库中记录的格式不完全相同,下面以Engineering Village 2平台中书目数据库(Database)Compendex为例,介绍数据库的记录格式。

Accession number:20105213532004

Title: An integrated control method for a wind farm to reduce frequency deviations in a small power system

Authors:Kaneko, Toshiaki (1); Uehara, Akie (1); Senjyu, Tomonobu (1); Yona, Atsushi (1); Urasaki,Naomitsu (1)

Author affiliation: (1) University of the Ryukyus, 1 Senbaru, Nishihara - cho, Nakagami,Okinawa 903-0213,Japan

Corresponding author:Uehara, A. (b985542@ tec.u-ryukyu.ac.jp) Source title: Applied Energy

Abbreviated source title:Appl. Energy

Volume:88

Issue:4

Issue date:April 2011

Publication year:2011

Pages:1049-1058

Language:English

ISSN:03062619

CODEN:APENDX

Document type:Journal article (JA)

Publisher:Elsevier Ltd,Langford Lane,Kidlington,Oxford,OX5 1GB,United Kingdom

Abstract:Output power of wind turbine generator (WTG) is not constant and fluctuates due to wind speed changes. To reduce the adverse effects of the power system introducing WTGs, there are several published reports on output power control ......Effectiveness of the proposed method is verified by the numerical simulations. © 2010 Elsevier Ltd.

Number of references:22

Main heading:Frequency estimation

Controlled terms: Electric utilities - Estimation - Farms - Flight dynamics - Forecasting - Integrated control - Numerical methods - Observability - Predictive control systems-Speed-Wind effects-Wind power- Wind turbines

Uncontrolled terms:Frequency control - Load estimation - Pitch - angle control - Wind farm-Wind speed prediction

Classification code:931.1 Mechanics-921.6 Numerical Methods-921 Mathematics-821 Agricultural Equipment and Methods; Vegetation and Pest Control-751 Acoustics, Noise. Sound-731.1 Control Systems-706 Electric Transmission and Distribution-615.8 Wind Power (Before 1993,use code 611)-443.1 Atmospheric Properties

DOI:10.1016/j.apenergy.2010.09.024

Database:Compendex

这条记录由若干个字段(著录项目)组成。每个字段标出字段名称,如 Title、Authors 分别代表篇名字段和著者字段。有的字段又由若干子字段(Subfield)组成,这些子字段彼此是同等关系,在内容上有一定联系,但相互独立。例如,叙词字段中的各个叙词,分别是叙词字段中的子字段;著者字段中的每个著者分别是著者字段中的子字段。

(3)字段(Field)。字段是文献著录的基本单元,用来描述文献的某种属性。通常把描述与文献内容相关的属性的字段称为基本索引字段。基本字段有题名字段、关键词字段、文摘字段、叙词字段、分类号等。把描述与文献主题内容无关的属性的字段称为辅助字段。辅助字段有著者字段、著者单位字段、出版物名称字段、出版时间、语种等。

5.8.2 计算机信息检索中常用的运算符

在计算机信息检索过程中,实际上是将检索课题的检索词与文献记录的标引词进行对比匹配的过程。为了提高检索效率,用户需要使用逻辑运算符将检索词组配在一起,并用位置算符限定检索词之间的位置关系,使用截词符来适应检索词的词型变化。下面介绍几种常用的信息检索运算符的使用方法。

1. 布尔逻辑算符

在实际检索中,检索提问涉及的概念往往不止一个,而同一个概念又往往涉及多个同义词或相关词。为了正确地表达检索提问,系统中采用布尔逻辑运算符将不同的检索词组配起来,使一些具有简单概念的检索单元通过组配成为一个具有复杂概念的检索式,用以表达用户的信息检索要求。常用的逻辑算符主要有以下几种。

(1)逻辑“与”:用“AND”或“*”表示,是用于组配不同概念的逻辑符号,表示“AND”连接的两个词在一个记录中必须同时出现。它可以缩小检索范围,有利于提高检索的专指性。如欲查同时含有概念 A 和概念 B 的文献,可表示为:“A AND B”或“A * B”。检索结果如图 5-5 所示,图中阴影部分即为同时包含 A 和 B 两个概念的命中文献。例如,查找“图书馆自动化”方面的英文文献,布尔逻辑表达式为“library AND automation”或“library * automation”。

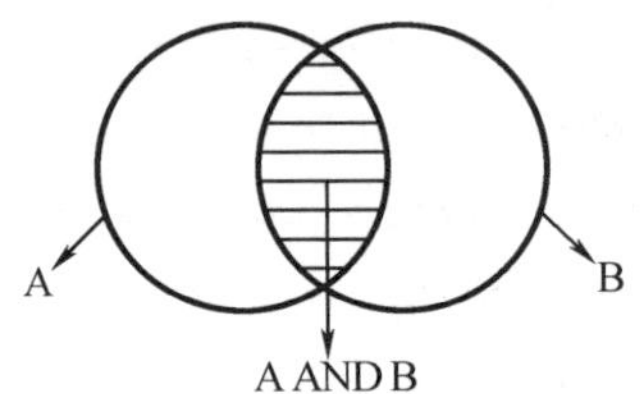

图 5-5 检索结果 1

(2)逻辑“或”:用“OR”或“+”表示,是用于组配相同或相近概念的逻辑算符。表示在记录中出现其一即可作为检索命中。这种组配可以扩大检索范围,提高查全率。如检索含有检索项 A 或检索项 B 的文献,可表示为:“A OR B”或“A+B”。检索结果是将含有检索项 A 的文献集合与含有检索项 B 的文献集合相加,形成一个新的集合。检索结果如图 5-6 所示,图阴影部分即为包含 A 或 B 的命中文献。图中两者共同的部分只计一次,故避免了命中文献的重复出现。例如,检索“计算机辅助设计”方面的英文文献,布尔逻辑表达式为“computer aided design OR CAD”或“computer aided design + CAD”。

(3)逻辑“非”:用“NOT”或“-”表示,是用于排除某个概念的逻辑算符。这种组配可以缩小检索范围。例如,在含有概念 A 的文献集合中,排除同时含有概念 B 的文献,可表示为“A NOT B”或“A-B”。检索结果如图 5-7 所示,图中阴影部分即为包含 A 且排除 B 的命中文献。例如,在含有“专利”这个词的外文文献记录中排除含“法文”这个词的记录,布尔逻辑表达式为“patent NOT French”或“patent-French”。

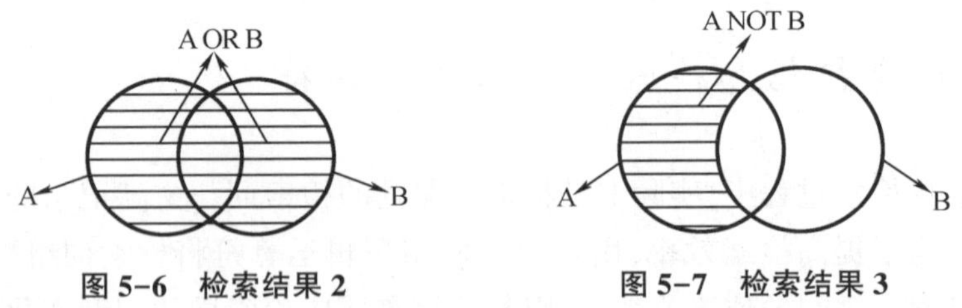

图 5-6 检索结果 2　　**图 5-7 检索结果 3**

2. 优先处理算符

优先处理算符用( )表示,在含有多个运算符的检索式中,可以用( )将需要优先运算的部分括上,系统会优先运算( )中的部分,然后按照“NOT”“AND”“OR”的顺序进行运算。

3. 位置算符

位置算符是用来规定检索词之间的位置关系的算符，常用的位置算符如下。

(1)(W)或( )—With。(W)表示该算符两侧的检索词相邻，且两者之间只允许有一个空格或标点符号，不允许有任何字母或词，顺序不能颠倒。(W)也可以简写为( )。例如，检索式 A1(W)Si(W)Alloy 可以检索出含有 Al-Si Alloy(铝硅合金)的文献记录。

(2)(nW)—nWords。(nW)表示在此算符两侧的检索词之间最多允许间隔 n 个词(实词或虚词)，且两者的相对位置不能颠倒。例如，检索式"Electric (1w) Equipments"可以检出含有 Electric Equipments 和 Electric control Equipments 的文献记录。

(3)(N)—Near。(N)表示该算符两侧的检索词相邻，但两者的相对位置可以颠倒。例如，检索式"computer(N)network"可检索出含有 computer network 与 network 记录。computer 形式的文献记录。

(4)(nN)—nNear。(nN)表示此算符两侧的检索词之间允许间隔最多 n 个词，且两者的顺序可以颠倒。例如，检索式"computer (2N) system"可检出含有 computer system, computer code system, computer aided design system, system using modern computer 等形式的文献记录。

(5)(S)—Subfield 或 Sentence。(S)表示其两侧的检索词必须是在文献记录的同一子字段中或者同一句话中，而不限定它们在该子字段中的相对次序和相对位置的距离。在文摘字段中，一个句子就是一个子字段。例如，检索式"computer( )control(s)application"可检出文摘中含有"This paper is concerned with an application of the computer control technique in a intelligent system for testing inner walls of pipes."这样一句话的文献记录。

(6)(F)—Field。(F)表示其两侧的检索词必须是在文献记录的同一字段中，而它们在该字段中的相对次序和相对位置的距离不限。例如，检索式"water( )pollution(F)control"可检出在同一个字段中(如篇名、文摘、叙词等)同时含有 water pollution 和 control 的文献记录。

4. 截词符和屏蔽符

由于外文的构词特性，在检索中经常会遇到名词的单复数形式不一致；同一个意思的词，英美拼法不一致；词干加上不同性质的前缀和后缀就可以派生出许多意义相近的词，有时也可能对单词的拼写不准等。恰当地使用截词符和屏蔽符可以有效地解决这些问题。

(1)截词符。截词符用"?"来表示，有以下 3 种用法。

① 无限截词。在检索词后面加"?"，可检索出词根相同的任意词尾形式的词。例如，检索式"child *"可检索出含有 child、children、childhood 的文献记录。

② 单复数变化。在检索词后面加上"??"，可检索出检索词的单数和复数形式。例如，检索式"book??"可检索出含有 book、books 的文献记录。

③ 有限截词。在检索词后面加上"??"，表示可以检索出词尾有 0~2 个字母的变化的

词;在检索词后面加上“???”,表示可以检索出词尾有 0~3 个字母的变化的词。例如,检索式“pollut???”可检索出含有 pollute、polluted、pollution、polluting 的文献记录。

上述为计算机检索中常用的位置算符,但并非在所有的检索系统中,这些位置算符都可使用,不同的检索系统有其自己的规定,具体使用时请加以注意。

(2)屏蔽符。屏蔽符用“?”表示,加在检索词中间,可以代表一个字符的变化。例如,检索式“m? n”可检索出含有 man、men 的文献记录。

应当说明的是,不同的检索系统所使用的截词符不尽相同,使用时请留意。

5.8.3 计算机信息检索策略的制定与调整

所谓检索策略,广义地说,就是在分析课题内容实质的基础上,选择数据库、确定检索词及其相互间的逻辑关系,直到给出检索顺序的最佳实施方案等一系列的科学措施。具体包括以下步骤。

1. 分析检索课题,明确检索需求

这是人们进行检索的出发点,同时也是选择数据库、编写检索提问式以及判断检索效果的依据。要弄清课题范围、涉及哪些相关问题,欲解决哪些方面的问题,还有哪些具体要求等,通常可以从以下几方面考虑。

(1)检索目的。用户的检索目的是多种多样的,有申请专利、撰写论文、申报课题、科技查新等。故制定的检索策略和检索范围也相应有所不同。

(2)学科范围。一个检索课题往往同时涉及多个学科,这就要求分清学科,便于有针对性地选择数据库。

(3)主题概念明朗化、具体化。要避免使用抽象的、泛指的概念进行检索、以免造成误检和漏检。

(4)文献类型、语种及年限。用户应对命中文献的类型、语种及出版年代提出具体的要求。

2. 选择数据库

这是在分析检索课题,明确了检索需求的基础上,根据检索需求的各项要求进行的。要综合考虑数据库的特点、收录的文献类型、专业范围、文献存储年限、检索途径、语种等方面,选用合适的数据库。

3. 确定检索词

检索词(或检索项)是指文献记录中一个文献的特征标志,可以是反映文献内容特征的主题词、分类号等,也可以是仅反映文献外表特征的作者、出版时间等。确定检索词一定要参考有关数据库的使用指南,特别是选用主题词时一定要参阅所用数据库的专用词表,检

索词(或检索项)既是构成检索策略的基本元素,同时也是进行逻辑组配和编写检索提问式的最小单位。检索词确定得恰当与否,将直接影响检索效果。

4. 编写检索提问式

检索提问式是用来表达用户检索而求的具体体现,也是决定检索策略的质量和检索效果的重要因素。编写检索提问式,是在分析检索课题,选择数据库,确定检索词的基础上,用布尔逻辑算符或位置算符等对各检索词进行组配,以形成完整的检索概念,同时拟定检索顺序的最佳实施方案。

5. 实施检索并调整检索策略

编写完检索提问式后,就可以实施检索了。检索时,应即时分析检索结果是否与检索要求一致,根据检索结果对提问式做相应的修改和调整,直到得到比较满意的结果。

当检索结果信息量过多时,可从以下几个方面调整。

(1)调整检索词,使用检索词的下位概念或是专指度更高的概念来代替,或用逻辑非算符将无关的概念排除。

(2)慎重地使用截词,词根太短的词应避免使用截词。

(3)也可对检索词采用字段限制,或者限制检索词在指定的基本字段中出现,或者指定辅助字段,或限制结果的文献类型、语种、出版国家等。

(4)在用布尔逻辑算符的同时,适当使用位置算符。

当检索结果信息量过少时,可从以下几个方面寻找原因并加以调整。

(1)可能是检索词的选择不合适,如选用了不规范的主题词或某些产品的俗称、商品名作为检索词,就会造成漏检,这时应采用规范词或增加同义词、相关词,用逻辑或组配后进行检索。

(2)同义词没能运用全,有的用户在检索过程中,会因为知识面的局限性(如某些主题的同义词和衍生词不一定都知道)而导致漏检,这时可适当增加同义词或同族相关词,用逻辑或组配后进行检索。

(3)各种限制过于严格也会造成检索结果过少,如果利用跨字段检索,即同时使用题名、关键词和文摘等字段进行检索,然后将它们进行逻辑或的组配,那么可以有效地提高查全率。

(4)选用的检索词专指度太高也影响检索结果的输出,这种情况下可适当降低检索词的专指度,补充一些同义词或近义词,用逻辑或组配后进行扩检。

总之,在检索过程中,检索策略的制定需要根据检出结果信息的情况,不断进行检索策略的调整,优化检索提问式,才能达到最佳的检索效果。

5.9 跨语言信息检索

5.9.1 跨语言信息检索概念

信息技术及网络技术的飞速发展,信息呈爆炸式增长,各种信息载体承载了各种语言的信息。在海量信息中,人们能理解的只是极少数部分,而且绝大部分人也只能理解自己的母语信息,对于其他语种承载的信息则显得无能为力。面对这种情况,需要一种检索系统,能用自己熟悉的语言提问,然后返回多种语言描述的信息。跨语言信息检索就能满足此类要求。跨语言信息检索(Cross Language Information Retrieval,CLIR),就是用户用某种语言进行查询,检索其他语言表示的文档集的过程,也就是一种跨越语言界限进行检索的问题。在某种程度上来说,跨语言信息检索要解决的就是查询条件和查询文档集之间的语言障碍。跨语言信息检索在70年代初期就已提出,Salton利用手工编制的叙词表实现了受控语言的跨语言信息检索。进入90年代,国外又掀起了这方面研究的高潮。

5.9.2 跨语言信息检索模式

解决跨语言信息检索主要有查询翻译、文献翻译、中间语种转换等几种模式。

1. 查询翻译

将提问用语种转换成文献用语种(如将中文提问转换成英文提问),然后再进行单语言检索。提问翻译的实现方法一般包括两个步骤:找到对应的词汇、并选择正确的译词。前者与词典的覆盖度、词典的结构有关,而后者与正确理解并消除歧义有关。由于用户提交的提问一般比较短,而语言的正确理解往往需要借助一定量的文字及上下文环境,因此消除歧义的研究甚为关键。提问翻译是实现跨语言检索最经济而且实现难度较小的方法,在目前推出的一些跨语言检索系统中大多数采用的都是此方法。

2. 文献翻译

将源文献语种转换成提问用的语种(如将英文源文献转换成中文文献),即不对提问式进行翻译,而是对集合中的文献翻译成与提问用的语种一致的语言。由于文献层次的翻译与提问层次的翻译相比,其语境更加宽泛,进行歧义性分析所能利用的线索比较多,因此比较容易消除歧义。但是这种方法所使用的文本自动翻译技术的正确率目前还难以达到实用水平,而且将集合中全部文献从一种语言翻译到另一种语言的工作量非常巨大,因此目前采用这种方法的实验系统尚未见报道。

3. 中间语种转换

将提问和文献转换成一种逻辑形式,或者第三种语言。这种方法常用在多于两个语种的跨语言检索系统中,或者两种语言之间不存在直接对应转换(例如在 TREC 中很难找到德语和意大利语之间直接对应的语言转换)的跨语言检索系统。

5.9.3 翻译技术

不同语言之间的"翻译"可以说是跨语言信息检索技术的核心问题,也是目前跨语言信息检索的研究热点与难点。有三种公认的主要翻译方法:机器翻译技术、基于词典的方法、基于语料库的方法。一般而言,上述三种方法并不是孤立存在的,在构建实际系统时常常会综合利用。

1. 机器翻译技术(Machine Translation Techniques)

对于 CLIR,机器翻译技术是一种显然的选择。实现跨语言检索系统最直接的方法是将机器翻译系统应用于检索过程中。具体来说有两种方法:一种方法是将用户的查询翻译为与文档相同的语种;另一种方法是将文档翻译为与查询相同的语种,然后再用单语种的信息检索系统进行检索。机器翻译存在如下问题:现有的机器翻译技术通常是基于整句翻译的,而 CLIR 中的提问式常常是几个甚至单个词,由于没有语境信息和领域知识,无法消除翻译歧义;机器翻译中需要从众多的词中选择一个词,所以择词难;当某个词有多个同义或相关翻译时,选择其中一个在目标语言中进行检索,往往一些相关文档被漏查;文档的数量往往非常巨大,而现有机器翻译系统的性能还无法处理大规模的数据,因此这种方法效率不高,在实际检索过程中会找到很多冗余文档,结果不够精确。在受限的领域机器翻译质量还是较高的。Fluhr 等人的研究表明,检索系统能较好地解决翻译中出现的语法错误,但无法解决语义错误,这主要是因为缺乏语词在不同领域的使用知识,因此将机器翻译应用到 CLIR 中也应该是领域受限的。1998 年,Oard 做了一个实验,其评测数据是规模较大的 SDA/NZZ 和 AP 语料用于评测的机器翻译软件,是 Logos 辅助翻译系统。实验结果表明基于机器翻译模块的跨语言检索系统的性能要比简单基于词典的系统好。

2. 基于词典的方法(Dictionary - Based Methods)

主要是利用双语词典,将用户提交的提问式翻译成目标语种,然后进行检索。双语词典是跨语言信息检索系统中的基本资源,Lisa Ballesteros 采用双语字典的方法达到了 90% 的单语检索的效果。在提问式翻译中,机器翻译方法不一定比基于词典翻译方法好。Ballesteros 和 Croft (1998)在报告中指出,基于词典翻译方法胜过流行的商业性机器翻译系统。基于词典的方法是支持提问式翻译策略经常使用的技术,初期的跨语言信息检索研究多采用这种翻译方法。

这些缺点在目前的文献里被认为是降低跨语言信息检索性能的主要原因。Hull 和

Grefenstette (1996)指出翻译歧义和术语词汇缺乏是错误的主要来源;对包含多个单词的名词短语进行人工翻译有助于改善检索性能。目前,在跨语言信息检索领域,已经有几种较为有效地消除翻译歧义的方法正处于研究之中:词性标注(part-of-speech)技术;基于平行语料库的方法;目标语料库中的词的共现(Co-occurrence statistics)技术;提问式扩展(query expansion)技术;提问式构造方法(query structuring);双向翻译(bi-directional translation)技术。在短语识别与翻译方面,研究人员提出了诸如翻译图、自动机等方法。短语翻译的基本技术是建立包含习语或复合词作标题字(词)的双语词典或词表。

3. 基于语料库的方法(Corpora-Based Methods)

语料库是将同一信息或同一主题的信息用两种或多种语言进行描述,并由人工或计算机建立不同语种间信息联系的集合,来源于对单词用法的统计。基于语料库的方法从大规模的语料人手,从中抽取所需的信息,自动构建与应用有关的翻译技术。根据所使用的语料库的类型,基于语料库的方法可分为基于平行语料库的方法和基于比较语料库的方法。平行语料库(parallel corpus)是指同一信息用不同的语言进行描述。它强调两种语言文献的一一对应,不容易取得。为解决这个问题,加拿大蒙特利尔大学的聂江云教授提出了一种基于平行网页建立平行语料库的方法。比较语料库(comparable corpus)是指同一主题的信息用不同的语言进行描述。获取比较语料库需要一定的对齐技术,由于现在自动或者半自动对齐技术与应用密切相关,所以该方法仍受到一定的限制。研究最多的是基于平行语料库的方法,其次是基于比较语料库的方法。对于 CLIR 来说,平行或比较语料库是使我们能够抽取有益信息的有用资源。跨语言潜在语义标引方法利用这种语料库构造多维标引空间。我们也能直接从平行或比较语料库中获得译文。例如,为了把英语提问式翻译成西班牙语,Davis 和 Dunning(1995)从与英语文档对齐的西班牙语文档中适当抽取了西班牙语术语,而这些英语文档曾被用英语提问式检索过。Yang 等人(1998)应用伪相关性反馈技术提高平行语料库的搜索效率。Sheridan 和 Ballerini(1996)试图从平行或比较语料库中产生一个相似主题词表,而这个相似主题词表是用于通过一种提问式扩展获得源提问词的译文。从平行或比较语料库中产生双语术语列表的方法也被一些研究者利用。例如,Chen 等人(1999)利用可能性比率的对数-2logk 来衡量原始词与目标词之间的关系。另有一些研究者根据 IBM 一个研究团体开发的有名的运算法则评估平行语料库的翻译概率。该运算法则用一个术语从包含在平行语料库里的句子队列被翻译成另一种语言的译文的一组概率,能自动产生术语列表。IBM 运算法则包含 5 个模型,其中模型 1 是最简单的,常被用于 CLIR。Franz 等人(1999)利用了一种相似的运算法则评估一对词之间的翻译概率。Nie (1999)尝试比较概率模型、基于词典的方法和机器翻译之间的性能。Nie 等人(1999)开发了一种使用从万维网自动抽取的平行文本评估翻译概率的方法。此外,采用语言模型的有些研究团体经常利用 IBM 运算法则计算翻译概率。

5.9.4 跨语言信息检索解决问题

跨语言信息检索需要解决如下几个主要的问题。

(1)查询词与检索到的文献分属不同语言。这是跨语言信息检索的最主要特征,由于提问与文献分属不同的语言,在两者之间需要通过词典、语料库(平行语料、可比语料)或者机器翻译系统等方式建立不同语言的语义关联,进行跨语言的翻译,将查询词语和检索文献统一映射为一种语言。

(2)词的歧义和多义性。由于原始提问中有些词义的不确定性,系统中需要借助歧义性、多义性分析机制,将原始提问排歧后转换成最终提问。

(3)查询词的切分。一些语言(如中文、日文、韩文等)由于词与词之间没有明显的分隔符号,词的切分问题成为此类语言的跨语言检索研究要点之一。

(4)文献的多语言性。在跨语言检索系统中,由于原始文献是用不同的语言书写的,语种识别是检索的基本工作,此类情况常出现在自动标引的系统中。

(5)输出结果的排序方式。检索结果中,不同语种的文献如何排序,如何对不同语种的文献进行相关度的计算,也是跨语言资讯检索系统必须研究的问题。

(6)对多语言资源的依赖。由于跨语言检索需要借助多语言资源如双语词典、语料库等进行跨语言的翻译转换,跨语言信息检索的性能受到多语言资源的质量和数量的约束,因此构建高质量的多语言资源是跨语言信息检索中亟待解决的难题。

对于汉英跨语言信息检索来说,除了面临一般跨语言信息检索所具有的难点外,还有下列一些与其语言有关的不利因素。这些不利因素主要还是由于汉语的一些特性所导致的。

(1)中文文本之间没有分隔符,在基于检索词的检索系统中必须要对其进行中文语词的切分,中文语词的切分算法的有效性直接影响到查询条件的翻译效果。

(2)至今仍没有较好的方法识别汉语中的新词、外来词、专有名词、人名、地名和缩略语等语词,自动构建汉英双语词典较为困难,这势必影响查询条件的翻译效果,这些语词也是第一点中基于中文词语的切分方法所面临的困难。

(3)汉语没有词缀变化,并且语词的词性兼类较多,这给基于汉英双语词典的查询条件翻译方法带来许多困难。

(4)汉语句法、语义分析复杂,至今还没有较好的研究成果运用于中文信息检索领域。

5.9.5 跨语言信息检索优化技术

1. 扩展查询

查询扩展指的是利用计算机语言学、信息学等多种技术,把与原查询相关的词语或者与原查询语义相关联的概念添加到原查询,得到比原查询更长的新查询,然后检索文档,以改善信息检索的性能,解决信息检索领域长期困扰的词不匹配问题,弥补用户查询信息不足的缺陷。目前关键词查询扩展技术按照其扩展词的来源不同主要有全局分析、局部分析、基于关联规则的、和基于用户查询日志的查询扩展技术等几种。目前采用比较多是以下两种扩展方式,其一是加入的扩展词与原始查询词意思相近,例如用户要检索“计算机”,用“电脑”“微机”可以表达同样的概念;其二是扩展过程添加全新的词汇,例如用户键入“信息检索”,可以联想到“词频”“相似度计算”等。

2. 检索反馈技术

在跨语言信息检索中,通过一次检索往往得不到想要的结果目的文献,这时就需要通过检索结果中反馈的信息对提问式检索方法或翻译方法进行改进。特别是当用户和信息系统进行交互式检索文献时,适当的用户反馈相当重要,大量的实验也表明使用检索反馈技术可以极大地改善系统。

3. 消除检索词多义性

无论什么语种,一词多义现象都是普遍存在的。对查询来说,确定查询中检索词的确切含义是查询扩展的基础对于被检索信息来说,明确信息中出现的检索词的含义是提高检索准确率、确定信息相关性的关键。可以利用一种词的共现技术来消除词的多义性,以明确其含义。词的共现技术,就是若两个有一定关联的词共同出现在某一篇文献或者文献的某一个部分,就可以非常容易确定其含义的技术。同时也可以考虑利用词性标注方法来解决词的多义问题。

5.9.6 跨语言信息检索系统

跨语言信息检索系统已经涌现出很多,如一些示范系统:Aport 系统、Arctos 系统、Eric 系统、Mulinex 系统、Mudial 系统等。还有一些投入使用的商业系统,如 Cindor 系统、Rotondo 系统、TextFinder 系统等。

1. Cindor 系统

Cindor 系统是 MNIS 公司的一个产品,它目前所支持的语言有英、法、德、意、日和西班牙语,而对于中文的支持正处于研究之中。该系统的特点是:统一的字符编码标准、自然语言检索、查询自动扩展、申请专利的跨语言检索技术等。Cinor 有 3 项核心技术,即概念中间语言、语言分析、搜索管理。

2. Keizai 系统

Keizai 是美国新墨西哥州立大学计算研究实验室开发的一个系统,它是一个跨语言的交互检索和摘要系统。它使用了统一字符编码检索体系(USRA)和交互文档摘要方法(MINDS)。它提供了自动和用户帮助两种方法,以构建和提高跨语言查询的效率。在

Keizai 提供的示范系统中，有英文查询输入框、新闻源选择框、翻译查询按钮、提交查询按钮、存储查询按钮等。它目前所提供的新闻源有英文、法文、德文、西班牙文、意大利文、中文、日文、韩文的新闻，支持以上几种语言的跨语言翻译和检索，不过查询只能是英文的。查询举例：输入英文单词"rose"，选择"Xin Hua News 94-95(Chinese)"作为新闻源，点击查询翻译按钮，则一个翻译清单显示在屏幕上，排在最前有"花圣、紫月季、胜春、月季花"等。每种翻译形式前有复选框，用户可以选择最适合自己需要的查询。选择了"花圣、紫月季、红蔷、月季花、芙蓉"作为所需要的查询翻译形式，提交查询后，检索到 12 份文档。

知名的跨语言搜索引擎有我们熟知的 Google 和 AltaVista。以 Google 为例，在进入它的中文简体主页面之后，其查询框右边有 3 个链接，即高级搜索、使用偏好、语言工具。在高级搜索页面，我们可以指定搜索网页的语言。在使用偏好页面，我们可以设定界面语言和查询语言。而在语言工具页面，除了可以指定搜索用特定语言编写的网页外，还提供了在线翻译的功能，可以在线翻译用户输入的词、句子或者网页。不过，令人遗憾的是，它只能提供欧洲语言的互译；对于中文，没有该项服务功能。Google 目前所支持的语言种类达到了 64 种(包括不同形式的同一语言，如中文的繁简体)。在你要求检索特定语言的网页时，如果你的计算机不支持该语言，它会提示安装相关的软件，以便可以正确显示那些网页。

第6章　数字图书馆服务

6.1　数字图书馆服务含义

服务是图书馆永恒的主题,它体现了图书馆的核心价值观。由于图书馆社会职能的演进,图书馆服务经历了从封闭到开放,从借阅服务到参考服务,从信息服务到知识服务,从无偿服务到有偿服务,从按时服务到及时服务,从在馆服务到多馆服务、馆外服务,从在线服务到全球化服务的发展过程。在我国理论图书馆学家范并思的视野中,数字图书馆是现代信息技术与图书馆的完美结合,这种结合可能使图书馆的信息服务能力得到极大的提升,最终将创建一种全新的图书馆形态。美国华裔图书馆学者刘燕权认为:现代图书馆工作目前正经历着一个新旧服务模式的革命性转变过程。谁能在此领域内领先,谁就能在此转变过程中处于主动地位。张海燕在介绍数字图书馆的发展趋势时提出,国外图书馆学界的研究重点已从注重馆藏转移到信息资源服务导向,馆藏信息资源已经从传统单一的信息概念,被看作更易于便捷地传递的商品和产品。那么,什么是数字图书馆服务?肖珑等对数字图书馆的服务给出了一个比较合适的解释:数字化服务是基于网络进行的多样化的用户服务,是数字图书馆中与用户进行交互、充分理解和满足用户需求、使数字收藏得到充分获取与利用的不可或缺的手段和途径,其目标就是为用户营造一个基于网络的虚拟图书馆环境,体现数字图书馆在互联网上存在的价值。数字图书馆具有服务对象社会化、服务内容多元化、服务手段网络化、服务资源共享化等新特征。在近十年的时间里,随着数字图书馆的建设达到高潮,数字图书馆服务得到了飞速的发展和实践。数字图书馆将现代图书馆的理念和先进的科学技术有机地融合在一起,彻底消除了传统图书馆用户获取信息的时间和空间障碍,为用户提供了7×24小时全方位的服务。

全国数字图书馆建设与服务联席会议于2010年3月制定的“数字图书馆服务政策指南”指出,数字图书馆服务是指一个物理的图书馆所提供的数字化的文献信息资源服务,或指无所不在的网络化的虚拟图书馆服务。同时强调数字图书馆务内容:

(1)根据服务对象、馆藏情况、基础设施建设情况,提供基于互联网、卫星或移动通信、镜像等多种方式的服务,以便最大可能地满足用户的需求,最有效地利用数字图书馆的资源和服务。

(2)服务包括但不局限于资源获取、信息服务、信息素养教育、技术服务、保存服务等,具体说明如下:①资源获取:利用本馆馆藏、资源导航、代查代检、馆际互借和文献传递等方式向服务对象提供文献;②信息服务:通过多种方式,为服务对象提供便捷的帮助服务,包括信息检索、参考咨询、查收查引、科技查新、情报服务等；③信息素养教育：通过培训、授课、讲座等活动，提高服务对象利用数字图书馆各类资源的技能和自我学习的技能；④技术服务：通过数字化服务平台构建、资源整合、个性化服务工具、学习和培训工具等加强数字图书馆的服务工作；⑤保存服务：对所拥有和使用的数字资源进行有效保存，保障资源的长期存储和永久使用。

6.2　个性化服务

6.2.1　个性化服务内容

个性化服务，就是根据用户的个性特征，如兴趣、爱好和认识水平等，为不同的用户提供不同的服务。图书馆的个性化信息服务，就是指以用户为本，根据用户的层次和需求的差异，针对不同的用户，采取不同的服务方式，提供不同的信息服务。一般地，数字图书馆个性化服务包括如下几方面内容。

1. 信息服务内容的个性化

提供给不同的用户不同的信息内容，而不是提供一致的、无差异的信息服务内容。信息呈指数增长的时代，人们不缺信息，缺的是自己感兴趣的信息，不同人群对信息需求是不同的，个性化服务强调，不同人群应该基于数字图书馆获得不同的信息，而不是每人获得相同的信息。

2. 信息服务方式的个性化

针对用户获取信息的习惯和特点，提供各式各样的信息服务手段。用户的信息素养、技术水平、使用习惯都是有差别的，如果数字图书馆只提供单一的获取方式，则会使很多用户无法使用数字图书馆中的信息资源，为此个性化服务要求数字图书馆在信息服务方式上应该是多样的，以满足不同人群的方便获取。

3. 信息服务时空的个性化服务

针对用户在时间和空间上对获取信息服务的不同需求，在用户希望的时间和空间范围提供信息服务。用户群体分散在各地，而且学习习惯也不相同，数字图书馆个性化服务应该能方便为不同地方、不同学习时段的人群提供便捷的信息获得服务。

个性化信息服务是相对于图书馆群体服务而言的，是传统图书馆定题服务、重点读者服务在网络环境下的深化，是基于对信息用户信息使用的习惯、偏好、研究课题和研究方向，向用户提供满足其个性化需求的一种信息服务，是图书馆信息服务业向纵深发展的方向和重要内容。由于信息技术、网络技术、人工智能技术等的快速发展,为数字图书馆服务个性化服务提供强有力的支撑作用,数字图书馆应该充分利用先进技术,为用户提供便捷的个性化服务。

6.2.2 图书馆个性化信息服务特点

依据图书馆个性化服务的内容,可推出其有如下特点。

1. 以用户为中心

企业倡导“顾客是上帝”,图书馆也应该提倡以“用户”为中心的理念。强调所有的服务必须以方便用户、满足用户需求为前提。允许用户充分表达个性化需求,能够对用户需求行为进行挖掘。信息服务的系统不仅要提供友好界面,而且要方便用户交互、方便用户描述自己的需求,方便用户反馈对服务结果的评价。要能够了解用户的个人需求、习惯、爱好和兴趣,为其提供量身定制的个性化信息服务。

2. 服务方式更加灵活、多样

不仅要为用户提供更加准确的信息,而且还要能够按照用户指定的方式进行服务,如满足用户对信息的显示方式、提供结果的方式(纸质、电子版、网络版、电子邮件等)以及服务时间、服务地点的要求等。

3. 能够主动将用户所需信息推送给用户

个性化信息服务首先应能够满足用户的个体信息需求,即根据用户提出的明确要求提供信息服务,或通过对用户个性、使用习惯的分析而主动地向用户提供信息服务。其次,个性化信息服务应该是一种培养个性、引导需求的服务,帮助个体培养个性、发现个性,引导需求,能促进社会的多样性和多元化发展。概括地说,图书馆个性化信息服务是根据用户的特性提供具有针对性的信息内容和系统功能。

总之,个性化的服务就是要将用户从繁重的信息获取中解放出来,以比较方便、快捷、轻松的方式得到所需信息,这才是个性化服务的真正目的。

6.2.3 个性化服务方式

在个性化信息服务系统中,用户可以根据自己的需要,选择不同的信息资源,依据自己的习惯,指定信息的显示方式。在当前的网络环境下,图书馆可以直接用来提供个性化信息,服务的模式包括:页面定制服务、信息推送服务、学术信息导航服务和形式多样的参考咨询服务。

1. 页面定制服务

个性化页面定制服务是让用户根据自己的爱好选择页面的显示方式,是为用户个人搜集和组织数字化资源的一种工具。运用个性化定制服务技术,可以让用户去创建和维护自己的个性化网页,数字图书馆定期自动提供个性化的信息服务,使之能适应数字图书馆用户多样化的需求,在很大程度上改进了数字化资源的利用效率,也大大提升了数字图书馆的服务质量。用户不仅可以根据自己的兴趣、爱好来组织其定制网页的色调、布局等视觉特征,而且还可以决定网页的主题内容。目前,数字图书馆个性化定制服务在国外已经形成了初步成果,进入实际应用阶段。比较完善的数字图书馆个性化服务系统主要有MyLibrary和MyGateway等。

MyLibrary是以个性化服务为基础目标,包括四个部分:①MyLinks主要系统软件用于用户个人搜集和组织数字化资源;②MyUpdates将图书馆新到资源及时通知用户;③MyContent将用户选择期刊的最新一期目录提供给用户;④MyCategory是一个服务器终端的个人文件夹。MyLibrary系统是在20世纪90年代末国外图书馆率先推出的个性化集成服务系统,同时美国、加拿大、新加坡等国家相继开发了网络个性化服务系统,并在应用服务过程中其特点突出受到用户广泛欢迎和认可,主要体现在服务功能上,包括:图书馆服务(Library Serviccs)、数据库和全文电子期刊资源(Databases&Fultext e-journal)、个性化链接(Personal Links/MyLinks/personalized Bookmarks)、参考咨询工具书(ReferenceShelf)、学科馆员服务(Librarians Message &MyLibrary)、快速检索(Quick Search)、图书馆新闻(News)等服务内容。借鉴国外MyLibrary系统建设的经验,我国数字图书馆的建设已进入快速发展期。如浙江图书馆开发的MyLibrary系统采用目前主流的Web服务模式,用户通过支持Cookie的浏览器登录MyLibrary,设置账号和密码,并根据自己的知识结构、信息需求对馆藏数字资源和其他网络资源进行筛选、整理;用户完成设置后,即可动态建立MyLibrary页面、显示定制内容。上海图书馆推出的"我的图书馆",能够让用户建立个性化信息资源库,这种资源的特点是用户可将数字图书馆资源在线拷贝到自己的电脑里,这个系统还有信息大、空间小、检索快的特点,使个性化需求得到充分的满足。

2. 信息推送服务

推送服务是运用推送技术(Push Technology)来实现的一种个性化主动信息服务方式。即从原来的"人找信息"改为"信息找人",它能够智能化地理解用户的个性化信息需求,使用户不必再次访问固定的站点就能获取最新信息,减少了用户上网搜索的工作量,提高了用户获取信息的效率及检全率,从而实现真正意义上的个性化信息服务。目前,常见的推送技术主要有两种模式:一是频道式推送技术,即将某些网页定义为浏览器中的频道,图书馆员在搜集、组织、维护从因特网获取的信息资源时,可分析用户需求库的信息,根据用户的实际需求和学科专业特点,有目的地搜集、组织网上的信息资源,用户可以像选择电视频道那样去收看自己感兴趣的、通过网络播送的信息。二是邮件式推送,即借助于电子邮箱并依赖于人工参与完成的信息推送服务。如清华同方TPI个性化信息服务系统(PIS)的功能就是分析用户的长期兴趣,根据用户的兴趣来对资源进行过滤,把资源流中符合需求的内容提取出来为用户服务,从而形成一种因人而异的新的信息服务形式——个性化的主动服务。其实质就是使信息服务具有针对性,实现“信息找人”的主动性智能化的服务目标。再如泰达图书馆开展的个性化信息推送服务既根据读者的所需信息的用途(撰写论文、学术研究、生产经营等)及读者所需信息的类型,图书馆员有针对性地进行网络资源的搜集整理,再进行综合分析评价,从而形成方便读者的网页文件,推送到其指定的电子信箱中。

3. 学术信息导航服务

目前学术资源类网站层出不穷,读者要根据自己的兴趣汇集众家之精华显然是一个耗时费力的巨大工程。于是,人们就想到了利用互联网交互技术,让服务器自动完成这项工作,在读者和信息源之间架起一座桥梁。专业学术导航服务是将因特网上的节点按某些主题加以归纳、分类,按照方便用户的原则,引导用户到特定的地址获取所需信息。图书馆馆员作为信息社会中的知识导航者,可以充分利用图书馆的丰富信息资源和自己的专业知识,针对特定用户开展个性化的信息服务。如上海交通图书馆主页就有:重点学科网上资源收集;复旦大学“重点导航系统”收集了“455”工程重点学科资源;开发区泰达图书馆针对天津开发区五大支柱产业:电子通信、生物医药、机械制造、轻工食品、汽车制造,有针对性的收集了这些重点学科的网上资源进行网络导航。实践证明这是一种非常好的网络信息整合方式,需投入大量的人力和物力,需要知识的含量也高。可以说,学术信息导航服务是图书馆一种理想的个性化信息服务模式。

4. 形式多样的参考咨询服务

参考咨询服务是目前国内外图书馆近年来开展个性化服务的主要方式。在图书馆中,除了图书馆工作人员与用户面对面地或是通过电话以直接交流方式提供咨询以外,由于信息技术与网络的应用,兴起了许多的数字化咨询方式,而且得到愈来愈普遍的使用,主要有:网上实时服务、E- mail 服务、FAQ 服务、电话服务以及传统的面对面服务,网页上的FAQ 完成有关图书馆情报知识的常规性咨询服务,不受时间与空间限制地解答一些普遍性问题,供用户随时随地地进行查询;利用 E-mail 进行咨询,读者可以通过 E-mail 等方式提出各种问题,通过查阅有关的信息资源,参考馆员可以运用同样的方式完成解答,这种服务通常是一对一的,具有保密性,又突破了空间和时间的限制,极大地方便了读者。通过电子公告(BBS)或是讨论组(Group)方式向读者提供新书通报、书目推荐、专题文献述评或是文献检索的教育等服务;实时数字参考咨询方式,通过网上聊天或是呼叫中心等软件实现联机实时提问和解答为网络用户利用数据库等资源提供实时的指导。由美国国会图书馆与OCLC 合作主持,推出 QuestionPoint 全球合作参考系统。该系统分为地区部分和全球部分,每部分都包括问题管理、知识库、成员馆简介信息、通信选项。读者可通过 Web 咨询表、电子邮件、网上聊天、声音和视频传递请求,由请求管理器进行请求分配,答案返回需求者,同时请求和答案编辑进入知识库,知识库可供成员馆查询。目前,国内的清华图书馆和北京图书馆参加了这一合作项目。在国内一些图书馆也开展了网上交互式读者咨询服务。

6.3 移动服务

随着移动通信技术的飞速发展,已经和有线互联网相互融合,正在给社会生活的方方面面带来巨大的变革。基于 Internet 的图书馆服务如今已经日趋完善与成熟,利用新兴移动互联网技术拓展传统数字图书馆服务,随时随地为读者提供实时信息服务必将成为未来的发展趋势。移动互联网技术将对图书馆事业的发展产生深远的影响,移动图书馆通常是指图书馆针对手机用户开设和提供相关信息服务的简称,有时也称掌上图书馆、手机图书馆。

6.3.1 移动互联网发展概况

互联网与移动通信的融合是 21 世纪的科技革命,美国著名的国际金融服务公司摩根士丹利的全球技术和电信分析师指出:我们已经进入移动互联网时代,未来 5 年内,通过移动通信装置(包含手机、Kindle、平板计算机、MP3、掌上电脑、汽车电子产品 GPS、音频、视频等)接入互联网的用户很有可能超过通过桌面个人电脑接入互联网的用户。

在我国,移动互联网也展现出巨大的发展潜力。据中国互联网络信息中(CNNIC)于 2010 年 7 月发布的《第 26 次中国互联网络发展状况统计报告》显示,截至 2010 年 6 月底,手机网民已达到 2.77 亿,随着 3G 的推广及日新月异的移动新装置(比如具有代表性的 iPhone 系列、iPad 系列等)的拉动,利用移动终端上网的用户增速将更加迅猛。在移动互联网时代,读者可以随时随地很方便地登录互联网获取信息,这是继互联网、搜索引擎之后图书馆面临的又一大挑战。图书馆如何吸引读者,如何提供更优质的服务?很明显,利用移动互联网技术开展移动数字图书馆服务,让读者利用随身携带的移动终端快捷方便地获得图书馆的各种个性化和人性化的服务,将是未来图书馆服务的一项重要内容。从这个角度看,移动服务体现的是数字图书馆的个性化服务,也是数字图书馆服务未来的发展方向。

6.3.2 移动数字图书馆服务现状

目前,许多图书馆已开展移动数字图书馆服务,其服务内容也在不断拓展。主要有 SMS(Short Message Service,短信服务)、WAP 网站常规服务(包含图书馆新闻、馆藏目录检索、读者借阅信息查询、参考咨询、图书馆使用指南等服务)、WAP 网站数据库检索服务、电子书服务、音频和视频指南服务、二维码如 QR 码服务等。

1. SMS

SMS 是最常见的移动图书馆服务,拥有借阅证或读者卡的用户注册之后即能享受图书馆的SMS服务。提供的服务一方面是图书馆主动发给读者的新闻、讲座、预约到达、图书催还、过期罚款催缴等;另一方面是用户按照一定的指令查看馆藏、借阅情况、续借、图书馆工作时间、参考咨询等需求。国外开展该项服务的有美国加州图书馆、丹顿公共图书馆、澳大利亚莫纳什图书馆、瑞典马尔默图书馆、新加坡南洋理工学院图书馆等。国内开展该项服务的有国家图书馆、上海图书馆、苏州外国语学校图书馆、成都图书馆、深圳图书馆、济南市图书馆、吉林省图书馆、清华大学图书馆、四川图书馆、成都理工大学图书馆、华东理工大学图书馆、北京工业大学图书馆、浙江图书馆、中国计量学院逸夫图书馆等。

2. WAP服务

WAP网站提供的常规服务有图书馆新闻、馆藏目录检索、读者借阅信息查询、参考咨询、图书馆使用指南等信息。各图书馆WAP服务也有其特色的内容,比如美国艾德菲图书馆WAP网站还提供班车时刻表、校园黄页、体育新闻、艺术学院表演时间、学校地图、校历等信息服务。加州大学富尔顿分校Pollak图书馆还有电子阅览室空闲计算机的实时数量、图书馆员的联系电话及服务内容等信息。此外还有纽约公共图书馆、哈佛大学图书馆、耶鲁大学图书馆、英国剑桥大学图书馆、加拿大阿尔伯塔图书馆、丹麦奥尔堡图书馆、荷兰阿姆斯特丹图书馆、新加坡国家图书馆等开通此项服务。国内典型的应用案例有:上海图书馆于2009年10月推出其WAP网站,目前提供"书目检索""上图电子书""上海与世博""动态新闻""上图讲座""分馆导引""服务与简介"七个栏目 。可检索全市书目和馆藏联合检索,查看新闻、讲座、分馆地址、地图、电话、开放时间、读者借阅信息以及续借服务等。其中"上图电子书"还提供了全新的电子书借阅服务,凭上图读者卡和身份证号即可通过手机移动阅读方式看电子书,在线阅读时可做书签、笔记、划词翻译、书内全文搜索等多个实用功能。

国家图书馆于2008年12月推出"掌上国图——国家图书馆移动服务",目前为读者提供"资源检索""在线服务""读者指南""读者服务""文津图书奖""掌上国图""留言板"版块。每个版块又细分多项服务,可以检索OPAC和特色资源(包含十余种古代典籍、500余种的音视频、3万多张图片以及将近10万篇博士论文,检索结果可直接在线浏览),提供在线讲座、在线展览、在线阅读、书刊推介、讲座预告、图书续借、图书催还、在借信息、借阅历史、预约和预约到达通知、用户注册、一卡通信息查询,还提供个性化推送服务,提供国家图书馆阅览室定位帮助和指南信息等。此外国内苏州图书馆、华东理工图书馆、成都理工图书馆、南京师范图书馆、北京师范图书馆、浙江工商图书馆、四川图书馆、南京图书馆、同济图书馆等都提供该项服务。

另外,一些图书馆利用WAP提供数据库检索服务,如耶鲁图书馆提供EBSCO/EL、PubMed、MedlinePlus、Harrison's online等数据库的检索服务,可以获得检索结果题录、文摘和全文链接,也可以选择将检索结果E-mail给用户邮箱。加州大学富尔顿分校Pollak图书馆可以检索EBSCO、Wilson、IEEE Xplore、Factiva、WorldCat、PubMed、网络版大英百科全书等。提供数据库检索服务的还有纽约图书馆、奥本图书馆、波尔州立图书馆、波士顿图书馆等。

3. 电子书服务

移动电子书服务产生的背景是电子阅读器的飞速发展和图书馆数字资源建设。自S007年亚马逊推出电子书阅读器Kindle,掀起了全球电子书阅读热潮,目前电子书阅读器有Amazon Kindle、Sony Reader、Banrnes&NobleNook等,除了专门的电子阅读器,智能手机、平板电脑也能进行电子书的阅读。图书馆的电子书服务主要是利用数字馆藏,与电子阅读器公司合作,比如得克萨斯A&M图书馆、内布拉斯加图书馆、北卡罗来纳州立图书馆、里弗福里斯特公共图书馆等与Kindles合作,读者通过Kindles阅读器及安装Kindle的移动终端都可以阅读这些图书馆的电子书;纽约公共图、休斯敦图书馆、加州Rancho Mirage公共图书馆、杜克大学等则与iTouches/iPods合作;OCLC与Sony Readers合作,等等。一些图书馆还能提供有声读物,比如托马斯福特纪念图书馆、圣约瑟夫县公共图书馆、阿拉斯加大学费尔班克斯校区图书馆、纽约公共图书馆(现有1905种有声读物,iPod能兼容的电子书有100种)等。

4. 音频和视频指南服务

服务方式主要有两种:一是将音频和视频指南放在网站上供读者下载至移动终端,比如西雅图公共图书馆、杜克图书馆、波士顿图书馆、波尔州立图书馆网站等提供MP3音频指南供读者下载至MP3播放器、ipod及手机等移动终端;另一类是与视频网站合作,比如Woodbourne公共图书馆、爱丁堡中心图书馆、Suffolk图书馆将视频指南放在YouTube上,用户可通过手机访问YouTube网站观看。纽约大学、得克萨斯A&M大学、亚利桑那州立图书馆加入了iTunesU,读者可通过iPhone、iPad等无线访问iTunes进行观看。

移动服务体现的是图书馆的个性化服务,保障用户随时随地通过移动设备可以方便信息资源。移动服务是数字图书馆未来服务的主要方向。

6.3.3 移动数字图书馆实现技术

一般地,实现移动图书馆服务的具体技术包括:Silverlight、Manet、J2EE、J2ME、. net、Struts-Spring-Hibernate等。刘红等利用Silverlight技术实现图书馆手机服务,作者采用3层B/S模式,开发技术使用. net,Java script等,后台数据库采用SQL Server 2005。李敬维基于分级异构MANET设计移动图书馆服务系统,MANET是一种无线分布式网络技术。贺利娜提出一种基于J2EE和J2ME技术的移动图书馆实现方案,这是一种手机客户端与服务器的体系结构,需要手机支持Java虚拟机,同时它也是一种跨平台的通用平台。

丁夷提出了一种基于Struts-Spring-Hibernate框架的手机图书馆服务系统,它可以实现各种服务功能的定制,移动阅读服务(下载电子书)、视频播放服务、可视参考咨询服务。王泽贤探讨了手机短信在图书馆中应用的关键技术,作者详细阐述了目前用计算机收发短信的三种主要方法:(1)通过短信应用服务商实现。(2)通过网站提供的短信服务。例如新浪,网易。(3)通过无线MODEM。需要专用的硬件,包括无线MODEM以及支持MODEM

功能的手机。沈向若探讨了利用MMS(Multimedia Message Service)多媒体短信技术实现图书馆移动服务。

6.4 智能化推送服务

6.4.1 “推”技术概述

1.“推”概念

推送(PUSH)技术是一种建立在客户服务器上的机制,就是由服务器主动将信息发往客户端的技术,也叫“推”技术。同传统的“拉”(PULL)技术相比,最主要的区别在于“推”技术是由服务器主动向客户机发送信息,而“拉”技术则是由客户机主动请求信息。“推”技术的优势在于信息的主动性和及时性。

所谓“推”技术,是与“拉”技术相对的,就是服务器根据事先规定的设置文件,而不是根据用户实时要求,主动向浏览器递送信息的技术。“推”技术与使用浏览器查找的“拉”技术不同,它是根据用户的需求,有目的性地按时将用户感兴趣的信息主动发送到用户的计算机中。就像是广播电台播音,“推”技术主动将最新的新闻和资料推送给客户,使用者不必上网搜索。

在“推”技术问世之前,人们往往利用浏览器在因特网上搜寻,一方面,面对浩如烟海的信息,很多用户花费相当多时间和费用也难以“拉”到自己所需要的信息;另一方面,信息发布者希望将信息及时、主动地发送到感兴趣的用户计算机中,而不是等着用户来拉取。“推”技术采用一种广播的模式,其特点是以频道“广播”方式使网上用户得到相同的信息。通常,在网络服务器上有专门的推送软件产品(如PointCast公司的PointCastNetwork),可用来制作欲推送的信息内容,并播送出去。在客户端则利用安装在个人电脑中的软件,来接收从网络上传来的信息,并显示出来。当有新的信息需要提交时,“推送”软件会以发送E-mail、播放一个声音、在屏幕上显示一条消息等方式通知用户。使用“推”技术,可以提高用户获取信息的及时性和效率。

2. 信息推送流程

(1)建立用户档案

用户是信息推送服务的享用者,每个信息接收者存在个性差异,也就是个人的学习能力、个人兴趣与习惯、个人学习基础、努力程度等都存在的差异。在平时某类信息一旦生成就是固定不变的放在那里等待信息搜取者来取,而不考虑信息的受众是谁,从而也就不用考虑信息受众的个性。引入信息推送技术必须获取信息受众的个性化特征才能进行个性化信息推送。因此,必须建立用户档案,了解用户的信息需求。用户在注册时将自己的个人喜好、知识侧重进行手工输入,通过用户的手工输入信息,为用户建立初级个性化模型,即将用户输入的主题词,主题站点等信息加入用户词典中,对其用户个性化模式数据库进行初始化。这种方式能让用户首次使用系统就可获得个性化的信息推送服务;对于不愿意定制的用户,系统需要对其兴趣进行推测。通过跟踪用户的上网行为,分析其偏好,并存入用户信息库。

(2)建立信息资源库

图书馆专业人员对信息资源进行自动或半自动的加工处理,并借助网络向读者提供网络资源导航、Internet 信息资源检索、全文镜像推送、专题追踪、新闻发布、科技论坛等等信息服务,避免读者在网上盲目漫游,使读者能获取大量网上信息,及时关注行业动态、追踪热点、了解专业科技,实现情报获取的完全网络化。与此同时,再与权威科研机构、著名咨询公司及情报部门展开全面合作,引进各种成品数据库,完善信息储备,并以这些合作单位作为信息咨询依托,开展网上信息推送服务。

(3)信息推送

图书馆根据建立读者档案信息,了解读者的信息需求特点,发现用户兴趣,建立用户模型,并将资源库里的信息按领域主题分类,然后实时搜集网络中某领域的信息,提供各种商用数据库、声音、图像等多媒体接口及信息索引,将这些信息推送给用户,用户无论何时只要打开他的频道,就可接收到他所需的信息,无须花费时间在网上搜索信息,而是相关信息自动流动到用户面前,而且信息的提供是动态的。对于用户模式相似的用户,各图书馆服务器可以互相通告对方关注的主题知识,从而促进用户潜在主题需求的表达。实现信息的动态交流。

3. 信息推送方式

信息推送(Information Push),就是“Web 播送”,是经过一定的技术规范或协议,在互联网上经过定期传送用户需求的信息来减少信息过载的一项新技术。推送技术经过自动传送信息给用户,来减少用于网络上搜索的时间。它依据用户的兴趣来搜索、过滤信息,并将信息定期推给用户,协助用户高效率地开掘有价值的信息。息的推送主要采用下面几种方式。

(1)频道式推送

频道式网播技术是目前网上最普遍采用的一种推送方式,它将某些网页定义为阅读器中的频道,用户能够像选择电视频道那样去选择收看感兴趣的、经过网络广播的信息。目前在国际上还没有关于“网络频道”的统一定义,Microsoft、Netscape、Pointcast 都有各自的频道定义格式。例如,Microsoft 公司提出的频道定义格式是为站点信息内容树立的“目的索引文件”,以便于个人化定制信息的推送;Netscape 提出的则是基于“元内容”的网播方式。基于 RSS 也是一种典型的频道推送,RSS(Really Simple Syndication)是一种描述和同步网站内容的格式,是目前使用最广泛的 XML 应用。RSS 搭建了信息迅速传播的一个技术平台,使得每个人都成为潜在的信息提供者。发布一个 RSS 文件后,这个 RSS Feed 中包含的信息就能直接被其他站点调用,而且由于这些数据都是标准的 XML 格式,所以也能在其他的终端和服务中使用。

(2)邮件式推送

用电子邮件方式主动将有关信息发布给列表中的用户。电子邮件推送服务主要利用了电子邮件的群发功能,将预定或可能感兴趣的信息内容推送给相关用户组群。该方式具有可进行操作筛选、定时发送、脱机浏览等优势。但在信息更新速度和交互性方面则相对较弱。

(3)网页式推送

在特定网页(如某企业、某机构或某个人的网页)上将信息提供应感兴趣的用户。如美国康奈尔图书馆的 My Library 系统中的 My updates,当用户制定检索条件后,符合条件的新到图书、期刊、数字资源等资料的记录会显示在用户页面上,并定期进行更新。与频道推送相类似的是:一旦页面上的内容更新上传到 Web 服务器上,用户可以收到实时更新的数据。

(4)专用式推送

经过秘密的点对点通信方式,将指定的信息发送给特定的用户。Microsoft 和 Netscape 公司的 Web 阅读器均能支持上述各种信息推送方式。专用式推送最大的优点在于安全性和保密性较好。如 Point. cast 公司的专用推送软件,用户利用客户端软件即可接收被推送的信息内容。

信息推送具有及时性好、应用面广、对用户没有技术上的请求等优点,但也存在信息针对性差、难以满足用户的个性化需求等不足。

4. 推送服务理念

(1)以人为本的服务理念

信息推送服务着重强调用户需求满足的最大化,就是在服务过程中要坚持以用户为本,尽量达到用户与图书馆之间,用户与信息资源之间的和谐。在图书馆数字化建设过程中,要从充分满足一切用户的利益和愿望出发,一切为了用户,为了一切用户,为了用户的一切,做好信息推送工作,最大限度地满足用户对信息资源的需求。

(2)主动服务理念

信息推送服务是一种主动性服务。所谓主动服务,是指图书馆主动发现、挖掘并满足用户需求的过程。主动服务能让用户感受到图书馆热情友好的服务态度,从而有效激发信息反馈,最终形成与用户之间良好的互动沟通关系。因此图书馆要善于主动发现和深入挖掘用户的潜在需求,而不是被动地让用户诉说需求。

(3)个性化服务理念

图书馆个性化信息推送服务是针对不同的用户需求,采用不同的服务方技术,提供不同的信息内容,实现信息服务方式在时间、空间、内容多个层面的个性化。信息推送服务要引进和吸收全新的服务理念、根据用户的不同特点和具体要求,量体裁衣,定做或由用户自己订制个性化的信息产品,吸引具有特定需求的用户,获取和利用图书馆个性化的特色信息资源和特色服务。在网络环境下,图书馆提供个性化信息服务,就是要提供个性化的信息产品,以全新的观念去指导和开拓信息服务。

(4)一站式服务理念

信息推送提供一站式服务,用户通过简单的操作,一步到位得到所需资源的全方位服务。在信息服务中实现一站式服务,就是借用“一站式服务”的理念,让读者进入一个网站,就能满足所有的需求,联系一个人就能得到全面的服务,以最快捷、最简单的方式得到信息需求的最大满足。

6.4.2 常用推送技术

1. 本体模型

(1)本体含义

本体(Ontology)一词产生于哲学范畴,计算机领域最早引入本体是 Neches 等人,他们将 Ontology 定义为“给出构成相关领域词汇的基本术语和关系,以及利用这些术语和关系构成的规定这些词汇外延的规则的定义”。Neches 认为:“本体定义了组成主题领域的词汇表的基本术语及其关系,以及结合这些术语和关系来定义词汇表外延的规则”。后来在信息系统、知识系统等领域,越来越多的人研究 Ontology,并给出了许多不同的定义。其中最著名并被引用得最为广泛的定义是由 Stuber 提出的“本体是共享的概念化的明确的规范说明”。Stuber 的定义体现了本体的 4 层含义:①概念模型(Conceptualization),通过抽象出客观世界中一些现象的相关概念而得到的模型,其表示的含义独立于具体的环境状态。②明确(Explicit),所使用的概念及使用这些概念的约束都有明确的定义。③形式化(Formal),本体是计算机可读的,即能被计算机处理。④共享(Share),本体中体现的是共同认可的知识,反映的是相关领域中公认的概念集,它所针对的是团体而不是个体。

本体的目标是捕获相关领域的知识,提供对该领域知识的共同理解,确定该领域内共同认可的词汇,并从不同层次的形式化模式上给出这些词汇(术语)和词汇间相互关系的明确定义。总的来说,构造本体可以实现某种程度的知识共享和重用,以及提高系统通信、互操作、可靠性的能力。

本体是一种语义知识发现技术,通过捕捉用户需求语义,包括需求内容和上下文信息,使计算机能在这些语义信息的启发下,定位满足用户需求的知识及服务。从这个角度看,作为知识表示工具,Ontology 与语义网络非常相似。它们都是表示知识的形式,并且均可以通过带标记的有向图来表示,适合用于逻辑推理。但从描述的对象或范围而言,Ontology 与语义有所区别。Ontology 是对共享概念模型的规范说明,这里所说的“共享概念模型”指该模型中的概念是公认的,至少在某个特定的领域是公认的。一般情况下,Ontology 是面向特定领域,用于描述特定领域的概念模型。语义网络从数学上说,是一种带有标记的有向图。它最初用于表示命题信息,现广泛应用于专家系统表示知识。语义网络中节点表示物理实体、概念或状态,连接节点的边表示关系。语义网络中对节点和边没有其他特殊的规定,因此语义网络描述的对象或范围比 Ontology 广。例如,语义网络可以表示一句话,如“我的汽车是红色的”。但是 Ontology 显然不适合于这类的表示,它侧重于表现整体的内容,如团体组织(学校)的内部构成等。在表示的深度上,语义网络不如 Ontology。语义网络对建模没有特殊的要求,但是 Ontology 却有 5 个要素:元语、类、关系、函数、公理和实例,其中公理可以看作是 Ontology 中的约束。Ontology 通过这 5 个要素来严格、正确地刻画所描述的对象。语义网络的建立可以不要求有相关领域的专业知识,因此比较容易建立。而 Ontology 的建立一般要有专家的参与,相对而言更加的严格和困难。

(2)基于本体的信息推送模型

由于不用领域,其目标不同,本体技术在解决不同领域问题时,模型框架有差别。学者基于本体的用户兴趣模型框架研究成果,该模型由个性化用户兴趣本体即用户模型的获取、更新和用户群的构建三部分组成。

(3)工作机理

该模型的工作机理为:①个性化用户兴趣本体的获取包括获得用户的个人信息、构建领域本体等;②用户模型的更新是根据用户浏览或检索信息的行为构建参考本体,并把它归并到个性化用户兴趣本体中,实现用户模型的学习更新;③用户群是每个个性化用户兴趣本体通过相似度计算得到的。

2. 智能代理

(1)智能代理概念

智能代理(Intelligent Agent)涉及人工智能、信息检索、计算机网络、数据库、数据挖掘、自然语言处理等领域的理论和技术。智能代理技术,是分布式人工智能研究的一种软件单元,具有高度智能性和自主学习性,可以根据用户定义的准则,主动地通过智能化代理服务器为用户搜集最感兴趣的信息,然后利用代理通信协议把加工过的信息按时推送给用户,并能推测出用户的意图,自主制订、调整和执行工作计划。

(2)智能代理特点

一般我们所提及的智能代理具有如下几个特点。

①智能性(Intelligence)。具有解决问题所需的知识、策略和相关数据,能够进行相关的推理和智能计算,智能代理还可以在用户没有给出十分明确的需求时推测出用户的意图、兴趣或爱好,并按最佳方式代为其完成任务,对用户的需求能分析地推送,并能自动拒绝一些不合理或可能给用户带来危害的要求。

②代理性(Agent)。使用代理通信协议进行信息交换,并把检索信息结果主动推送给用户,并管理用户的个人资料及其私人目录下的知识库。

③学习性(Learning)。智能代理技术能够根据当前环境的变化,动态地调整自己去完成各项任务、计划,并主动地把信息过滤、整理后提供给用户服务。

④合作性(Callaboration)。每个智能代理有标准的接口,采用统一的通信语言进行信息的交流。多代理系统由代理组,通过代理本身的搜索活动和相互之间的交互活动,构成系统的群体活动,相互之间分工合作共同完成复杂任务,从而实现系统整体的功能或目的,同时,每个代理也在这种交互的过程中实现了自己的功能或目的。

⑤反应性(Reactivity)。代理能感知环境,并对环境做出适当反应。

⑥社会性(Social Ability)。代理具有一定的社会性,即它们可能同代理代表的用户、资源、其他代理进行交流。

⑦移动性(Mobility)。具有移动的能力,为完成任务,可以从一个节点移动到另一个节点。比如访问远程资源、转移到环境适合的节点进行工作等。还有诚实性、顺从性、理智性等。

⑧持续性(Durative)。各个智能代理有不同的任务,在 Internet 上搜索访问,这种移动是多点并行的,具有可以跨地域、时空持续运行的功能特点。

⑨主动性(Proactivity)。代理能够遵循承诺采取主动,表现面向目标的行为。例如,Internet 上的代理可以漫游全网,为用户收集信息,并将信息提交给用户。

(3)智能代理的结构

目前将智能代理技术应用数字图书馆服务的设计框架主要分为客户端模型、服务器端模型。

①客户端模型。"图形用户界面(GUI)"模块列出数字图书馆可以提供的功能选项,个体从中选择自己所需要的信息服务功能,并且选择对各种信息服务所期望的显示方式。个体的功能需求信息会被传递到代理服务器(Agent Server),来构造个性库(Individuality Database);而显示方式则存储于本地"用户偏好(User P references)"中。个体请求的信息及 Agent Server 主动提交的信息反馈到各种服务代理 Agent(如文档信息检索服务 Agent)时,就会结合 User Preferences 中事先预定义的显示要求,以图形界面提交给个体用户。

②服务器端模型。Agent Server 负责接受通过网络传来的每个用户的各种信息服务功能请求,结合个性库中的推理算法构造个体的个性信息结构,后面的 Agent 只需根据个性库进行信息的检索,就可以提供个体的请求信息及系统的预测信息,这些信息再经由网络传送到客户端 Agent 中对应的信息服务 Agent 进行显示;而 Agent Server 为了获取数字图书馆的信息支持,需要以标准的格式向数字图书馆接口提出请求,并且处理标准格式的返回信息。

Agent Server 模型分成"Agent 协调者(Agent Coordinator)""个性库(Individuality Database)""代理群(A gent Group)""代理池(Agent Pool)"四模块。

(4)代理模型工作机理

智能代理模型的工作机制如下。

①客户端 Agent 收集需求,捕获个体的评价,并将这些个性信息提交给 Agent 协调者,Agent 协调者维护个性库,建立个性库的个体个性信息结构,该结构是对当前信息需求、可能信息需求及可能的个性发展需求的映射。

②Agent 协调者根据个性库中若干个体的个性结构,计算个性结构相似度,通过分类聚类等算法将个体一定的功能需求分配到一定的代理群中,代理群中的每个 Agent 会被赋予特定的任务,所有代理群中 Agent 完成的信息返回组合在一起就是符合个性库个性结构的总的信息返回。代理群中每个 Agent 并不要亲自同数字图书馆接口打交道,它们会从"特定任务代理池"中挑选出合适的一个或几个查询代理,把特定性质的任务交给它们,等待返回

的结果。代理群中的 Agent 分析返回的结果,如果不能满足它所被给予的任务要求,就会调整分配算法,重新挑选代理池中的若干查询代理执行,直到 Agent 协调者通过比较个性库要求的任务和 Agent 提交的结果,认为 Agent 已经完成了被赋予的任务为止。

③代理群中的 Agent 还必须跟踪资源的具体位置,看其有没有移动,有没有删除,并将跟踪信息及时反映给 Agent 协调者。之后协调者 Agent 将把某个个体的多个功能需求(结合个性库)合并,通过网络提交该信息集合给某个客户端 Agent,客户端 Agent 中的特定功能信息服务 Agent(如"期刊信息检索服务 Agent")再结合"用户偏好"个性化地显示返回信息给个体。

④个体对显示的信息进行操作及评价,各信息服务 Agent 收集这些评价,根据一定算法进行量化,这些收集的个性信息会反映到"个性类库"及个性库的推理算法上。这样就完成了一次闭环循环。

3. 协同过滤(Collaborative Filtering)

(1)协同推荐原理

协同过滤这一概念首次于 1992 年由 Goldberg、Nicols、Oki 及 Terry 提出,应于 Tapestry 系统,该系统仅适用较小用户群(比如,某一个单位内部),而且对用户有过多要求(比如,要求用户显式地给出评价),作为协同过滤推荐系统的雏形,Tapestry 展示了一种新的推荐思想,但存在许多技术上的不足。其后,出现了基于评分的自动协同过滤推荐系统,例如推荐新闻和电影的 GroupLens。目前,许多电子商务网站都已经使用了推荐系统,如 Amazon、CDNow、Drugstore 和 Moviefinder 等。当前,协同过滤推荐技术在个性化推荐系统中应用广泛,其解决方法主要有两类:基于用户的协同过滤推荐算法和基于项目的协同过滤推荐算法。前者基于这样一个假设,即如果用户对一些项目的评分比较相似,则他们对其他项目的评分也比较相似,算法通常采用最近邻技术寻找邻居用户,然后加权求目标用户对该项目的评分。后者从项目角度出发,寻找与该项目相似的若干项目,然后加权求目标用户对该项目的评分。但随着电子商务系统规模的不断扩大,它有三方面的限制,即准确性、稀疏性、可扩展性。

协同过滤推荐算法其原理是利用用户的历史喜好信息计算用户之间的距离,然后利用目标用户的"最近邻居"对商品评价的加权评价值来预测目标用户对特定商品的喜好程度,系统根据此喜好程度来对目标用户进行推荐。基于协同过滤技术的推荐过程可分为 3 个阶段:数据表述、发现最近邻居、产生推荐数据集。

①数据表述

数据表述主要是完成浏览数据的描述,通常可表述为一个 $m\times n$ 的用户-项评价矩阵 $r=(r_{ij})$,其中 m 表示用户数,n 表示项目数,r_{ij} 表示第 i 个用户对第 j 个项的评价值,一般且 r_{ij} 是整数,该值表示用户对该项的兴趣度,也就是用户是否浏览了该项以及对该项的喜好程度。

②发现最近邻居

发现最近邻居是指识别目标用户的最近邻居或最相似用户。协同过滤是通过计算用户之间的相似性，识别出当前目标用户的最近邻居集，根据"邻居"的信息进行推荐，因此协同过滤实现的关键就是如何准确地为一个需要推荐服务的目标用户找到最相似的邻居集，即：对一个目标用户 uT，要寻找出一个根据相似度大小排列的邻居集合 $\text{Neighbor}[u_T]=\{u_1,u_2,\cdots,u_n\}$，且 u_T 不属于 $\text{Neighbor}[u_T]$，设用户 u_T 和 u_i 的相似度为 $\text{sim}(u_T,u_i)$，并且 $\text{sim}(u_T,u_i)>\text{sim}(u_T,u_2)>\cdots>\text{sim}(u_T,u_n)$。其中，用户之间的相似度 $\text{sim}(u_a \leqq u_b)$ 常用 Pearson 相关系数计算得出，计算公式如下：

$$\text{sim}(u_a,u_b)=\frac{\sum_{i\in I_{ab}}(r_{a,i}-\overline{r_a})}{\sqrt{\sum^{i\in I_{ab}}(r_{a,i}-r_a)^2}\cdot\sqrt{\sum^{i\in I_{ab}}(r_{b,i}-r_b)^2}}$$

其中，集合 I_{ab} 是用户 u_a 和 u_b 共同评分的项目集，$r_{a,i}$、$r_{b,i}$ 分别表示用户 u_a、u_b 对项目 i 的评分，$\overline{r_a}$，$\overline{r_b}$ 分别表示用户 u_a 和 u_b 对所有项目的平均评分。

③产生推荐数据集

目标用户 u_T 的最近邻居集 $\text{Neighbor}[u_T]=\{u_1,u_2,\cdots,u_n\}$ 产生后，基于最近邻居集计算 u_T 对未评分项目 i_T 的预测评分值，同时产生 *top-N* 推荐集，预测 u_T 对 i_T 的评价值的计算公式如下：

$$p_{u_T,i_T}=\frac{\overline{r}_{u_T}+\sum_{u\in\text{Neighbor}_{ut}}\text{sim}(u_T,u)\times(r_{u,i_T}-\overline{r}_u)}{\sum_{u\in\text{Neighbor}_{ut}}\text{sim}(u_T,u)}$$

其中，$\text{sim}(u_T,u)$ 表示目标用户 u_T 与最近邻居用户 u 的相似性，r_u,i_T 表示用户 u 对项目 i_T 评分，$\overline{r}_{u_T}$，$\overline{r}_u$ 分别表示用户 u_T 和用户 u 对项目的平均评分值。

(2)优缺点

协同过滤最大的优点是对推荐对象没有特殊的要求，能处理非结构化的复杂对象，它具有如下一些优点：①能够过滤难以进行机器自动基于内容分析的信息；②共享其他人的经验，能够过滤一些复杂的、难以表达的概念；③有推荐新信息的能力。这也是协同过滤和基于内容过滤的一个较大的差别，能够跨类别推荐，重在发现而不是搜索；④能够有效地使用其他相似用户的反馈信息，加快个性化学习的速度。

基于用户的协同过滤推荐系统有众多优点，但随着电子商务用户、商品规模的剧增，该算法也存在以下缺点：①稀疏性：在一个大型电子商务系统中，用户购买商品的总量占网站总商品量的1%左右，而参与评价的不到10%，造成了评分矩阵非常稀疏。这样一方面导致难以寻找最近邻，另一方面计算相似性非常耗时。②冷开始：又称第一评价问题，或新项目问题，从一定角度可以看成是稀疏问题的极端情况。一方面，它很难向新用户提供个性化推荐服务；另一方面，在这种情况下，仅有少量评价数据不可能产生精确推荐。③扩展性：面对日益增多的用户和项目，扩展性将会成为制约推荐系统发展的一个瓶颈问题。

(3)案例-Amazon 个性化推荐系统先驱(基于协同过滤)

Amazon 是一个虚拟的网上书店，它没有自己的店面，而是在网上进行在线销售。它提供了高质量的综合节目数据库和检索系统，用户可以在网上查询有关图书的信息。如果用户需要购买的话，可以把选择的书放在虚拟购书篮中，最后查看购书篮中的商品，选择合适的服务方式并且提交订单，这样读者所选购的书在几天后就可以送到家。

Amazon 书店还提供先进的个性化推荐功能，能为不同兴趣偏好的用户自动推荐尽量符合其兴趣需要的书籍。Amazon 使用推荐软件对读者曾经购买过的书以及该读者对其他书的评价进行分析后，将向读者推荐他可能喜欢的新书，只要鼠标点一下，就可以买到该书；Amazon 能对顾客购买过的东西进行自动分析，然后因人而异的提出合适的建议。读者的信息将被再次保存，这样顾客下次来时就能更容易地买到想要的书。此外，完善的售后服务也是 Amazon 的优势，读者可以在拿到书籍的 30 天内，将完好无损的书和音乐光盘退回 Amazon，Amazon 将原价退款。当然 Amazon 的成功还不止于此，如果一位顾客在 Amazon 购买一本书，下次他再次访问时，映入眼帘的首先是这位顾客的名字和欢迎的字样。

6.5 数字图书馆服务支撑技术

6.5.1 网络技术

充分利用网络技术开展数字图书馆服务，为用户提供基于网络化的、信息化的服务。网络技术是从 1990 年代中期发展起来的新技术，它把互联网上分散的资源融为有机整体，实现资源的全面共享和有机协作，使人们能够透明地使用资源的整体能力并按需获取信息。资源包括高性能计算机、存储资源、数据资源、信息资源、知识资源、专家资源、大型数据库、网络、传感器等。当前的互联网只限于信息共享，网络则被认为是互联网发展的第三阶段。网络可以构造地区性的网络、企事业内部网络、局域网网络，甚至家庭网络和个人网络。网络的根本特征并不一定是它的规模，而是资源共享，消除资源孤岛。Internet 如此美妙，初入门者不免好奇：它究竟可以为我们做哪些事？总的来说，Internet 是一套通过网络来完成有用的通信任务的应用程序，下面的篇幅将从应用入手，展示 Internet 的几项最广为流行的功能，它包括：电子邮件、WWW、文件传输、远程登录、新闻组、即时通信等。

1. 电子邮件(E-Mail)

有了通达全球的 Internet 后，人们首先想到的是可以利用它来提供个人之间的通信，而且这种通信应能兼具电话的速度和邮政的可靠性等优点。这种思路生根发芽成长起来，最终得到的果实便是 E-Mail。通过它，每人都可以有自己的私有信箱，用以储存已收到但还未来得及阅读的信件，E-Mail 地址包括用户名加上主机名，并在中间用@ 符号隔开，从最初的两人之间的通信，到如今的电子邮件软件能够实现更为复杂、多样的服务，包括：一对多的发信，信件的转发和回复，在信件中包含声音、图像等多媒体信息等；甚至可以做到只要有你的邮件到达，挂在你身上的 BP 机就嘀嘀作响发出提示；人们还可以像订购报纸杂志一样在网上订购所需的信息,通过电子邮件定期送到自己面前。

2. WWW

World Wide Web(通常被称为 WWW)在中文里常被译作“万维网”,除发音相近外,也体现了其变化万千的内涵。用户借助于一个浏览器软件,在地址栏里输入所要查看的页面地址(或域名),就可以连接到该地址所指向的 WWW 服务器,从中查找所需的图文信息。WWW 访问的感觉有些像逛大商场,既可以漫无边际地徜徉,也可以奔着一个目标前进;但不论如何,当用户最终获得想要的内容时,也许已经跨越了千山万水,故有时我们也称之为“Web 冲浪”。WWW 服务器所存贮的页面内容是用 HTML 语言(Hyper Text Mark - up Language)书写的,它通过 HTTP 协议(Hyper Text Transfering Protocol)传送到用户处。

3. 文件传输(FTP)

尽管电子邮件也能转送文件,但它一般用于短信息传递。Internet 提供了称作 FTP(File Transfer Protocol)的文件传输应用程序,使用户能发送或接收非常大的数据文件:当用户发出 FTP 命令,连接到 FTP 服务器后,可以输入命令显示服务器存贮的文件目录,或从某个目录拷贝文件,通过网络传递到自己的计算机中。FTP 服务器提供了一种验证用户权限的方法(用到用户名、密码),限制非授权用户的访问。不过,很多系统管理员为了扩大影响,打开了匿名 FTP 服务设置——匿名 FTP 允许没有注册名或口令的用户在机器上存取指定的文件,它用到的特殊用户名为“Anonymous”。

4. 远程登录(Remote Login)

远程登录允许用户从一台机器连接到远程的另一台机器上,并建立一个交互的登录连接。登录后,用户的每次击键都传递到远程主机,由远程主机处理后将字符回送到本地的机器中,看起来仿佛用户直接在对这台远程主机操作一样。远程登录通常也要有效的登录账号来接受对方主机的认证。常用的登录程序有 TELNET、RLOGIN 等。

5. Usenet 新闻组

Usenet 新闻是 Internet 上的讨论小组或公告牌系统(BBS)。Usenet 在一套名为“新闻组”的标题下组织讨论,用户可以阅读别人发送的新闻或发表自己的文章。新闻组包括数十大类、数千组“新闻”,平均每一组每天都有成百上千条“新闻”公布出来。新闻组的介入方式也非常随便,你可以在上面高谈阔论、问问题,或者只看别人的谈论。

6. 即时通信

即时通信(Instant Messaging,简称 IM)是一个终端服务,允许两人或多人使用网络即时地传递文字信息、档案、语音与视频交流。分手机即时通信和网站即时通信,手机即时通信代表是短信,网站、视频即时通信如:YY 语音、QQ、MSN、百度 Hi、叮当旺业通、新浪 UC、阿里旺旺、IS、新浪 UC、网易泡泡、网易 CC、盛大 ET、中国移动飞信、企业飞信等应用形式。

7. Web2.0 技术

在科技发展与社会变革的大视野下来看，Web2.0 可以说是信息技术发展引发网络革命所带来的面向未来、以人为本的创新 2.0 模式在互联网领域的典型体现，是由专业人员织网到所有用户参与织网的创新民主化进程的生动注释。Web2.0 技术主要包括：博客(BLOG)、RSS、百科全书(Wiki)、网摘、社会网络(SNS)、P2P、即时信息(IM)、微博等。Blog——博客/网志，Blog 的全名应该是 Weblog，后来缩写为 Blog。Blog 是一个易于使用的网站，人们可以在其中迅速发布想法、与他人交流以及从事其他活动。所有这一切都是免费的。RSS，RSS 是站点用来和其他站点之间共享内容的一种简易方式(也叫聚合内容)的技术。最初源自浏览器"新闻频道"的技术，现在通常被用于新闻和其他按顺序排列的网站，例如 Blog。

Wiki——百科全书，Wiki 是一种多人协作的写作工具。Wiki 站点可以有多人(甚至任何访问者)维护，每个人都可以发表自己的意见，或者对共同的主题进行扩展或者探讨。Wiki 指一种超文本系统。这种超文本系统支持面向社群的协作式写作，同时也包括一组支持这种写作的辅助工具。有人认为，Wiki 系统属于一种人类知识网络系统，人们可以在 Web 的基础上对 Wiki 文本进行浏览、创建、更改，而且创建、更改、发布的代价远比 HTML 文本小；同时 Wiki 系统还支持面向社群的协作式写作，为协作式写作提供必要帮助；最后，Wiki 的写作者自然构成了一个社群，Wiki 系统为这个社群提供简单的交流工具。与其他超文本系统相比，Wiki 有使用方便及开放的特点，所以 Wiki 系统可以帮助我们在一个社群内共享某领域的知识。

微博客概念译自英文词 micro-blogging，是博客的一种变体，其最大特点是集成化和 API 开放化，通过移动设备、IM 软件(gtalk、MSN、QQ、skype)和外部 API 接口等途径向微博客发布消息，通常文本限制在 200 字以内。维基百科中，微博客被描述为"一种允许用户及时更新简短文本(通常少于 200 字)并公开发布的博客形式，允许任何人阅读或者只能由用户选择的群组阅读"。最早提出微博客理念的是埃文·威廉姆斯(Evan Williams)，他创办的微博客 Twitter 网是世界上最早提供微博客服务的网站，Twitter 是一个可以播报短消息给自己的朋友或"followers(跟随者)"的在线服务，它也同样可允许指定哪个想跟随的 Twitter 用户，这样就可以读取他们的信息。随时随地，无处不在的沟通是 Twitter 网站的理念。与博客相比，微博客发布方式趋于多样化、简单化。微博客文本内容通常限制在 200 字符以内，较低的进入门槛让它很快流行起来，通常微博客具有即时性和便捷性，创新交互方式，自媒体、草根性更为突出，更为个体化、私语化叙事等特征。微博应用于数字图书馆主要方式有：①信息推送，可用 Micro-blogging 实现的服务有新书发布、书目推荐、图书评论、图书馆新闻发布、讲座培训宣传、到期提醒、网络新闻推送、资源导航等等，通过微博，此类信息会以最快、最有效的方式传递给用户，使图书馆用户掌握了解第一手的信息情报。②参考咨询，基于 Micro-blogging 的参考咨询服务记录，可作为用户需求分析的源数据。Micro-blogging 的互动交流性，使图书馆与读者之间架起了一座适时沟通的平台，读者可随时随地取得与图书馆员的联系，就问题建议进行交流探讨。这样图书馆用户的需求信息可以最快地传达给图书馆员,促使其不断改进提高服务质量,满足用户需求。③构建兴趣圈,Micro-blogging 上自由的信息交流方式,使用户可以查找选择自己感兴趣的对象,进行互动与交流,这种交流方式可以实现图书馆不同用户群体的聚合。可以通过这种方式将有共同兴趣爱好、有共同话题,或是相同专业背景的人组织在一起,成立读者兴趣小组,展开图书馆话题的讨论,充分调动读者的发散性思维,激发读者参与的热情和求知的欲望。

6.5.2 数据挖掘技术

数据挖掘(Data Mining)是指从大量的数据中提取出可信、新颖、有效并能被人们所理解的,潜在的模式、规律或趋势的高级处理过程。它融合了数据库、人工智能、机器学习、统计学等多个领域的理论和技术,在理论研究领域也被称为数据库中的知识发现(Knowledge Discovery in Database ,KDD)。数据挖掘模式一般分为以下几种类型。

(1)概念或类描述

概念或类描述通过数据特征化即汇总所研究的数据、数据区分将目标与一个或多个比较类比较、数据特征化和比较得到。

(2)关联分析

关联分析的目的就是挖掘出隐藏在数据间的相互关系。在数据挖掘研究领域,对于关联分析的研究开展得比较深入,人们提出了多种关联规则的挖掘算法,如 APRIORI、STEM、AIS、DHP 等算法。

(3)序列模式分析

序列模式分析和关联分析相似,其目的也是挖掘数据之间的联系,但序列模式分析的侧重点在于分析数据间的前后序列关系。序列模式分析描述的问题是:在给定交易序列数据库中,每个序列是按照交易时间排列的一组交易集,挖掘序列函数作用在这个交易序列数据库上,返回该数据库中出现的高频序列。在进行序列模式分析时,同样也需要由用户输入最小置信度 C 和最小支持度 S。

(4)分类和预测分析

假定记录集合和一组标记(TAG),所谓标记是指一组具有不同特征的类别。分类分析首先为每一个记录赋予一个标记,即按标记分类记录,然后检查这些标记的记录,描述出这些记录的特征。这种描述可能是显式的,例如一组规则定义;或者是隐式的,例如一个数学模型或公式。目前,已有很多种分类分析模型得到应用,其中的几种典型模型为线性回归模型、决策树模型、基于规则模型、神经网络模型和支持向量机模型。

(5)聚类分析

与分类分析不同,聚类分析输入的是一组未分类记录,并且这些记录应分成几类事先也不知道。聚类分析就是通过分析数据库中的记录数据,根据一定的分类规则,合理地划分记录集合,确定每个记录所在类别。它所采用的分类规则是由聚类分析工具决定的。聚类分析的方法很多,其中包括系统聚类法、分解法、加入法、动态聚类法、模糊聚类法、运筹方法等。采用不同的聚类方法,对于相同的记录集合可能有不同的划分结果。

(6)孤立点分析

孤立点分析是一种发现异常数据的方法,数据库中往往包含一些数据对象,他们与数据的一般行为或模型不一致,这些数据对象就是孤立点(Outlier)。应用中异常的数据点可能比正常数据点更有用或者更有趣,比如孤立点可以发现信用卡欺骗,也可以发现黄金客户。

(7)演变分析

演变分析描述行为随时间变化的对象的规律或趋势,包括时间序列数据分析、序列或周期模式匹配等。数据挖掘最吸引人的地方是它能建立预测模型而不是回顾型的模型。

6.5.3 数据仓库与联机分析处理

1. 数据仓库

传统的数据库系统面向以事务为主的联机事务处理应用,不能满足决策支持系统的分析要求。事务处理和分析处理具有极不相同的性质,因而两者对数据也有着不同的要求。数据仓库正是为了解决分析型数据的特殊要求而产生的一种数据组织策略。根据 W. H. Inmon 在其 Building the DataWarehouse 一书的定义,数据仓库就是一个用以更好地支持企业或组织的决策分析处理的、面向主题的、集成的、不可更新的、随时间不断变化的数据集合。该定义全面地刻画了数据仓库的四个基本特征。

(1)数据仓库是面向主题的

与传统数据库面向应用进行数据组织的特点相对应,数据仓库中的数据是面向主题进行组织的。主题是一个抽象的概念,是在较高层次上将企业信息系统中的数据综合、归类并进行分析利用的抽象概念。在逻辑意义上,它是对应企业中某一宏观分析领域所涉及的分析对象。面向主题的数据组织方式,就是在较高层次上对分析对象的数据的一个完整、一致的描述,能完整、统一地刻画各个分析对象所涉及的企业的各项数据,以及数据之间的联系。所谓较高层次,是相对面向应用的数据组织方式而言的,是指按照主题进行数据组织的方式具有更高的数据抽象级别。

(2)数据仓库的数据是集成的

数据仓库的数据是从原有的分散的数据库数据中抽取来的。数据仓库的每一个主题所对应的源数据在原有的各分散数据库中有重复和不一致性,且来源于不同的联机系统的数据都和不同的应用逻辑捆绑在一起,而且,数据仓库中的综合数据不能从原有的数据库系统直接得到。因此在数据进入数据仓库之前,必然要经过统一、综合与整理,为达到此目的需要统一源数据中所有矛盾之处,如字段的同名异义、异名同义、单位不统一、字长不一致等。

(3)数据仓库的数据是不可更新的

数据仓库的数据主要供企业决策分析之用,所涉及的数据操作主要是数据查询,一般情况下并不进行修改操作。数据仓库的数据反映的是一段相当长的时间内历史数据的内容,是不同时点的数据库快照的集合,以及基于这些快照进行统计、综合和重组的导出数据,而不是联机处理的数据。数据库中进行联机处理的数据经过集成输入到数据仓库中,一旦数据仓库存放的数据已经超过数据仓库的存储期限,这些数据将从当前的数据仓库中删去。因为数据仓库只进行数据查询操作,所以数据仓库管理系统相比 DBMS 而言要简单得多。DBMS 中许多技术难点,如完整性保护、并发控制等,在数据仓库的管理中几乎可以省去。但是由于数据仓库的查询数据量往往很大,所以就对数据查询提出了更高的要求,它要求采用各种复杂的索引技术;同时由于数据仓库面向的是企业的高层管理者,而他们会对数据查询的界面友好性和数据表示提出更高的要求。

(4)数据仓库的数据是随时间不断变化的

数据仓库中的数据不可更新是针对应用来说的,也就是说,数据仓库的用户进行分析处理时是不进行数据更新操作的。但并不是说,在从数据集成输入数据仓库开始到最终被删除的整个数据生存周期中,所有的数据仓库都是永远不变的。数据仓库的数据是随时间的变化不断变化的。主要表现在三方面:一是不断追加联机事务处理中新生成的数据;二是不断删去旧的数据内容;三是对大量综合数据定期进行重新综合。

(5)数据仓库的数据主要用于对管理决策过程的支持

我们一般说的数据集市,主要是指数据仓库的一个子集,它面向部门级业务,面向某个特定的主题,属于简化的小型数据仓库。实际上,多个相互联系的、围绕一个宏观大主题的多个数据集市的集成,就构成了数据仓库。数据集市和数据仓库在其实现过程和数据模式方面,没有根本的差异。而数据集市比数据仓库更为简洁、方便,易于快速实施并应用。因此,在建立企业级的数据仓库前,可规划建立多个部门级的数据集市,在此基础上,集成实现企业级的数据仓库。

2. 联机分析处理

联机分析处理概念最早是由关系数据库之父爱德华·库德(E. F. Codd)于 1993 年提出的,是一种用于组织大型商务数据库和支持商务智能的技术。联机分析处理数据库分为一个或多个多维数据集,每个多维数据集都由多维数据集管理员组织和设计以适应用户检索和分析数据的方式,从而更易于创建和使用所需的数据透视表和数据透视图。通过联机分析处理可帮助回答以下诸类关于业务数据的问题:①2007 年所有产品的总销售额与 2006 年相比有什么变化?②迄今为止,我们的利润与过去五年同期相比有何不同?③去年,35 岁以上的顾客花了多少钱?这一行为是如何随着时间变化的?④与去年同一月份相比,在两个特定的国家/地区,本月产品销量是多少?⑤对于每个顾客年龄组,按产品类别进行的利润细分如何(既包括利润百分比,也包括总利润)?⑥找出最好的和最差的销售人员、分销商、供应商、客户、合作伙伴或顾客。

联机分析处理的基本多维分析操作有钻取(Roll up 和 Drill down)、切片(Slice)和切块(Dice)、旋转(Pivot)、Drill across、Drill through 等。钻取是改变维的层次,变换分析的粒度。它包括向上钻取(Roll up)和向下钻取(Drill down)。向上钻取是在某一维上将低层次的细节数据概括到高层次的汇总数据,或者减少维数;而向下钻取则相反,它从汇总数据深入到细节数据进行观察或增加新维。切片和切块是在一部分维上选定值后,关心度量数据在剩余维上的分布。如果剩余的维只有两个,则是切片;如果有三个,则是切块。旋转是变换维的方向,即在表格中重新安排维的放置(例如行列互换)。

一般来说,在从事数据挖掘时,事先都会创建数据仓库或者数据集市,从各种原始数据库或者原始文件资源中通过抽取清晰整理,依据挖掘主题将数据汇集到数据仓库中,数据挖掘需要的数据则全部从数据仓库或者集市中获取,这样就形成一条完整的数据来源。保证数据的完整性、一致性与有效性。

数字图书馆引入数据仓库技术,主要是基于数据仓库构建数字图书馆的管理与决策支持系统。依托支持系统,运用数据挖掘技术为图书馆的管理与决策提供科学依据,如信息资源的采购决策、虚拟参考咨询管理与信息检索服务等。总之随着信息技术的发展,信息资源的海量增长,数据挖掘与数据仓库技术越来越成为数字图书馆的关键技术之一。基于该技术,数字图书馆将会在更高层次上为科学的管理决策与服务提供帮助。

6.5.4 数据挖掘技术在数字图书馆服务应用

数字图书馆利用数据挖掘与数据仓库技术进行图书馆管理分析与用户信息需求分析,为数字图书馆的服务与管理提供科学的决策依据。具体来说,数据挖掘在数字图书馆服务中作用归纳如下。

1. 图书馆管理服务

(1)决策管理

数据挖掘技术能够为领导科学决策提供强有力的保障。一般来说,图书馆利用数据挖掘进行管理决策体现在三个方面:①将涉及图书馆这一信息系统的各种内部数据和外部信息汇集起来,经过处理和转换,形成集中统一、随时可用的决策信息;②利用数据挖掘系统提供的 OLAP 工具,对集成数据进行多维分析比较,对决策假设进行审查和验证,提高决策的可靠度和可行性;③数据挖掘工具可从历史数据中找出潜在的模式,并在模式的基础上自动做出预测,启发图书馆决策者的创新思维。如利用数据挖掘技术对信息管理系统中书目、读者和借阅信息、OPAC 检索记录以及 WEB 问卷调查数据发现读者利用及需求的规律和模式,辅助图书馆决策;利用关联规则对某类读者的计算机类图书借阅记录进行挖掘,分析每类读者的借阅特征,找出其借书规律,为图书馆管理提出建议。

(2)业务管理

数据挖掘技术可以提高图书馆日常业务工作效率,辅助图书馆员有效提升对信息资源的采集加工水平。现今出版物数量日益增多,载体日益丰富,图书馆信息结构、读者需求与资金利用的平衡问题越来越不易把握,也令采访决策变得更加复杂。基于数据挖掘在分析内部历史采购数据、读者数据、流通数据、反馈信息以及来自外部各种学科发展信息的基础上深入了解学科走势和读者需求,帮助采购人员确定采购重点,保障图书馆信息资源体系的科学性与合理性。

(3)读者管理

读者服务是图书馆工作的出发点和落脚点,运用数据挖掘技术实现读者管理是十分必要的。数据挖掘实现读者管理的有如下几种模式:①读者分类,利用分类技术,按照年龄、学历、专业等不同因素,通过对读者的属性和特征分析、读者满意度分析而把读者群体进行细分,以便更清楚地了解用户的特点,掌握不同的群体借阅量,从而有针对性地为读者提供不同服务。②利用聚类模式分析读者相似性和差异性。③利用回归法分析读者需求,根据分析结果找出读者需求中出现的各种问题,以便及时调整策略,适应不断变化的读者需求。现代化图书馆需要先进的管理,管理水平好坏直接影响图书馆工作的开展和功能的扩展。图书馆利用数据挖掘技术可以辅助图书馆有效管理,提升图书馆管理水平。

2. 资源建设研究

(1)资源深加工

图书馆拥有海量信息资源,需要深层次开发和有效管理,才能实现信息增值,从而为较大范围的用户利用。如有学者利用数据挖掘技术进行馆藏资源的深层次加工、网络资源的加工与挖掘;针对数字图书馆资源的异构性、分布性、自治性等问题,将移动代理和数据挖掘技术相结合,设计嵌入式基于移动代理的数据挖掘平台,有效实现图书馆资源的知识提取与建设。

(2)资源优化

数据挖掘技术在以下三方面有助于资源优化:①可以对流通记录、检索请求进行分析,按类统计文献拒绝借阅信息和频繁借阅信息,有针对性地补充和丰富信息资源。可结合文献的利用率,及时剔除过时的文献信息,或减少部分文献信息的复本量或共享站点数。同时对用户每次借阅的文献进行关联分析,发现各类文献间的关联规则或比例关系,优化信息建设或馆藏布局。②收集整理并重构图书馆网上咨询、荐购书刊等栏目中的数据,使之转化为标准的结构化数据库,利用数据挖掘方法发现用户兴趣模式,甚至可以预先发现用户群体兴趣的变迁,调整馆藏方向,提前做好文献信息的搜集订购。③对 Web 访问信息的挖掘可以发现信息资源的缺漏,并利用路径分析模式采掘捕捉用户频繁浏览访问的路径,改进数字图书馆站点结构设计。图书馆只有不断加强信息资源建设,并从海量信息资源中挖掘有价值的知识提供给用户,才能体现图书馆的核心价值,数据挖掘技术有利于图书馆资源建设,为图书馆拥有深层次信息资源提供帮助。

3. 用户服务研究

将用户服务分为信息咨询服务与用户个性化服务。

(1)信息咨询服务

信息咨询是图书馆的一项重要工作,利用数据挖掘技术提高图书馆信息咨询服务质量是十分必要的。有学者从信息需求的影响、物质基础的形成、实现技术的成熟等方面探讨了图书馆利用数据挖掘技术提升信息咨询服务的可行性与必要性。也有提出两步法构建信息咨询模型:①利用各种方式、各种途径对用户的需求进行调研、分类,建立用户需求模型;②根据用户的各种需求,进行数据挖掘,对各种数据库及网络中的大量数据进行抽取、转换、分析和分类,建立信息咨询模型。

(2)个性化服务

数据挖掘在个性化服务的应用体现在:利用数据挖掘为用户提供个性化检索服务,满足个人用户的个性化信息需求,提高信息检索的效率与信息服务的质量;利用数据挖掘技术推出活跃读者的评价规则,并提出活跃读者的管理模式,为图书馆有针对性的深层次服务提供决策依据;提出有效提高信息获取速度方法以提升个性化服务的效果:①利用关联规则采掘算法找到访问频率超过给定阈值的专题(项目)集,用分类算法把客户的浏览模式与频繁项目集进行相似匹配,将具有相似浏览模式的客户组织到一个服务器上,减少服务器缓存和传输页面的数量。②找到事务库中某频率访问的专题集,利用关联分析得到专题之间的关联规则,存入服务器的知识库,当用户浏览某页面时,网络代理根据规则预先连接其关联页面,从而提高响应速度。③利用 Web 挖掘得到用户访问序列模式,根据预测,预先传播用户可能阅读的页面。图书馆应研究用户行为特征,主动发现用户需求,为用户主动提供个性化的、真正需要的服务。现代技术构建下的图书馆,其工作人员应掌握数据挖掘技术以便更好地为用户提供便捷的信息服务。

4. 综合应用研究

综合应用主要体现在:数据挖掘在图书馆优化资源、智能化服务、提供个性化服务、信息自动化处理等方面的应用和产生的价值;数据挖掘在信息咨询、信息资源优化、读者分类研究、读者相似性和差异性分析、读者需求分析、图书借阅规律分析、个性化服务等方面应用。大量的综合应用文献整体上阐述数据挖掘可以在哪些方面为图书馆服务,但没有深入研究如何应用,应用效果怎样,缺乏深度。图书馆现代化建设需要各种先进的信息技术,数据挖掘也不例外,而且渗透到图书馆建设的各个环节,成为图书馆建设与发展的关键技术之一。

6.5.5 问题与挑战

1. 研究缺乏深度与广度

(1)理论研究不足

目前图书馆数据挖掘理论研究存在不足。国外在此方面走在前列,很多学者提出面向图书馆的数据挖掘应用原理与技术。Scott Nicholson 研究图书馆书目挖掘,利用书目挖掘,从基于行为的信息与数据中获取隐含的模式。May Chau 提出了图书馆数据挖掘理论模型,开发了图书馆数据挖掘系统,辅助用户查找信息。国内虽有很多学者已投入到该领域研究中,但至今未出现有影响力的挖掘模型,同时从成果的数量与内容都反映出对图书馆数据挖掘的理解还停留在较浅层面。

(2)应用研究缺乏针对性

目前国内该领域研究文献基本停留在将数据挖掘方法搬过来应用,而当中应用较多的挖掘方法为贝叶斯分类、聚类分析、关联规则等,其他应用挖掘方法则比较少见。研究没有针对图书馆的实际需求进行深入分析与研究,方法原理与应用上缺乏创新。笔者认为只有通过深入理解图书馆业务,分析图书馆为什么需要数据挖掘,运用数据挖掘能帮助图书馆解决什么等问题,探讨图书馆数据挖掘基本原理与应用才有意义,才能发挥数据挖掘的强大威力。

2. 结果有效性与确定性

数据挖掘处理对象是海量样本,但大部分研究论文分析案例数据量小,且有些还是模拟数据,并非真实数据。对小样本数据,寻找的规律或结果可能不具有统计显著意义,不能说明规律或结果的有效性。国外除在理论上有突破外,实例研究比重也较大,且数据分析量大,结果有较高的有效性与确定性。

3. 驱动力不强

目前图书馆对用户依赖度不高,没有激情去分析哪些客户是黄金客户,哪些客户具有对促销比较高的响应率,哪些客户在未来具有大的流失可能性等,数据挖掘对图书馆来说不迫切。但事实上图书馆需要数据挖掘技术,如数据挖掘分析读者借阅行为,有利于引导文献采购;工作人员利用数据挖掘,对信息从深度上、广度上进行加工,为读者提供增值服务;利用数据挖掘技术辅助图书馆的决策管理等。另一方面,图书馆缺乏数据挖掘人才,致使图书馆数据挖掘研究工作高质量成果少,影响图书馆事业的发展。

4. 面临挑战

当前图书馆数据挖掘面临的挑战主要有:①从异构数据源中挖掘信息;②数据挖掘结果的有用性和确定性;③数据挖掘结果的不同形式表示;④在不同抽象层次上进行交互的挖掘。⑤由于数据挖掘的方法和模式多种多样,彼此又互相孤立,联系很少,没有统一的约定对模型进行描述和定义,造成各挖掘系统之间的封闭现象。

6.6 物联网技术

6.6.1 物联网概述

物联网,是“物物相连的互联网”,就是把所有物品通过信息传感设备与互联网连接起来,实现智能化识别和管理。在现实生活中,互联网是人与人交流以及虚拟信息共享的网络,传感网是物和物的传感器互联感知的网络,物联网就是这两者的整合,它将传感器、网络智能终端和互联网结合在一起,实现可感知的世界互联。通过将各种感知图像、温度、湿度、红外、烟雾、煤气等的传感器嵌入和装备到各种物体或环境中,将物体和环境的信息经过智能网络化终端与互联网系统结合起来,达到人类社会与物理系统的统一结合。物联网的出现,将打破现有传统的图书馆管理与服务模式,为整个图书馆行业带来革命性的变化。

物联网关键技术主要有以下三点:无线射频技术(Radio Frequency Identification, RFID)、传感器和传感节点技术、网络和通信技术。其中,射频频识别(RFID)技术是一种非接触式的自动识别技术,通过射频信号自动识别对象并获取相关数据。传感器节点则是由数据采集、数据处理、数据传输和电源构成。节点具有感知能力、计算能力和通信能力,也就是在传统传感器基础上,增加了协同、计算、通信功能,构成了传感器节点。传感器依托网络和通信技术实现感知信息的传递和协同。

据悉,物联网"十二五"规划编制工作已经基本完成,即将发布。据国家物联网规划编制组成员、中国电子技术标准化研究所副总工程师卜凡金透露,规划提出"十二五"期间,发展物联网的主要任务包括大力攻克核心技术、加快构建标准体系、合理规划区域布局、着力培育骨干企业、协调推进产业发展、积极开展应用示范和加强信息安全保障等七个方面。其中,感知技术、传输技术、处理技术将作为物联网核心技术攻克的重要领域;产业布局和培育方面,国家将重点推进10大产业聚集区及100家骨干企业的建设。另外,"十二五"期间应用示范推广将重点涉及工业、农业、交通、物流的智能化以及服务平台等。据新华社调研撰写的《2010—2011年中国物联网发展年度报告》预计,未来5年全球物联网产业市场将呈现快速增长态势,2015年将接近3 500亿美元,年均增长率接近25%。保守预计,到2015年中国物联网产业将实现5 000多亿元的规模,年均增长率达11%左右。据不完全统计,目前全国已有28个省市将物联网作为新兴产业发展重点之一。上海物联网产业自2010年全面启动以来,已率先步入千亿级城市行列。作为物联网发展的排头兵,射频识别技术成为市场最为关注的领域,也已成为物联网市场中最为广泛的应用。其中,在证照防伪中占45.2%、电子支付中占24.9%、出入控制中占15.9%、仓储物流中占6.4%、物流追踪等其他方面占7.6%。数据显示,2010年我国RFID产业规模快速增长,首次突破百亿元,同比增长42.8%,业内预计2011年有望达到160亿元。

6.6.2 RFID图书馆应用

RFID射频识别是一种非接触式的自动识别技术,它通过射频信号自动识别目标对象并获取相关数据,识别工作无须人工干预,可工作于各种恶劣环境。RFID技术可识别高速运动物体并可同时识别多个标签,操作快捷方便。

RFID是一种简单的无线系统,只有两个基本器件,该系统用于控制、检测和跟踪物体。一套完整的RFID系统由阅读器(Reader)与电子标签(TAG)也就是所谓的应答器(Transponder)及应用软件系统三个部分所组成,其工作原理是Reader发射一特定频率的无线电波能量给Transponder,用以驱动Transponder电路将内部的数据送出,此时Reader便依序接收解读数据,送给应用程序做相应的处理。

RFID 系统在图书馆的应用已经有了 10 年左右的历史。据 Checkpoint 统计,截至 2007 年全球有超过 2000 家图书馆采用了 RFID 技术。新加坡国家图书馆是亚洲最早使用 RFID 技术的代表,可以说图书馆采用 RFID 已经是比较成熟的产品,正在推动着图书馆自动化事业的发展。在国内,集美大学诚毅学院图书馆是国内首个部署 RFID 系统的图书馆,已于 2006 年 2 月投入使用,它是 RFID 在中国图书馆应用的里程碑。国家图书馆、杭州图书馆均在 2008 年进行了 RFID 系统的项目部署,并投入使用。越来越多的图书馆已认识到 RFID 给图书馆带来的变革,国内大部分公共图书馆和高校图书馆均已开始规划 RFID 系统。RFID 图书管理系统硬件部分一般由图书管理系统服务器、制作工作站、电子标签、电子侦测门、柜台工作站、自助借还书机、自助还书箱、盘点工作站、智慧书架等几部分组成,智能管理软件应用系统应包括:手持设备查询系统、馆员工作站应用功能集成系统、RFID 标签初始化转换系统、读者自助借阅及借还系统、顺架及盘点系统、安全管理系统。物联网技术在数字图书馆服务中发挥了重要作用,极大深化了数字图书馆服务的深度,为用户在信息资源的获取等方面提供便捷。

随着信息技术的发展,RFID 的成本会越来越低,促使越来越多的图书馆使用。RFID 的广泛应用必将改变图书馆的服务质量,提高图书馆的自动化水平。

第7章　数字图书馆建设发展新趋势

7.1　开源软件利用

7.1.1　开源软件机制与特点

开源软件采取社区开发机制,它是具有"集体开发""合作创新""技术公开"特征的创新体系,是建立在自由开放的互联网平台上的,很多创意通常自下而上来自底层志愿者。在这个创新体系中,能够广泛吸收全球广大志愿者的智慧,经常产生大量思维碰撞,并往往撞出不少耀眼的思想火花,经常迸发出创新点子,在技术上有所突破。在开源社区创新体系之外,还需一个后续的企业创新体系与之互为补充,他们在利用开源社区创新成果的基础上,重点做工程化、产品化、系统化、完善化、稳定性和性能优化的创新工作,在攻克工程化技术方面进行自主创新。企业的创新活动偏重于工程,偏重于工艺创新和工程创新。开源软件具有如下主要特点:①开源社区一般由志愿者参与开发;②由志愿者组成的开发人员来自全球各地,其中不乏高水平者;③社区开发人员具有自由、开放、共享、选择、透明、协同、奉献、无偿的理念,不以追求商业利益为其目的;④开源社区开发的开源软件,实现了其全部性能的创新工作(原创性),社区开发的这些性能、技术,可能还不够稳定、高效、优质和成熟;在此基础上推出社区版(或β测试版,或参考平台);发布社区版时,其全部源程序代码将在网上公布,人们可从网上免费下载社区版;⑤社区开发是采用"集体开发、合作创新"的方式,在这里或这个开发阶段不存在所谓"自主开发创新"的空间;⑥在社区开发阶段,在开发成果(推出的社区版)中,一般也不存在技术秘密和商业秘密。

从开源软件的开发机制与特点可以看出,开源软件的创作其实就一个典型的知识管理与知识共享过程。通过开源社区,集结广大兴趣爱好者、志愿者、经验丰富的一线开发人员等知识智慧,遵循自由、开放、协同、共享等原则,共同为某一目标而工作。

7.1.2　数字图书馆建设典型可用开源

根据开源软件在构建应用系统所处的应用位置将其分为操作系统应用、数据库应用、中间件应用、企业应用软件、工具类软件,其代表性产品如表7-1。

表 7-1　开源应用领域及代表产品

操作系统	Linux、Solaris、FreeBDS
数据库	MySQL、PostGres
中间件	Appache、Zope/Plone、OpenCms、JBoss
企业应用软件	Compiere、SugarCRM、Asterisk
工具类软件	FireFox、OpenOffice、Thunderbird

利用开源软件构建管理与服务平台越来越成为数字图书馆建设的首选，由于图书馆的特殊性，经费短缺始终是一个无法克服的难题。而开源软件具有成本低廉，开发周期短，易于扩充和灵活性等特点而备受关注。目前在数字图书馆建设方面比较典型的开源软件如下。

（1）机构仓储类：Fedora 是一个通用的数字存储管理项目，由弗吉尼亚图书馆和科内尔大学研制，其利用 XML 技术以及其他技术进行分布式数字信息系统管理以及提供相关服务。Dspace 是一个专门的数字资产管理系统，1999 由 MIT 和 HP 实验室合作研究开发的，DSpace 的主要代码均用 Java 编写，可以运行于所有 UNIX 系统。Eprints 是由英国南安普敦大学开发的通用文档存储管理软件，其主要目标是建立一个开放档案存储库，用来存储论文，同时可以为学校院系或机构出版物存储他们的电子文档。CDS Invenio 原名 CDSWare，是 CERN Document Sever Software Consortium 使用 Python 语言开发的运行于 linux 操作系统的综合性的数字图书馆系统，它提供的技术支持涵盖了数字图书馆管理的各个方面，并且为建立和管理自动化的数字图书馆提供一系列的架构和工具支持。

（2）内容管理类：Greenstone 作为新西兰数字图书馆计划的一个部分，得到了联合国教科文组织和 Human Info NGO 的协助，其主要提供在网络或者 CD 中组织和发布信息的一种新方式。Plone 起源于 2000 年，凭借 Zope/CMF 的强大功能和社区领导人 Limi 及 Runyan 的组织能力，Plone 得到迅猛的发展，被公认为最优秀的开放源代码内容管理系统。它是 Zope 上的一个用户界面友好、功能强大的内容管理系统，适合用作内部网/外部网的服务器、文档发布系统、门户服务器和异地协同的群件工具。

（3）知识发现与表现类：GATE 基于 JAVA 环境，是一种通用的文本挖掘、信息抽取系统。WEKA 一款多功能的数据挖掘和知识发现系统，该系统包含很多学习算法。Yale 能快速构建数据挖掘原型系统的环境，是一个集成化的数据挖掘开发系统。

（4）知识整合类：Lilina 是采用 PHP 语言编写的开放源码的 RSS 新闻聚合器，它无须使用 MySQL 等数据库的支持，而是基于文本方式进行存储，所有得到的信息均存储到 cache 目录下进行解析使用 web 页面进行显示。RSS 的解析采用非常优秀的 MagpieRSS 库进行处理，而且 Lilina 本身内部就包含了 MagpieRSS 库，无须另外安装。它具有自动发现的特性，使用接口比较简单。SXNA 全称 Sipo XML News Aggregator，是一个基于 ASP 的，以用户被动更新模式更新的 RSS/XML 新闻聚合器。具有与 SharpReader、NewzCrawler、FeedDemon、RSSReader 等桌面 RSS 阅读器一样的基本功能。可以方便地在线获取、阅读和管理 XML 格式的信息。Gregarius 是一个 RSS/RDF/ATOM 聚合程序，它运行于 Web 服务器，基于 Web

协议、运用 AJAX 技术、支持全文搜索,可以聚合任何资源。Feedonfeeds 基于 PHP 的 RSS 聚合器,需要额外数据库支持,管理模块没有密码支持,目前使用该软件人数不多,相关支持技术资料也很少见。此外还有 Planet、Urchin 等几款知识聚合软件。

(5)互动交流类:①Wiki 技术。目前 WIKI 开源软件,不同的环境相应有不同 WIKI 工具,基于 PHP 的有 WakkaWiki、PmWiki、mediaWiki 等;基于 Pert 的有 Oddmuse、CmicWiki 等;基于 ASP 的有 OpenWiki、JASSWiki 等;基于 JSP 的有 JspWiki、VeryQuickWiki 等;基于 Python 的有 MoinMoin、MobiWiki 等。②Blog 技术。博客(Blog)是指利用网络平台,在网络上出版、发表和张贴个人文章的人,是一种特殊的网络个人出版形式,博客网站是个人在互联网中发表各种思想的虚拟场所。一个 Blog 就是一个网页,它通常由简短且经常更新的帖子构成,这些张贴的文章都按照年份和日期排列。《华尔街日报》记者 Peggy Noonan 对博客的解释是:“博客是每周 7 天,每天 24 时运转的言论网站。这种网站以其率真、野性、无保留、富于思想而奇怪的方式提供无拘无束的言论”。博客主要特点是开放性和知识共享性。目前主要的博客开源软件是 Roller(Roller Weblogger),它是用 Java 编写的开源软件。其特性为:评论功能,所见即所得 HTML 编辑,TrackBack,提供页面模板,RSS syndication,blogroll 管理和提供一个 XML-RPC 接口,接口譬如 Ecto,MarsEdit 和 w:bloggar 。Roller 站点的主页上显示了所有用户中最新的 15 条 blog 和当天最流行 15 个 blogs。在最近的 blog 下面有一个连接 RSSFeed 的橘黄色 XML 图标,它把站点中所有的 Weblogs 聚集在一个 New Feed 上。对于在流行的 Weblogs 列表中列出的每一个 Weblogs 都会有一个橘黄色 XML 图标连接到该 weblog 的 RSSFeed。

(6)网络门户类:门户是一个重要的 Web 站点并且是一个联合的社区,它提供内容聚集、搜索服务、协作工具、应用程序访问和集成,所有这些功能存在于与最终用户进行个性化的交互中。门户用几乎相同的措施将个性化与选择内容、协作功能程序以及应用程序服务结合在一起。对最终用户而言,门户就是一个到所有计算资源的单独访问点。图书馆门户相当重要,图书馆提供的服务大部分都是通过门户来对外发布的,门户的好坏直接影响到图书馆的服务质量,图书馆拥有一个易于接受的门户是提升图书馆竞争力的有效手段。目前在图书馆应用领域主要门户开源软件有 uPortal、CampusEAI portlets 等。

(7)基础开源类:图书馆新信息服务系统建设需要四大基础开源软件:操作系统 Linux、Web 服务器 Apache、数据库 MySQL、网页编程脚本语言 PHP 或 Perl 或 Python 等,即我们经常提及的 LAMP(Linux+ApacheWeb+MySQL+PHP)体系。而随着新技术的发展,Java 语言成为主流,随即的体系为 LAMJ(Linux+ApacheWeb+MySQL+JAVA),这些基础开源软件构成图书馆新信息化系统建设的基石。

(8)系统架构类:目前信息服务系统构建的主流是基于 Web 应用的 J2EE 分布式计算平台,构建这种平台的主要开源架构技术有:①Struts:Struts 是 Apache 软件组织提供的一个开源项目,采用 MVC 架构。大型可扩展的 Web 应用开发一般采用此框架。②Hibernate:Hibernate 是一个开放源代码的对象-关系映射 Object/Relation Mapping,ORM)框架,主要提供 ORM 映射服务,数据查询和数据缓存功能。Hibernate 对 JDBC 进行了轻量级封装,使得开发者可以灵活地对数据库进行配置和操作。③Spring:Spring 是一个开源框架,是为简化企业级系统开发而诞生的,它是一个轻量级的 IoC(Inversion of Control,控制反转)和 AOP (Aspect Oriented Programming,面向方面编程)容器框架。主要优势是分层架构,允许用户选择组件,同时为 J2EE 应用程序开发提供集成的框架。图书馆在构建 2.0 新信息服务体系时,根据实际需要选用一种架构技术或将上述三种框架有机结合起来,提高系统的健壮性、可扩展性与灵活性。

7.1.3 国内数字图书馆开源应用研究

针对国内数字图书馆的发展情况,结合我国国情,如何有效地选择、利用、本地化和再开发目前比较成熟的开放源码软件,避免低水平重复建设,提高我国数字图书馆系统建设的层次和起点,加快我国数字图书馆的发展,是一个重要的问题。开放源码思想的兴起和开放源码软件的蓬勃发展,给中国数字图书馆界提供了一个“低代价可持续发展”的机会、一个以高性价比产品获得竞争力的机会。数字图书馆建设中运用开源软件是图书馆建设可行的一种开发模式,数字图书馆应用开源软件可以节省经费开支,提高图书馆的创新能力。

1. 分析开源软件

张智雄归纳数字图书馆可用的几类开源软件:门户类、机构仓储类、内容管理类、知识发现与知识管理类、其他重要开源软件等。刘兰等对 2007—2008 年国外有关开源软件的研究进展进行述评,并花大量篇幅阐述国外开源软件在数字图书馆领域的应用情况,对于国内运用开源软件建设数字图书馆具有启示作用。阮莉萍对国外三种比较有代表性的图书馆自动化系统开源软件(Koha,PHPMyLibrary,PMB)进行介绍,并从基本技术特征、系统功能和技术服务三方面进行比较分析,为开源软件在国内图书馆自动化系统建设中的推广应用提供参考。董丽、张首红等对 Fedora、DSpace、Greenstone 进行比较分析,为国内从事数字图书馆系统开发和设计的同行提供参考。毕强分析中国数字图书馆开源软件本地化现状及应用情况,并探讨开源软件在中国图书馆行业的本地化发展中存在的问题及解决方法。

2. 具体应用

唐兆琦、郑巧英利用 DSpace 构建学位论文提交与发布系统,林颖、张智雄利用 Dspace 构建中文机构仓储系统,叶鹰等提出以 DSpace 作为数字图书馆核心引擎的 Lib2.0 模型,综合资源、技术和服务管理讨论了基于 DSpace 构建 Lib2.0 的技术可能性和应用优越性。祝忠明等提出以 DSpace 为基础的一种自助提交和开放搜寻与聚集为主要手段的学科知识库建设框架。董丽等以 Dspace 为基础平台构建清华图书馆读者培训门户系统,提供用户身份的统一认证、不同身份读者的讲座预约、课程信息和课件的发布流程以及资源批量加载功能等。另外有学者对 OpenResolve、MRTG、NetFlow、RAKIM Linux+Qt/Embedded 等构建图书馆应用系统做过探讨。国内数字图馆建设对机构仓储开源软件 Dspace、Fedora 等应用到了一定深度,随着国内图书馆工作者的不懈努力,将会有更多的开源软件应用到图书馆建设中,推动国内数字图书馆的发展。

7.1.4 基于开源建设数字图书馆优劣

1. 优势分析

在数字图书馆建设中运用开源软件是目前图书馆建设可行的一种开发模式,理由如下。

(1)解决图书馆建设经费瓶颈。图书馆机构不是一个营利机构,没有自主创收能力,其经费主要通过上级主管部门拨款,这注定其经费来源非常有限,但图书馆的数字化建设需要大量费用,如果所有的软件都采用商业软件,势必给图书馆建设造成很大的经费压力,采用开源软件是图书馆建设可行的一条途径,节约成本,缓解图书馆资金压力,促使图书馆项目顺利进行。

(2)为开源软件提供一个试验场所。数字图书馆建设是一个集网络技术、通信技术、信息技术的综合应用平台,很多新技术都可以在数字图书馆建设中发挥作用,开源软件在数字图书馆领域可以大显身手。

(3)透明性强,促进开源软件的发展应用。开源软件的源码开放,使用者对软件的模块了解清晰,图书馆工作人员知道软件产品的可扩展性、软件产品发展规划是否合理。容易制定合适的计划,提高数字图书馆的实用性。

(4)增强图书馆工作人员的学习积极性,构建学习型图书馆。通过开源软件的使用分析,图书馆工作人员可以逐步学习和理解信息技术知识,提高知识获取的积极性,提升图书馆的创造力和核心竞争力。

(5)开源软件促进图书馆知识创新。开源软件不同于早期的自由软件,也不同于商业软件,自由软件与商业软件是软件生产的两个极端,而开源软件则介于两者之间。软件生产本质上是知识创新,而知识创新分为两个阶段:研究与开发。开源社区,源码的编写与修改等都是研究阶段的产物,而将源代码转变为软件包并提交给用户的过程可以看作是软件的开发阶段。

开源软件的这种居中性,既促进了知识的共享,同时又确保知识转化为可靠的商品。社区成员可以借鉴并利用他人的研究成果,每个人都只需要贡献自己微薄的力量便可产生“众人拾柴火焰高”的累积效应。而企业将社区的研究成果转变为产品,促进了社区的研究成果的应用,反过来又可以为社区提供大量资金。社区与企业相互促进,形成了开源软件不断发展、创新的良性循环。图书馆知识管理系统建设可以充分利用社区资源,从社区吸收优秀的思想、方法、技术,不断创新,同时将自己的成果发布到社区中,回馈社区、回馈社会。图书馆要保持强有力竞争力必须不断提升自己的知识创新能力,不断提供优质的服务,满足用户需要,开源软件可以提升图书馆知识创新能力。

① 为图书馆培养创新型信息技术人才。图书馆建设需要过硬的信息技术人才,开源软件由于源代码开放,图书馆工作人员可以通过源代码分析,掌握软件系统的核心技术,提高

对信息技术的理解能力,而商业软件由于其代码的封闭性则无法做到这一点。

② 加快图书馆系统升级、提高图书馆信息系统的质量与可靠性。软件升级主要体现在:一是功能上的升级,主要是功能的扩充,在原有的功能上增加新的功能,以适应新业务的需要;二是对出现的 Bug 进行修复,该问题只有在频繁使用中才可能发现,故它的出现是随机的。图书馆建设使用开源软件,图书馆技术人员能及时将问题解决。若使用商业软件,则问题的解决则需要很长一段时间。工作人员对开源软件代码、模块、功能非常熟悉,所以图书馆系统升级会快很多,同时也保证了系统的可靠性与质量。

③ 灵活改变业务流程,提高管理水平。每个图书馆的业务不尽相同,软件系统应该适应实际的业务流程需要。商业软件很难做到这点,利用开源软件根据需要灵活改变业务流程,以适应图书馆实际业务管理,提升图书馆的管理创新水平。

④ 有利于形成图书馆自己特色。各个图书馆信息资源、技术水平、管理模式各不相同,利用开源软件的开放性,能有效形成自己的管理特色、服务特色。

图书馆利用开源软件可以加快数字图书馆建设进程,加强图书馆的人才培养,提升图书馆知识创新能力,对于数字图书馆的持续发展具有很强的推动作用。

2. 劣势分析

(1)开源文化、开源意识缺乏

社区开发人员具有自由、开放、共享、选择、透明、协同、奉献、无偿的理念。而目前基于数字图书馆建设的开源社区、开源联盟还比较少,这种环境不利于数字图书馆建设。怎样形成数字图书馆开源联盟、开源社区,怎样加强交流与合作,迅速解决工作中遇到的问题,怎样利用开源软件改进图书馆的业务流程,怎样利用开源软件形成图书馆建设独特特色等等都还没有形成一定共识。在国内开源数字图书馆联盟还没有出现,图书馆与开源软件企业联合机制还没有形成,图书馆主动参与开源社区的开发意识还没有形成,所有这些问题都会对数字图书馆的建设不利,怎样解决这些问题值得图书馆工作者思考。

(2)软件行业环境不完善

开源软件和开源社区是由优秀的软件企业或者软件人才创造出来,需要良好的软件行业环境,软件行业环境才是开源软件的根本。行业环境需要完善的版权保护体系、版权保护意识,否则开源企业很难生存。数字图书馆开源模式也一样,否则对于本来就处于困境中的图书馆显得困难重重。

(3)对开源软件认识不清

①开源软件不等于免费软件。多数人想当然地认为,自由开源软件就是任何人均可“自由获得、自由使用、自由修改、自由复制、自由发布”,以及从网上“自由免费下载”的“完全自由”。这是对开源自由软件的一种曲解。开源软件按开源社区和开源企业两种开发机制分别先后推出社区版和产品版(或商业版),也可采用在执行开源许可协议过程中的双授权模式来确定(社区版可在网上免费下载,商业版则要付费)。对于社区版,由于在开源社区采取集体开发、合作创新、技术公开、代码公开原则,软件创作人员大多采取自愿原则。在这个社区里人人可以贡献自己的智慧和能力,人人也可以自由地获得社区的软件,在这

个程度上是没有商业模式的，是完全自由免费的。但产品发布版（或商业发布版）不同于社区版，它是具有商业模式的，对上述这些“自由”是要受到一定限制的，也不能“自由免费下载的”，是要进行付费交易的，当然这个费用相对商业软件要低廉得多。数字图书馆建设采取哪种模式，需要认真思考，从长计议。

②理清开源许可证（许可协议）。开源软件是在著作权法下通过许可证体现的开放、自由和共享理念，它的法律基础是版权许可。开源软件许可证是其版权实施的延伸。开源软件采用“左版”（CopyLeft）的概念，其重点放在扩大用户的自由和权益方面，放在用户在再传播（或再发布）时得到扩大的许可授权方面。而传统的“右版”（CopyRight）则重点在保护作者对作品享有法定特权。目前自由、开源软件版权模式主要有 BSD、GPL、LGPL、MPL 等，它们占开源软件全部许可协议的 80%以上。运用开源软件建设数字图书馆，必须理清版权许可证，以避免侵权，引起不必要的纠纷。

③不应只作开源软件消费者，还应做贡献者。开源社区需要人人奉献一点爱，如果一味只想从开源社区获取，而不想贡献，这是对开源文化的践踏。我们需要勇于探索，创新，做社区贡献者，只有多贡献才能多获取，才能促进开源文化的发展进步，才能促进开源社区繁荣，才能促进开源软件的长盛不衰。开源社区充分繁荣，开源技术足够先进，数字图书馆建设才能有效进行。所以数字图书馆建设者应该在自由获取、自由消费时，也应该多向开源社区贡献，树立我们图书馆工作者的良好形象。

开源软件、开源企业在探索成功的商业模式之路上，需要对开源软件有所了解，对开源软件存在的认识误区有清楚认识。只有这样才有可能探索出一条创新之路，创造出一条成功的商业模式，推动数字图书馆开源软件的蓬勃发展。

7.1.5 基于开源建设数字图书馆模式

企业决定哪些项目或软件走开源之路时必须慎重考虑，根据自己企业的实际情况决定取舍。Apache 的创始人 Brian Behlendorf 指出开源软件只有在一定限制范围内，才能走出一条成功的商业模式。Alan W. Brown 在“Resuing Open-Source Software and Practices：The Impact of Open-Source on Commercial Venders”一文中指出，企业探索开源商业模式需要考虑如下几个因素。

（1）具备软件平台的特征。作为开发其他应用开发基础，平台是关键点。开源软件特别适合为其他应用提供关键平台，利用该平台，可以扩大用户社区，培育大量的基于该平台的解决方案。

（2）收益模式的影响。典型的经济方面的影响是通过提供附加产品、课程、培训与咨询使得软件更广泛使用。

（3）识别市场的需求。只有产品是有用的，产品开源才是有效的。

（4）强调基于服务器端服务。成功的开源软件趋向实施基础部件或服务器端服务，主要是因为服务器端解决方案比桌面解决方案更具扩展性与稳定性。增加功能容易管理，开发者也比较熟悉该领域的开源解决方案。

(5)选择正确的开源协议。目前有很多开源协议,选择什么样的协议主要取决于什么人怎样去扩展软件,这些扩展是否在公开领域可获取。

(6)确信获得足够的动力。开源的典型任务是讨论区的激活、资源供应管理、开源工具与软件的基础部件,能够通过页面进行交互,回应许多的咨询与建议等。

(7)运用合适的工具。合适的共享、同步、管理开源环境是必要的,典型地,不同的问题与要求,新的困境与更新经过发生。另外用户也期望能可视化地跟踪和管理开源软件的进程。开源项目经常采用如 CVS 与 GNATS 之类的工具加强管理工作。开源企业只有认真分析上述基本条件,才能寻找一条适合自己的商业模式,才能基于开源软件开发出更多的符合用户需求的产品。数字图书馆建设与开源结合同样需要探索一条成功的模式,只有这样,数字图书馆建设才可能朝着更高目标迈进。

开源软件不等于免费软件,对于开源软件我们要从更广的含义上去理解。人们平常所理解的开源软件免费主要是指程序源代码免费,除此之外的技术支持、服务、培训是不免费的。*Succeding with Open Source* 一书作者 Bernard Golden 认为:软件=程序+文档+支持+培训+专业服务。如果将程序看成核心要素,而其他四个为外围要素。传统的商业软件主要靠核心要素谋取利润,但开源软件的特殊性,即源代码开放,任何人可以自由获取,此时利润主要来源于外围要素,通过外围要素的实施帮助企业获取利润。这个等式其实也表明开源软件的商业模式应该围绕外围要素开展。开源软件的生产过程分两个阶段:“社区开发”与“企业开发”。“社区开发”是先导,在先导过程中主要依靠全球“志愿者”“集体开发”“合作创新”;“企业开发”是后继,在后续过程中主要依靠企业专业工程技术人员“自主开发”、“自主创新”。一般来讲社区开发和企业开发要结合起来,才能有效促进开源软件的使用,并为社会做出贡献。目前的主要开源商业模式主要有如下八大类,图书馆据此可以寻找适合自己的一种结合方式与开源企业合作,为自己的数字化建设提供有力帮助。

① 软件免费,技术支持收费。

该模式下,公司开源的软件是开源的,可以免费下载获得。但使用该软件需要的支持材料则需要付费,公司通过出售书籍、技术文档获得利润。O'Reilly 集团是销售开源软件附加产品公司的典型案例,他出版了很多优秀的开放源代码软件的参考资料。O'Reilly 实际上雇用和支持了一些著名的开放源代码黑客(例如 Larry Wall 和 Brain Behlendorf),并以此提高它在市场上的声望。另外 JBoss,软件可以在自由、免费获得,技术、培训与升级等则需要收费。O'Reilly 集团与 Jboss 属于纯服务型的开源企业。

② 开源软件,二次开发自主创新。

公司选择进入市场切入点的产品,利用开源社区丰富的资源,本着节约成本、快速开发、占领市场、站在巨人的肩膀上原则,以开源软件为基础,进行二次开发,形成自己的自主品牌产品。最典型的是 Linux 操作系统,成功的数 RedHat Linux,在中国有红旗 Linux、中软 Linux 南京新华 Linux,北京共创开源 Linux 等,这些 linux 操作系统都是在开源 Linux 基础上发展起来的,并且形成各自的品牌产品。另外在 Office 市场上,基于 SUN 公司 Open Office 基础,也出现了很多版本的 office。在中国有香港即时(Thiz)Office、上海唐舟 Office、南京新华 Office、中软和唐舟 Office 把两者的 Linux 和 Office 合并到一处而且合资成立了中标软公司、共创开源 Office、湖南“中国”Office 等。这些 office 的出现丰富了市场上办公软件的多样性，为用户提供了多种选择。

③ 开源软件提供者与开源服务提供者。

在该类模式情景下，公司既是开源软件提供者又是开源软件服务提供者，我们称之为混源模式，典型例子是 SpikeSource。SpikeSource 有一个自主研发的“互操作测试软件包”产品，利用该软件可以为那些使用开源软件的企业组织提供完整的开源软件测试与认证，保证企业使用安全的开源软件，同时它也为企业提供后续的服务与支持。SpikeSource 通过各种渠道跟踪各开源社区、开源论坛最新信息，并通过有效的渠道为企业提供优质服务。SpikeSource 除提供服务外，还有自己的“商业可用”的开源软件产品：客户管理和 Web 内容管理软件、开源邮件服务器、JasperSoft 商业智能软件和 SpikeNet 平台监视和管理软件。

④ 开源版本与专业版本相结合。

Redhat 是全球最大的 LINUX 提供商，Redhat 的产品完全是开源的，自 Redhat 组建了 Fedora 项目后，借其 Fedora Core 在开源社区的声望而促进 Redhat Enterprise Linux AS/ES/WS 服务器产品线的销售。MYSQL 为全球最为成功的开源数据库公司之一，MySQL 产品有两个版本：个人版本和企业版本，即开源版本和专业版本，分别采用不同的授权方式。开源版本完全免费以便更好地推广，而从专业版的许可销售和支持服务获得收入。

⑤ 开源集成。

全球有上百家专业公司提供服务器端集成基础平台 LAMP（Linux+Apache+ MySQL+PHP）服务。将各种开源软件打包起来，提供服务，这是一个非常成功的模式，LAMP 无论是性能、质量，还是价格都应该是企业或政府部门上网所必须考虑的平台，LAMP 更应该是 IT 行业，特别是系统集成商所必须选择和比较的平台。

⑥ 开源软件与硬件捆绑。

该模式是针对硬件制造商的。随着竞争的普及，市场压力迫使硬件公司开发并维护软件，但是软件本身却并不是利润中心，因而采用开源软件。这种模式为大型公司广泛采纳，比如 Dell、IBM、HP 等服务器供应商巨头，通过捆绑免费的 Linux 操作系统销售硬件服务器。SUN 公司已经将 Solaris 操作系统开放源码，以确保服务器硬件的销售收入，也是这种模式的体现。

⑦ 基础开源软件免费，附属产品收费。

在这种模式中，出售开放源代码的附加产品。比如在低端市场，出售杯子和 T 恤衫等；在高端市场上，出售专业编辑出版的文档和书籍。其中比较典型的是 O'Reilly 集团，它主要通过出售相关开源资料获取利润。

⑧ 市场策略。

该模式是一种快速抢占市场的营销策略，主要是为以后增强版产品的销售打下基础。典型例子如微软宣称部分的公开 Office 的源代码，就是执行这种策略。另一个案例则是客户关系管理（Customer Relationship Manangement，CRM）领域的新星 SugarCRM，这款由速加科技开发的开源版本从 2004 年上半年公开下载后广为传播，为在 9 月推出的盒装专业版套件做好口碑上的准备。

数字图书馆建设经费短缺,采用开源软件可以节省大量经费。但由于缺乏技术人才,又迫使图书馆建设在采用开源软件时必须小心谨慎。基于此数字图书馆建设必须寻求一种适合的模式才能既节省经费,又解决技术人才问题。因此,给予开源的数字图书馆建设可行的模式有:①跟开源企业合作,利用它们提供的开源产品,并接受其服务支持,即根据实际情况与上述开源模式的一种或几种企业协作,建立紧密的合作关系。②形成图书馆联盟,单个图书馆的技术力量不强,但一定数量的图书馆联合起来则可以形成技术联盟,解决单个图书馆技术匮乏难题。在此情况下,可以直接从开源社区获取开源软件,并根据自己需要自主进行二次开发,形成特色图书馆。③多图书馆按比例出资组建一个基金,并形成开源社区,共同维护开源软件在数字图书馆中应用开发,条件允许可形成产品出售给其他图书馆,以盈利维系基金发展运行。

总而言之,数字图书馆可以借鉴上述商业企业的运作模式,有效利用开源软件走出一条建设新模式是完全可行的。

7.2 Library2.0 技术理念应用

7.2.1 Web2.0

Library2.0 概念的提出是源自 Web2.0 技术的发展而提出的,所以先得弄清楚 Web2.0 是怎么回事。目前对 Web2.0 还没有统一的定义,主要存在两种观点。一种观点认为,Web2.0 是互联网发展的一个全新的阶段;另一种观点则认为,所谓新一代互联网 Web2.0 并不存在,它只不过是互联网发展过程中出现的一些新的技术而已。作者的理解是 Web2.0 推销的是一种理念,它不是一种具体的技术,而是各种技术的融合,是以 Blog、TAG、SNS、RSS、wiki 等工具的应用为核心,依据六度分隔、xml、Ajax 等新理论和技术实现的互联网新一代模式。这种新的互联网模式主要是与之前的划联网模式相比较而言的,同时我们可以将在这之前的模式称为 Web1.0 时代。Web1.0 与 Web2.0 相比较具有以下几个方面的区别:(1)知识生产的角度看,WEB1.0 的任务,是将以前没有放在网上的人类知识,通过商业的力量,放到网上去。WEB2.0 的任务是,将这些知识,通过每个用户的浏览求知的力量,协作工作,把知识有机的组织起来,在这个过程中继续将知识深化,并产生新的思想火花。(2)从内容产生者角度看,WEB1.0 是商业公司为主体把内容往网上搬,而 WEB2.0 则是以用户为主,以简便随意方式,通过 Blog/podcasting 方式把新内容往网上搬。(3)从交互性看,WEB1.0 是网站对用户为主;WEB2.0 是以 P2P 为主。(4)从技术上看,WEB 客户端化,工作效率越来越高。比如像 Ajax 技术,GoogleMAP/Gmail 里面用得出神入化。

Web1.0 到 Web2.0 的转变,具体地说,从模式上是从读向写、信息共同创造的一个改变;从基本结构上说,则是是由网页向发表/展示工具演变;从工具上,是由互联网浏览器向各类浏览器、RSS 阅读器等内容发展；运行机制上，则是自“Client Server”向“Web Services”的转变；由此，互联网内容的缔造者也由专业人士向普通用户拓展。Web2.0 的精髓就是以人为本，提升用户使用互联网的体验。

Web2.0 应用的关键在于技术、内容和用户的相互作用，用户创造或附加内容，技术提供内容组织和与用户交互的手段，内容或基于内容的互动满足用户需，“技术”“内容”与“用户”在 Web2.0 应用中呈现全新的互动特征，成功的 Web2.0 应用都是这三方面结合的复杂有机体。因此，归纳起来，Web2.0 具有如下一些特征。

1. 资源的可标识性和微结构化

蒂姆·伯纳李设计 Web 的理念就是“Web2.0 这种人人制作信息而分享信息的模式”。由于 Web 技术设计的缺陷和过于强调简单，造成了对于 Web 的读与写的不对称。HTML/HTTP 专注于格式呈现的标准和协议不利于大多数人把精力集中于内容上，目前，Web 只是少数人“出版”内容而大多数人消费内容的模式。随着基于 RSS 的各种应用（博客、维基、网摘等）提供了一种极其简单的分离内容与格式的方法，内容的发布已空前简单。

资源的可被标识性是资源具有独立性的基础，也是资源的内容与形式分离的必要条件。是“数据的 Web”和 Data Inside 的特性。无论多么动态和复杂的内容到了客户端总归要以 HTML 方式呈现，因而许多数据格式以 XML 来定义还不如以 XHTML 方式来定义更加直接，这就是众多包含语义的微结构和微格式产生的原因。这也是基于 RDF 的 RSS1.0 不如 RSS2.0 普及，以及基于 RDF 的 FOAF 不如基于 XHTML 的 XNF 普及的原因。RSS、微结构、微内容等专注于信息内容的描述，而把页面的呈现交给 CSS 去实现，使得内容单元构成的“数据”具有了独立的标识，即具有了独立性和可管理性，可被描述、发现、联系、重用、组合，这就是数字图书馆中所称的“数字对象”，也就是语义 Web 中所称的“资源”。

2. 内容管理的社会性和语义化

Web2.0 的内容管理除了微结构化的特点之外，还有语义化如支持标签（Tag）元数据标注，进而支持民俗分类（Folksonomy）的特点。目前 Web2.0 应用的内容来源有：（1）用户/客户创造内容（例如博客/音乐）；（2）用户/客户添加内容（例如网摘/地图/Tagging）；（3）用户/客户的行为创造/添加了内容（点击/选择/评价而形成“群众智慧”）。

某些 Web2.0 应用中用户与客户是不尽相同的，例如，音乐网站的音乐提供者和音乐消费者、搜索网站的广告主和搜索用户等，内容的来源也可能不同。所有的 Web2.0 应用都利用元数据建立资源之间的联系，采用任何方式对资源进行元数据标注都可以看成是语义化。传统的 HTML 网页数据是没有语义标注的，其传达的语义要靠人来识别。把 Tag 赋予资源就是一种语义标注，其他的语义标注还有资源相互关系的标注、根据资源的使用情况有机器自动赋予资源的标注等等。这些语义标注目前虽然还不能为机器所自动识别，但是起码可以做到语义匹配以及聚类等等。Tag 标注常常并不区分资源的属性，直接标注属性值，而大量标注形成的民俗分类具有很强的社会性，目前大多还是平面的词表形式，有一些 Web2.0 应用已经开始赋予简单的层次结构。语义标注与传统图书馆的分类主题标引类似,而且图书馆对于信息内容规范控制的手段和方法可以为 Web2.0 提供借鉴。

3. 客户端的复杂性(Ajax 化)

Web2.0 导致客户端(浏览器)的复杂化,简单的 HT2TP 协议传输的信息已远不像 HTML 文件那么简单,除了其中可能包含各种微格式、展示信息、元数据外,异步 JavaScript 和 XML(Ajax)还能使浏览器接近于一台单独执行任务、与服务器交互的客户机。Ajax 要求客户端获取服务器相关文件和代码之后,由客户端根据用户的操作做出响应,进行逻辑处理,执行一些相对简单的程序,避免了每次响应用户操作都需要与服务器多次交互。Ajax 应用在于用户交互、收集用户行为、汇聚集体智慧以及提供更为个性化的服务,并不断在增加新的内容,进一步可以与多种标准或协议协同使用。基于 SOA 的 Web 服务架构下 Web2.0 前景广阔。

4. 体系的开放性

跨界合作(Mashup)是 Web2.0 开放性的结果,也是开放性的具体体现。跨界合作可以分成两类:服务器端和浏览器端,前者可称为 Pre-coordinate,后者主要是旨在提供即时服务(Just-in-time)的 Post-coordinate,目前的趋势是逐渐偏重于后者:把应用的控制权交还给用户。服务器端可以融合多个开放 API 或数据的应用,提供特殊的增值服务,稳定性好,适合大型、联系紧密的应用,例如,基于 GoogleMap 的许多服务。浏览器端是通过对内容频道或运行代码进行融合的支持而组合各类应用和资源,目前应用模式也比较简单,例如采用支持 Greasemonkey 的 JavaScript 用户代码、可定制的个性化门户入口网站等。Web2.0 应用的开放性则更具有商业作用,但商业应用一方面只有开放才会有大量的用户和客户的支持,以及用户和关联应用的迅速增长,才会使服务在市场上更具有竞争力;但开放也会遭到模仿,实力雄厚的大公司的模仿会使原始应用丧失创新和用户群。

7.2.2 Library2.0

Library2.0 是在 Web2.0 环境下提出的新概念,它以用户为中心,以 Web2.0 理念与技术的应用为特征,是一种新的图书馆服务理念和服务运作方式。Library2.0 的四项原则:①图书馆无处不在(The library is everywhere);②图书馆没有障碍(The library has no barriers);③图书馆鼓励参与(The library invites participation);④图书馆使用具弹性的最好的单项系统(The library uses flexible,best-of-breed systems)。除此之外,白皮书还指出图书馆 2.0 应该能够激发热情;能集成一体化的图书馆知识服务;能使服务对象扩大化的一个知识社区,该白皮书对图书馆 2.0 进行了比较好的阐述。

Darlene Fichter 用一个公式来描述图书馆 2.0,即图书馆 2.0=(书及其他东西+人+根本的信任)×参与,后来他将公式改为,图书馆 2.0=不断的变革创新与用户的参与。他认为用户的积极参与是图书馆 2.0 的非常重要的因素。

从上述对图书馆 2.0 的解释来看,Library2.0 可以被看作技术、服务、创新等的结合。

7.2.3 Library2.0 的应用

1. 应用模式

刘磊等依据网络调查与文献调查,得出高校 Library2.0 应用模式。其研究将 Library2.0 的应用模式分为交流互动、资源建设、个性化服务模式,并由此构建高校 Library2.0 服务的总模式。该模式对其他 Library2.0 的应用同样具有借鉴意义。

(1)互动模式

图书馆通过博客和播客技术,可以提供信息发布平台、专题学术探讨平台、博客日志聚合、用户互动教育培训等服务,服务的开放性允许用户自由参与和探讨。通过维基技术可以提供参考咨询、专题指南、部门维基交流平台,为大家参与讨论和共享资源提供了平台。此外,通过 IM 技术提供的实时参考咨询和数字文献传递服务,通过 RSS 技术订阅博客、参考咨询、留言板及信息公告的服务等,都加强了图书馆工作人员、读者和远程用户相互之间的交流和探讨。

(2)资源建设模式

高校图书馆的资源建设经历了从传统的纸质书刊到馆藏资源的数字化、数字资源的购买与引进,以及网络资源的收集组织等阶段,如今,Web2.0 的发展将大众参与的理念和技术引入到图书馆,使得用户参与图书馆资源建设成为可能。高校图书馆的资源建设要以人为本,考虑用户需求,嵌入用户过程。Library2.0 提倡以用户需求为驱动,鼓励用户参与图书馆资源建设,不断培养读者的归属感,培养和发展图书馆的读者群,使数字图书馆真正成为读者的精神家园。

(3)个性化服务模式

个性化信息服务是一种用户驱动的、可定制的信息服务。它根据用户的知识结构、信息需求、行为方式和心理倾向等,有的放矢地为具体用户创造符合个性需求的信息服务环境,为其提供定向化的预定信息与服务,并帮助用户建立个人信息系统。MyLibrary 就是一种典型的个性化服务平台。目前国内外很多高校图书馆都提供了“我的图书馆”服务。国内一些高校图书馆的 MyLibrary 服务做得非常好,从各个角度体现了读者的个性化需求。如华中科技图书馆的 MyLibrary 服务包括“我的常用数据库”“我的综合搜索引擎”“我定制的天气”“今日新书推荐”“我的论文”“我的参考论文”“我的参考书架”“我的收藏”“我的爱好链接”等个性化服务模块。暨南图书馆的个性化服务也很丰富,包括“我的预约图书”“我的荐购图书报刊”“我感兴趣的新书”“我的财经信息”“我的电子资源”等,形成了读者个性化的空间,既与馆内服务连接在一起,也可以实现与网络资源服务的无缝链接。但仍有相当一部分国内高校的 MyLibrary 服务还停留在传统的服务项目上,如只限于书目查询、借阅情况、预约、新书通报、相关通知等。

(4)应用总模式

Library2.0 是图书馆和信息网络技术发展到一定阶段时出现的新的信息服务模式,它建立在互联网的平台基础上。此模式主要由五大部分组成,分别是 Library2.0 环境下的人、信息资源、技术和服务,以及相关的运行机制。涉及的技术分散在其他部分的实现和相互联系之中,体现的无形而巨大的作用,由于新的网络技术的出现和应用,才催化了 Library 向 2.0 时代的转化,使得用户、工作人员、资源、服务等之间关系的紧密程度进一步加深。Library2.0 环境中的人包括用户和馆员,他们既包括本馆的用户和图书馆员,也包括远程的用户和图书馆工作人员。Library2.0 环境下的技术和服务为他们之间构筑了更多的交流和互动平台,使得用户与馆员之间的交流反馈更加及时、快捷、紧密和便利,交流探讨的内容也更加的广泛和深入,共同形成了虚拟社区。

在总模式中,用户支持机制和信息安全过滤机制是为了保证 Library2.0 能够更好地实践而设立的。Library2.0 环境下的服务将更加虚拟化,这就为虚拟用户支持提出了更高的要求。富集化的技术环境使得用户很可能面临更多的技术利用障碍,从而要求图书馆提供更加完善的操作技术支持。Library2.0 强调用户参与,参与程度越高优势越明显,这又对用户的参与支持提出了要求。实际调查也发现,读者乃至馆员对 Library2.0 技术和服务的认知和应用程度有待于加强。因此,图书馆应当尽快建立以宣传、培训等为内容的用户支持体系,使用户尽快了解并参与到 Library2.0 的技术与服务之中。此外,信息安全过滤机制是随着 Library2.0 技术与服务的开放性,并为保证信息的安全规范和防止大量“垃圾信息”的出现而建立的保障机制。它一方面要求图书馆内部建立相应机制来实现信息过滤与鉴别,另一方面需要广泛开展用户信息素质教育,这不仅包括如何教会人们使用网络资源和 Library2.0 技术服务,更重要的是如何形成人们的信息伦理观念,使共建信息的个人能够对网络信息的发布持一种认真负责的态度。

2. 具体应用

目前,Library2.0 已经在国内外广泛应用,并取得了不错效果。归纳起来,Library2.0 应用包括以下几方面:

(1)维基(Wiki)

维基是一种用户共同编辑、保存编辑历史、不断丰富与改进内容的系统,它的应用很好地运用了众人的智慧,既能促进已有资源的使用,又能为图书馆增加新的资源。维基的应用为图书馆的业务活动与信息服务方式提供了一种新的模式。厦门图书馆编目部在 2004 年尝试建立了维基版主页,除了链接有工作日志(博客)外,还集成了部门概况、规章制度、工作量统计及常见问题等,以期实现规章制度的动态维护。2005 年中,巴特勒图书馆设立了“参考维基”,鼓励馆员与教师、职员、学生对该馆各类参考资源(订购数据库、图书及有关网站)进行评论及提供应用说明。最近,圣约瑟公共图书馆也设立了专题指南维基,帮助用户了解专题信息、寻找图书馆资源与社区事务、发现阅读的乐趣,用户可以进行反馈、提出想法与建议。图书馆界影响最大的维基应用,是 2005 年 10 月 OCLC 正式开放的维基版联合目录 Open World2Cat。OWC 将联合目录的参与者由成员馆的编目员扩大到了整个 web 用户,用户可以为书目数据库中的书目增加目次、注释与评论。虽然普通用户无法编辑核心编目数据,但用户的参与无疑将丰富书目数据。这一做法在形式上与亚马逊等网上书店的用户评论有相似之处，但用户增加的目次与注释都是基于维基的可编辑的，也就是说可以通过用户增加信息，也通过用户纠正错误。OCLC 还打算将用户贡献的数据结合检索系统中。

（2）博客（blog）

作为一种网络日志，博客在很多图书馆得到了应用。博客与一般网站信息发布方式不同之处在于，用户可以通过在各条信息下发表评论，直接提出相关反馈。它还具有提供 RSS Feeds 的功能，通过信息聚合方式，用户可及时获取并阅读图书馆发布的信息。博客应用五花八门，有用于员工内部工作交流，有用于发布馆内新闻，或者提供专题信息。博客的应用改变了只有维护网站的技术部门才能提供信息的传统模式，能让用户及时了解到来自图书馆各个方面的最新信息。最引人注目的是几个基于博客的图书馆网站，将整个图书馆网站变成了专题博客群。典型的如 Ann Arbor 区图书馆，该馆主页就是一个博客，聚合各部门博客最新发布的文章。目录、活动、服务及研究各有自己的部门博客，馆员及时发布相关信息，如声音资料博客、影像资料博客、图书博客、热门游戏博客等。从该网站读者回复数量可以看到，与读者的互动相当好。

（3）简易信息聚合（RSS）

Library2.0 典型的应用是 RSS 内容聚合，利用 RSS 推送技术，可以将图书馆被动服务变为主动服务，具体体现在：①图书馆最新消息推送服务。图书馆最新公告，最新书刊、最新资源等信息主动推送到读者桌面，让读者及时了解图书馆最新动态；②利用 RSS 学科导航。图书馆将不同领域的资源收集，并将相关信息推送给相关感兴趣的用户；③改善参考咨询工作。该服务是图书馆服务的一项重要工作，图书馆利用自身的优势，时时跟踪最前沿科技信息，并分类整理，供不同需要者服务。如美国马里兰州 Bethesda 市的国家健康协会的国家癌症研究所图书馆，研制了一个叫作 LION（Library Online）的数据库，收集了大量的癌症研究相关领域的互联网上的 RSS Feed（比如：BBC 的健康方面的新闻、Moreover 的乳腺癌的相关新闻、纽约时报健康版、Reuter 的健康在线等），并实现了和本馆自动化系统的连接和集成，在局域网上向读者提供这些 RSS Feeds，并允许读者检索、浏览显示和保存。另外，图书馆还可以收集其他图书馆或团体编制的与本校学科相关的 RSS 专题资料，如 EEVL 的新增学习资料 RSS，Humbul 的非洲研究资源，SOSIG 的女性研究的最新进展等，然后利用 RSS 向读者推送。

（4）开源软件

开源软件是 Web2.0 的重要理念，应用开源软件也成为 Library2.0 的重要应用。最新一期的《图书馆高技术》杂志就是开源软件专辑，探讨了开源软件在图书馆建立机构库（instit utional repository）、联邦搜索、远程用户认证及数字图书馆建设等不同方面的应用。事实上，很多图书馆的维基与博客也是使用开源软件建立的。还有一些小程序，如浏览器插件、类似浏览器书签的 JavaScript 小程序 Bookmarklet，使用户无须访问图书馆 OPAC 而直接获取 OPAC 检索结果，实现了"图书馆无处不在"的理念。

（5）应用集成

原来图书馆依赖于单一的集成系统，而现在集成系统早已不能胜任这一工作，需要图书馆将不同的单项应用集成。从“无缝的用户体验”角度，目前流行的链接服务器软件(Link Resolver)，可以通过设置，无须在多个不同系统间切换，就能达到一个入口、一站式完成从信息查询到获取结果的过程。应用集成的实例有 Open WorldCat 在检索结果中提供的“图书馆查找”功能，可通过联合目录直接链接到特定成员馆目录；研究图书馆集团(RLG)的联合目录 RedLight Green 更为开放，它的“图书馆获取”还能链接到非成员馆目录。RLG 不但提供书目数据库信息检索，也提供网上书店甚至 Google 关于本书的书评链接。Talis 公司推出了 Library2.0 概念网站 TalisWhisper（演示版），广泛征求图书馆加盟提供馆藏，计划实现从查找到借阅(馆际互借)的一条龙服务。Talis Whisper 中还采用了开放源码的 Google 地图，用来标示所借文献的馆藏地，也是开源软件应用的一个实例。

(6)用户参与资源建设

在数字资源建设方面，图片网站 Flickr 的成功也给图书馆以启示。已有图书馆开始改变独自建立数据库的想法，如利兹市图书馆在自建图片库的同时，提供用户评论功能，并开放用户上传功能；而 Ann Arbor 地区图书馆的本地图片库，更是完全由用户上传建立。

(7)OPAC 应用扩展

相对 Library1.0 时代的 OPAC 称为 OPAC1.0，而 OPAC2.0 是 Library2.0 时代的产物。OPAC2.0 是 Library2.0 建设的一部分，它对整个 Library2.0 建设起着标杆作用，是用户与图书馆情感与信息联系的桥梁。对于 OPAC2.0 有国外学者提出一些有参考价值的建议，如 Michael Casey 于 2005 年提出一份 OPAC 期望表，他认为有应该为现有的 OPAC 增加用户需要的新功能：类似 Delicious 的网络书签，Amazon 的用户评定与推荐功能、推荐给朋友、期望列表，iKarma 的用户声望，Flickr 的用户标签、联系、朋友与家庭网络，Netflix 的标题保存，Google Toolbar 的查询历史功能、类似 Gmail 的大容量 E-Mail 系统，Google Suggest 的实时检索参考功能，Netvibes 的基于 RSS 的信息聚合推送，以及允许用户设置网页页面等等。加州大学书目服务特别工作组在 2005 年 12 月发布了关于《加州大学书目服务再思考》的最终报告(Rethinking How We Provide Bibliographic Services for the Unviversity of California: Final Report / Bibliographic Service Task Force)，旨在吸收以 Amazon、Google、iTune 等为代表的网络服务的优点，改进图书馆目录。报告除了针对加州大学特殊情况的部分，可视为一份普适的 OPAC2.0 计划书。该报告对改进 OPAC 及编目工作的主要认识有：①强化检索，即提供对资源的直接访问、提供推荐功能、支持定制/个性化、对失败或可疑的检索提示其他选择、对较大的检索结果集提供更好的导航、传送书目服务到用户所在、提供相关排序并支持全文、对非罗马资料提供更好的检索等。②重构 OPAC，即建单一目录界面、支持跨整个书目信息空间的检索。③采用新编目实践，即重构编目流程、选择适当的元数据、手工强化重要领域的元数据、自动创建元数据。④支持持续改进，这也是 Web2.0 的特征即永远的测试版。

在 Maisonbisson 的主页上对 OPAC2.0 的建设有精彩描述：怎样设计基于 Web 的 OPAC 实际上就是设计一个拥有丰富信息的服务空间里帮助用户有效获取信息，这点对图书馆来说虽然不是必需的，却是图书馆工作的一部分。

由此可见，OPAC2.0 建设应该体现以用户为中心的思想，强调互动性、交互性、个性化等特征,用户易于获取信息。只有这样,才能吸引用户使用,并提高用户的满意度。

以上均为图书馆或相关系统在信息服务中已经实施了的应用。在 Library2.0 的讨论中,还有大量由 Web2.0 应用中借鉴来的"设想",这些设想很多需要依赖图书馆集成系统(ILS)的开放。在系统开发商真正行动之前,Library2.0 的鼓吹者们只能"研究"而已。从系统用户的角度,Library2.0 意味着图书馆需要向 ILS 开发商要求更多的"权利"—"图书馆集成系统的用户权利宣言"(ILS Customer Bill-of-rights)正是在这一背景下出现的。鼓吹者 John Blyberg 模仿 ALA《图书馆权利宣言》提出这一"宣言",引发图书馆博客及 Talis 公司间的热烈讨论。

Web2.0 正在改变数字图书馆的发展,并向图书馆展示了美好的前景,但也存在一些问题,如新技术在数字图书馆建设中的适用性、数据资源的建设与利用、图书馆员难于适应、研发方向等问题。Library2.0 的前景是美好的,道路可能是曲折的。

7.3 数字图书馆标准规范

没有规矩,不成方圆。标准化问题怎么强调也不过分,数字图书馆建设同样需要标准化和规范化。所谓标准是对重复性事物和概念所做的统一规定,它以科学、技术和实践经验的综合成果为基础,经有关方面协商一致,由主管机构批准,以特定形式发布,作为共同遵守的准则和依据。而标准化是指在经济、技术、科学及管理等社会实践中,对重复性事物和概念通过制定、发布和实施标准,达到统一,以获得最佳秩序和社会效益的活动。

在开放和分布的网络环境下,任何一个数字图书馆只有按照整体环境的标准与规范来组织资源、提供服务,才能保证系统的可使用性、互操作性和可持续性,才能有效利用其他资源与服务来提高自己的服务能力和效率。在网络环境下,任何孤立、封闭的数字图书馆系统都将失去生存和发展的能力,而实现开放、互操作和集成的基础则是标准与规范。

当前经济、技术等方面的发展,在一定程度上是标准规范的发展,谁先拥有了标准,谁就会站在制高点,谁就拥有发言权。所以标准化规范的建设是一项十分重要的工作。我国数字图书馆在早期没有注意该问题的重要性,但随着经济技术以及数字图书馆工程的大力发展,也越来越清楚地认识到标准规范的重要性,同时也开始投入大量人力、物力、财力研究制定数字图书馆的标准与规范,近年来,出现了一批有影响力的标准与规范,对我国数字图书馆乃至世界数字图书馆的建设起着积极的推动作用。

7.3.1 数字图书馆标准建设的必要性

1. 实现信息资源共建共享

历史上各个图书馆特色资源的独享性和服务范围的针对性,决定了数字图书馆的建设需要由众多图书馆以及各信息提供机构共同来完成。由于缺乏统一的标准来规范,各馆都从自身目的和现实条件出发,自主开发数字化信息资源,导致各馆建设的数字资源在用户检索界面、检索语言和管理系统等方面存在较大差异,而且大量的数据库及电子出版物结构本身也不兼容,各系统之间难以相互应用,互操作性差。例如,在 CERNET(中国教育和科研计算机网)中我们可以发现不少单位所建的信息资源不仅标引项设置不一致,而且缺少检索其资源的帮助信息,甚至在不同的链接点使用不同的名称等等。可以说,数字图书馆信息资源建设与利用过程中存在的不能共享的问题,绝大多数是因为没有建立和执行统一的标准造成的。资源共享需要资源共建,但共建并不是泛泛地你建一个,我建一个,而应该是按照统一的标准和规范,分主题、分学科、分阶段地进行。只有在统一的标准之下对电子信息、多媒体信息以及印刷型载体数字化信息进行规范的组织和加工,使之有序化,才能将各单位所独享的信息资源按统一的格式组织起来,实现网络连接,完成信息资源的有效交流和传递,资源共享的梦想才能最终得以实现。

2. 避免重复建设

国外数字图书馆发展的模式是首先进行图书馆网络建设,然后再进行网上资源的共建共享,而我国正相反,各馆都先忙于进行馆藏数字化建设,然后才想到联网。由于没有全国性的宏观规划和布局,也没有相应的统一标准,各馆已经建立的数字化资源难以相互沟通和相互应用,使得没有数字化资源的图书馆也不得不进行自己的数字化资源建设,从而造成了严重的重复建设。据有关统计资料显示,2001 年我国数字资源建设的重复率高达 90% 以上。只有建立统一的标准,才可以协调各个单位的资源建设,使大到一个国家,小到一个图书馆或个人,只要符合统一的标准,所建设的数字资源就可以非常方便地实现共享,从而避免重复建设。同时,制定和执行统一的标准还有助于数字图书馆相关软件的开发,使得数字图书馆能够在拥有统一的数字资源基础上,进一步开展信息挖掘、知识查询、智能处理等工作,否则会在数据的转换上花费大量的时间和经费。

3. 保护我国的数字图书馆事业

数字图书馆是我国信息产业的重要组成部分。目前,国际上对信息产业,包括对数字图书馆的保护已不能再采取贸易壁垒的方式,而只能通过制定本国的行业、技术等标准和规范来实现。美国的几大 IT 业巨头 IBM、MICROSOFT 等公司在新技术产品研发时所采取的一个重要策略,就是围绕所涉及的标准开展大量的宣传和研究,并竭力使其为其他公司和国家所接受,这实际上也是另一种意义上的侵略。而法国、德国、英国等西欧发达国家为保护自己国家和企业的利益,在充分利用现有技术供给的同时,纷纷制定本国技术标准以形成强有力的非贸易壁垒。我国的数字图书馆事业只有制定自己的相关标准,才能形成有力的屏障,保护其自主发展。因此,标准建设是我国数字图书馆工程建设应对竞争和挑战的需要。我们不能将研究重点只放在技术、资源数字化以及服务模式上,更应当关注数字图书馆建设中不可或缺的标准与规范问题。

7.3.2 标准规范建设原则

一般地来说,数字图书馆标准规范实施原则应包括以下几点。

1. 系统性

根据数字图书馆资源建设生命周期形成数字图书馆标准规范框架,按照数字信息资源与服务的可使用性、互操作性和可持续性的要求来选择、规划和实施具体的标准规范建设内容,使研究成果形成相对完善的标准规范系列及其应用和发展支撑体系。

2. 实用性

根据数字图书馆标准规范应用实践,从积极促进标准规范的方便、规范和广泛应用的角度,从有效支持标准规范的开放描述、开放应用和可持续发展的角度,建立健全支持标准规范实际应用的操作方法、技术工具、支撑系统和管理程序的体系,确保研究成果是具体、可操作、经过实践验证和可以被方便应用的。

3. 合作性

项目研究过程广泛联合各个图书情报系统和其他相关领域的单位和专家参加,既通过研究活动中的联合与合作,又通过应用试验、评价和应用推广中的协作、开放和第三方参与等方式,同时充分保障信息发布与交流,充分调动各方面的积极性,充分吸纳各方面的知识和经验,提高研究质量,加快研究速度,加快标准规范成果的推广应用。

4. 开放性

一方面在项目研究中密切跟踪国内外数字图书馆和相关领域的标准规范建设的发展,积极采用国际标准和业界通行标准,有效保障本项目所建设的标准规范与国际主流和数字图书馆发展趋势的接轨,另一方面,在项目研究中的组织、研究实施、成果发布、推广应用等都要采取开放的方式,不封闭研究内容和研究成果,开展开放试验和应用,建立开放交流机制,形成可持续发展机制。

5. 工程化

项目研究过程本身应按照项目目标建立规范的任务体系、组织体系、工作流程与协作机制、交流机制、检查评估机制、推广应用机制、系统支持机制等,保证研究过程本身的高效与经济。

7.3.3 国内外数字图书馆标准规范建设现状

国际标准化组织“信息与文献技术委员会”(ISO/TC46)是负责制定和推广与文献和图

书馆工作有关的国际标准的技术委员会,目前正式出版的ISO标准有87项,其中基础标准(格式、语言、代码等)40项,占总数的46%;识别与描述(信息组织)标准18项,占20%;技术互操作标准(信息共享)20项,占23%;统计与绩效评估(管理标准)6项,占7%;文件管理3项,占4%。我国信息与文献标准化工作主要由全国信息与文献标准化技术委员会承担,该委员会成立于1979年,已组织制定相关国家标准50余项

1. 国外数字图书馆标准规范发展现状

数字图书馆建设涉及信息资源数字化、可互操作性、数据交换等许多内容,统一的标准为数字图书馆实现资源共建共享提供了可靠保障。在国外数字图书馆建设中,非常重视标准的选择和应用,标准选择恰当与否直接关系到数字图书馆的可持续发展。20世纪90年代以来,随着包括信息技术等高新技术应用速度的加快,一些网络化、数字化资源组织在国际标准化方面取得了长足的进展。ISO、国际图书馆标准化国际组织、W3C(万维网联盟,World Wide Web Consortium)和IETF(InternetEngineering Task Force)等,都采取设立专家工作组、全程开放、吸收多方意见和建议等方式,积极推进标准规范的完善与推广工作。美、英、法、日等积极建立数字图书馆信息存储、标引、检索和传输的标准。美国国家标准学会(ANSI)下设全国信息技术标准委员会,从事有关元数据的命名、标识、定义、分类和注册等工作。欧盟在信息与传播技术标准化方面也做了很大努力。1998年创建的标准化组织—信息社会标准化系统(Information Society Standardization System,ISSS),负责提供全面的标准化服务及产品,提高用户的标准化意识。随着数字图书馆的进一步发展,更为广泛和系统化的标准规范体系正逐步被确立。如英国分布式国家电子资源项目(DNER)标准体系;加拿大文化在线项目(CCOP)标准与指南;IMLS数字资源建设指南框架;美国RLG/CMI数字化指南;以及美国国家信息标准局(NISO)的图书馆系统标准指南,新西兰国家图书馆元数据标准框架等,对数字资源管理、传播、利用和保存进行了系统规范。

2. 国内数字图书馆标准规范发展现状

我国自1987年开始机读目录开发工作以来,1992年正式出版了基于UNMARC的《中国机读目录通信格式》(CNMARC),随后又推出了一系列相关标准。目前在我国图书馆领域,执行的标准主要有以下4类:国际标准:国际标准化组织(ISO)公布的标准,以及国际信息与文献联合会(FID)、国际图书馆协会与学会联合会(IFTA)、世界知识产权组织(WIPO)等发布的标准;区域性标准:如英美国家采用的《英美编目条例》(AACR)等;国家标准:如美国国家标准(ANSI),德国标准(DIN),英国标准(BS)等;行业标准:如文化部发布的《中国机读目录格式》就是一种行业标准。为了指导我国数字图书馆建设,科技部于2002年启动《我国数字图书馆标准规范建设(CDLS)》项目,提出了数字图书馆总体框架和相关技术领域标准规范。下面具体阐述几个典型的数字图书馆标准化实施工程项目。

(1)《我国数字图书馆标准规范总体框架与发展战略》项目

为了指导我国数字图书馆的规范建设,保证其资源和服务的可使用性、互操作性和可持续性,科技部于2002年10月启动了《我国数字图书馆标准规范建设》(CDLS)项目,由中

国科技信息研究所、中国科学院文献情报中心和国家图书馆联合发起,近 20 个单位参与项目的研发和建设。该项目针对数字图书馆系统的数字资源建设与服务,为我国数字图书馆当前建设提供相对完善的标准与规范基础,直接指导和规范各个数字图书馆项目的资源加工、描述、组织、服务和长期保存;同时通过分析建立我国数字图书馆标准规范发展战略,提出和完善数字图书馆标准规范框架体系,探索和初步建立基于联合、开放、共享的标准规范建设、应用和管理机制。至 2004 年底,该项目已经完成的最终报告达 89 个,内容包括我国数字图书馆标准规范总体框架、数字资源加工规范、基本元数据规范、数据规范、唯一标志符与应用机制、数字资源检索与应用标准、元数据开放登记系统、数字图书馆标准规范开放建设机制等,目前研究报告仍在更新中。

(2)CALIS 数字图书馆建设标准和规范

CALIS“十五”项目“中国高等数字图书馆(CADLIS)”建设是一个开放的、分布式的、多馆协作的联合型数字图书馆,涉及众多参建馆的参与和众多应用系统的集成。CALIS 管理中心十分重视标准规范的制定。CALIS 管理中心从 2002 年开始进行数字图书馆方面的国际标准和关键技术的研究,从 2003 年底组织人员正式编制“CALIS 子项目建设技术标准与规范”,并于 2004 年 2 月 19 日至 27 日在北京大学召开的“CALIS 子项目建设技术规范与项目管理研讨班”正式推出。在此之后,CALIS 各子项目组根据自身需求,结合 CALIS 制定的技术标准与规范,陆续制定了这些子项目必须遵循的专用技术标准与规范。在 2004 年 8 月至 10 月期间,CALIS 管理中心于对上述各类标准规范重新进行了修订和增补,并将这些规范编撰成册,定名为《中国高等教育数字图书馆技术标准与规范》(简称《CADLIS 技术标准与规范》),以期与广大数字图书馆建设者分享。《CADLIS 技术标准与规范》包括了以下 3 个方面的内容:①CADLIS 总体架构和基本技术标准与规范,包括 CADLIS 技术与管理总体框架、CADLIS 门户建设规范、CALIS 子项目参建馆本地系统建设技术规范、专用数字对象描述型元数据规范、CALIS 基本标准与规范、CALIS 基本接口规范。CALIS 定义的接口规范,包括了 OAI,METS、数字对象交换、统一检索协议 ODL,OpenURL,CALIS-OID,统一认证,统一计费,日志与统计等内容。②各个子项目专用的技术标准与规范,包括全国高校分布式联合虚拟参考咨询系统、全国高校重点学科网络资源导航库系统、全国高校专题特色数据库本地系统、全国高校学位论文全文数据库系统本地系统、全国高校教学参考信息管理与服务系统等系统所需遵循的标准规范。③有关产品认证和项目管理方面的内容,由 CALIS 体系产品兼容性认证文件和 CALIS 项目管理汇编而成,用于指导软件公司如何参加第三方软件认证以确保符合 CALIS 标准,指导各子项目如何进行软件委托开发招标工作、如何进行各子项目管理等内容。

(3)中国数字图书馆工程

中国数字图书馆工程建设坚持“标准先行”的原则,在充分调研的基础上,根据现有的国际标准和通用规范,逐步推出与工程建设有关的标准规范,并最终形成工程建设标准规范体系,以确保我国的数字图书馆建设在起步阶段就建立在一个统一的标准规范基础上,避免重复建设。2002 年 5 月 26 日至 28 日,中国数字图书馆工程建设联席会议办公室、全国信息技术标准化技术委员会、全国信息与文献标准化技术委员会和中国图书馆学会学术

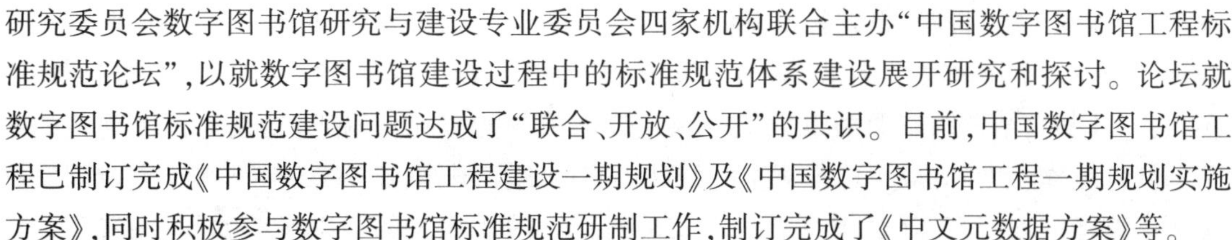
研究委员会数字图书馆研究与建设专业委员会四家机构联合主办“中国数字图书馆工程标准规范论坛”，以就数字图书馆建设过程中的标准规范体系建设展开研究和探讨。论坛就数字图书馆标准规范建设问题达成了“联合、开放、公开”的共识。目前，中国数字图书馆工程已制订完成《中国数字图书馆工程建设一期规划》及《中国数字图书馆工程一期规划实施方案》，同时积极参与数字图书馆标准规范研制工作，制订完成了《中文元数据方案》等。

(4)中国科学院国家数字图书馆项目(CSDL)

该项目对信息系统开放描述的基本原则、方法、技术和发展趋势等进行了系统研究，目前已形成《数字图书馆建设的标准规范体系》等系列研究报告。基于这些研究报告，根据CSDL建设的实际环境和数字图书馆技术发展的趋势，制订了《国家科学数字图书馆开放描述与标准应用指南》。“分布环境下信息系统的开放描述研究”开创了我国数字图书馆标准规范建设真正意义上的联合、开放、共享的先河。

(5)上海数字图书馆的元数据标准

上海图书馆在上海数字图书馆建设的实践中追踪、研究了国内外数字图书馆资源组织描述的相关标准，最终形成了一部专门性的论著《DC元数据》，系统论述了DC数据的发展、DC的应用句法与结构、DC与USMARC的比较、CORE系统介绍、CORE寻路器的创建与CORE系统的管理等各个方面的相关问题，这是国内对元数据论述比较系统的一部专著。

(6)清华大学图书馆的EMANI项目

该项目是应数字信息资源的存储、长期利用和共享的要求，由德国哥廷根州立图书馆、美国康奈尔图书馆、法国ORYELL图书馆和中国清华大学图书馆于2001年联合发起的。该项目要求：每个参与者都研发出一个能确保他们的数学数字资源能够得到有效存储和长期利用并在各自之间共享的数字资源存储系统。作为该项目的一部分，清华大学图书馆提出了一个元数据框架和其他相应的置标规则的应用方案。该方案借鉴了美国国会图书馆“视音频数字信息存储模型”项目的成果，采用的编码标准是METS元数据编码和传输标准。它的最大特点是具备较为强大的资源结构表现功能，而这一点正是DC等现存元数据标准框架所忽视和缺乏的。

(7)国家图书馆标准化实施项目

为了确保国家数字图书馆建设目标的实现，国家图书馆从2004年6月份，成立了资源组织结构模型研究组，集中力量对国家数字图书馆建设的标准规范进行研究与探索。首先，对国内外有关数字图书馆建设标准规范的情况进行调研，掌握了大量的资料，并对其进行了汇总与分析。其中国外标准主要包括：国际标准ISO系列，美国国家标准NISO系列、美国国会图书馆标准、OCLC标准和WP3标准等；国内标准主要包括：国家标准GB系列，科委系统、高校系统、基础教育系统、广电系统和文化部系统有关的标准规范。同时把《我国数字图书馆标准与规范研究》课题、《高等教育数字图书馆技术标准与规范》《数字资源建设与应用服务标准体系的研究》课题、《现代远程教育技术标准》等作为重点参考与研究内容。其次，对所掌握的材料进行了分类整理，排除计算机软硬件专用标准外，对已有的与数字图书馆相关的110个标准规范进行了逐个研究，在此基础上提出了国家数字图书馆建设标准规范的体系框架。根据国内外的相关标准规范，划分了标准规范实施的四种类型：遵循标准、参考标准、修订标准、自建标准;并制定了标准修订与自建标准规范的工作计划。第三,根据已经确定的国家数字图书馆标准框架体系,结合二期工程开始着手相关标准招标的准备工作。同时,结合国家图书馆数字资源建设与服务的实际,开始进行现行标准规范的制定与修订工作,已经完成了标准规范提纲和内容的起草工作,于 2005 年下半年完成国家数字图书馆标准规范汇编(试用本),并在实际建设中应用相关的标准规范,同时在着手进行自建标准的研制工作。国家数字图书馆标准规范建设内容主要包括以下几点。

①基于数字资源生命周期的体系框架

通过对国内外有关标准规范的研究分析,我们认识到建设和执行标准规范,贯穿于数字图书馆建设的全过程。因此,在构建国家数字图书馆标准规范体系框架时,认真学习和借鉴了国内外数字图书馆标准体系,认为以数字资源生命周期为主线搭建标准体系框架,逻辑关系清晰,业务流程切分准确,便于理解与执行。

国家数字图书馆建设标准规范体系框架为:数字内容创建→数字对象描述→资源组织管理→资源长期保存→数字资源服务。

数字内容创建工作内容为:数字资源采集、对象数据创建、数字资源加工、数字资源转换等。所涉及的标准规范包括:数字内容编码(ISO10646、B1803022000)、对象标识(DOI、URI、OpenURl)、数据内容格式有文本、图像、音频、视频等。

数字对象标识工作内容为:元数据(著录、标引)制作、元数据管理、元数据互操作。所涉及标准规范包括:元数据格式(MARC、DC、MODS)、编码体系(CT、CLC、DDC)、元数据置标(XML 、RDF、METS、MARCXML)等。

数字资源组织管理工作内容为:资源集合组织、对象数据调度、元数据调度。所涉及标准规范包括:总体框架(FRBR)、对象数据管理(CORBA)、知识组织(OWL)、版权保护(XrML、P3P)等。

数字资源长期保存工作内容为:数字资源保存级别区分、长期保存技术策略。所涉及标准规范包括:长期保存参考模型(OAIS)、资源存储、资源获取。

数字资源服务工作内容为:数字资源发布、数字检索、数字资源服务管理。所涉及标准规范包括:网络服务协议、(TCPPIP)检索服务协议(OAI)、应用服务协议、知识产权协议。

②基于数字图书馆主要业务环节的标准规范

数字图书馆的标准规范贯穿于数字图书馆的全过程,但在具体业务工作中主要体现在数字资源的创建、加工与服务环节中。所以在制定本馆具有可操作的规则和细则中,要把握主要业务流程的关键环节。目前,国家数字图书馆制定本馆的标准规范实施细则主要考虑以下内容。

综合性规则:在数字资源建设方面有《国家图书馆数字资源建设条例》《国家图书馆数字资源建设 2006—2010 规划》《国家图书馆数字资源组织结构模型》;在数字资源服务方面有《国家图书馆数字资源发布规则》《国家图书馆数字资源服务规则》;在知识产权管理方面有《国家图书馆资源建设知识产权管理规则》《国家图书馆资源服务知识产权管理规则》;在数字资源统计方面有《国家图书馆数字资源统计条例》《国家图书馆数字资源统计指标体系》。

元数据相关标准规范有:《国家图书馆核心元数据规范》《国家图书馆专门元数据规范》《MARC 与 DC 转换规则》《元数据置标规则》;还包括元素扩展机制、"元数据管理办法(元数据之间关系)""元数据唯一标识符"等。

对象数据相关标准规范:在对象数据管理方面有《国家图书馆数字对象数据唯一标识符》《国家图书馆对象数据加工规则(文本、图像、音频、视频)》;在数据库管理方面有《国家图书馆数据库加工质量标准》《国家图书馆数据库验收质量标准》《国家图书馆数字资源库检验管理办法》《国家图书馆对象数据管理办法》。

数字资源发布与服务规范:有《国家图书馆数字资源发布规则》及《国家图书馆网站管理规则》。

数字资源长期保存规范:有《国家图书馆数字资源长期保存管理规则》及《国家图书馆数字资源长期保存技术规范》。

以上项目看出,虽然我国的数字图书馆建设及其标准规范建设一直以来存在不完善之处,例如开放性不够、实用性不够等,但是近年来我国的数字图书馆标准规范建设正逐步完善,向国际靠拢,走联合、开放、共享的道路,其成果越来越具有实用性和适用性。

7.4 知识管理与服务

7.4.1 知识管理内涵

知识管理概念最早提出是在 19 世纪 90 年代,很多学者对知识管理给出了定义,较早提出知识管理概念的是 P. F. Drucker,他在《知识社会的兴起》一书中指出,100 多年来人类经历过三次革命,即人工业革命、生产革命与管理革命,这三次革命都是由知识意义的根本转变驱动的。由此可见,知识的重要性与日俱增。同时他认为知识管理应建立在学习型组织之上。而戴维加文又将学习型组织定义为:"学习型组织是一个能熟练地创造、获取和传递知识的组织,同时也要修正自身的行为,以适应新的知识和见解"。Daniel. E. O´Leary 认为知识管理是"对知识的正式管理,以便于知识的产生,获取和重新利用,特别是应用先进技术将各种来源的信息转化为知识,并将人和知识联系起来的过程"。美国福尔集团创始人之一弗拉保罗认为知识管理是通过运用集体的智慧提高组织应变能力和创新能力。Wiig 认为,知识管理是自上而下检测和推动与知识有关的活动,创造和维护知识基础设施,更新组织和转化知识资产,使用知识提高其价值。Frappuolo 认为,知识应有外部化、内部化、中介化和认知化四种功能。外部化是指从外部获取知识,并按照一定的分类将它组织起来,其目的是让想拥有知识的人拥有通过内部化和中介化而获得的知识;内部化和中介化所关注的分别主要是可表述知识和隐含类知识(或称为意会知识)的转移;而认知化则是将通过上述三种功能获得的知识加以应用,是知识管理的终极目标。P. Quitas 等将知识管理看作

“是一个管理各种知识的连续过程,以满足现在和将来出现的各种需要,确定和探索现有和获得的知识资产,开发新的机会。”知识管理的目标包括六个方面:第一,知识的发布,以使一个组织内的所有成员都能应用知识;第二,确保知识在需要时是可得的;第三,推进新知识的有效开发;第四,支援从外部获取知识;第五,确保知识、新知识在组织内的扩散;第六,确保组织内部的人知道所需的知识在何处。E. Maise 认为,知识管理是一个系统地发现、选择、组织、过滤和表述信息的过程,目的是改善雇员对待特定问题的理解。

总之知识管理是以先进技术为手段,以信息资源为基础,以实现知识的共享、知识的有效利用为基本点,以知识创新为根本目的。知识管理就是要在组织中建构一个量化与质化的知识系统,让组织中的资讯与知识,透过知识产生、知识获得、知识创造、知识利用、知识的复制、知识创新等过程,不断的回馈到知识系统内,形成永不间断的累积个人与组织的知识成为组织智慧的循环,在企业组织中成为管理与应用的智慧资本,有助于企业做出正确的决策,以适应市场的变迁。

7.4.2 图书馆知识管理与知识服务

1. 图书馆知识管理内涵

今天图书馆同其他企业一样面临着激烈的竞争,如何利用已获取的知识、如何实现知识再造增值、如何赢取竞争优势是每个图书馆所必须面对的问题,组织和实施知识管理势在必行。目前图书馆涌现出很多竞争对手,如参考咨询竞争对手有 Yahoo 的知识堂、百度的知道、新浪的爱问;检索技巧竞争对手有 Google、百度、Yahoo 等搜索引擎商;丰厚馆藏竞争对手有 Thomson 公司、超星等数据库厂商等。所以图书馆应该不断加强自己的核心竞争力,充分利用自己的优势,强化图书馆知识管理。

图书馆知识管理,是指应用知识管理理论与方法,合理配置和使用图书馆各种资源,充分满足用户不断变化的信息与知识需求,并提升现代图书馆的各项职能和更好地发挥其作用的过程。图书馆知识管理以知识管理理论为基础,以图书馆知识管理系统为管理对象。图书馆知识管理充分体现了以人为本的管理思想,重视人的作用和发展,重视知识创新和知识集成管理,重视效益模式转变。

图书馆知识管理核心是对人和知识资源管理。知识分为显性知识和隐性知识,显性知识是指能清楚地用某种方式表达或记载的结构化的知识,它可以直接存储在物理介质上,例如知识库中各种文档、资料等,又称为可编码知识;隐性知识是指难以表述的非结构化的知识,它存在于人的大脑之中,例如人的经验和技能等,隐性知识又称为无编码知识或意会型知识。图书馆对显性知识要加强研究、开发、组织并挖掘出更有价值的知识为用户服务。利用信息技术搭建显性知识管理平台是一种有效的方式。隐性知识由于其特殊性,需要一些特殊的方法将其显性化,将隐藏在个人与机构中的隐性知识充分挖掘,供广大用户获得或图书馆馆员使用。隐性知识一般存在于人的大脑之中,体现的是人经验、技能等,该类知识不易发觉,需要与有经验、技能的人面对面交流才可能获得。而这类知识又往往是我们迫切需要的,是帮助我们解决问题的有效知识,是提高图书馆核心竞争力的知识,加强对该类知识的开发利用是图书馆追求的目标。

野中郁次郎在显性知识与隐性知识的基础上提出知识转换的四种模式即(SECI 模型):第一种,知识的社会化(Socialization),指的是隐性知识向隐性知识的转化。它是一个通过共享经历建立隐性知识的过程,而获取隐性知识的关键是通过观察、模仿和实践,而不是语言;第二种,知识的外化(Externalization),指隐性知识向显性知识的转化。它是一个将隐性知识用显性化的概念和语言清晰表达的过程,其转化手法有隐喻、类比、概念和模型等。这是知识创造过程中至关重要的环节,图书馆应该加强知识外化的转换,将馆员图书馆的工作管理经验、技能等隐性知识通过某种方式转化为显性知识,供其他馆员借鉴,共同提高馆员的工作效率和管理水平,为用户提供更好的服务;第三种,知识的整合(Combination),指的是显性知识和显性知识的组合。它是一个通过各种媒体产生的语言或数字符号,将各种显性概念组合化和系统化的过程;第四种,知识的内化(Internalization),即显性知识到隐性知识的转化。它是一个将显性知识形象化和具体化的过程,通过"汇总组合"产生新的显性知识被组织内部员工吸收、消化,并升华成他们自己的隐性知识。野中郁次郎知识四种转化模型(SECI 模型)在某种程度上都可以利用计算机信息技术来完成,利用计算机信息技术构建一种知识共享与传递利用知识管理平台,调动馆员、用户的积极性,充分实现知识的有效共享与利用。图书馆利用知识管理理念可以提高图书馆的服务创新意识,提升图书馆的服务品牌,树立图书馆的良好形象,使图书馆在激烈的竞争中处于有利位置。

2. 图书馆知识管理与服务现状

Joseph J. Branin 介绍了俄亥俄州州立图书馆知识库(Knowledge bank)的建设,知识库是一种三层客户-服务器的跨学科多媒体知识资本仓库,知识库由全体教员内容、知识库与学习文件三部分组成。在知识库的发展过程中,图书馆员是知识的管理者。图书馆员必须扩充其从馆藏发展时期、馆藏管理时期到知识管理时期的技能,成为未来的知识管理开发者、知识管理整合者、知识管理教育者、知识管理研究者。Tatiana White 介绍了牛津图书馆在服务中推行知识管理的具体要素,即知识共享与组织的技能知识,分析了实施知识管理的利弊,得出只有把知识管理战略纳入图书馆发展战略,才能确保图书馆员个人知识的利用和用户价值的实现。Barbara Ashdown 等介绍了 Ork Ridge 国家实验室图书馆与其他部门的合作关系与奋斗目标。图书馆实施知识管理必须做到以下几个方面:①必须促进组织内的知识共享与协作;②组织的各个层次都必须体现领导的支持;③计算中心与图书馆之间必须建立强有力的协作关系;④图书馆员必须掌握新的技能和新的工作方式;⑤所有参与试验项目的人要有时间、韧性、试验经验和灵活性;⑥所有的管理人员必须显示出不俗的领导能力。Sharon Teng 等介绍了新加坡国家图书馆管理局知识管理进展情况,包括开展正式与非正式调查,建立中心组反馈机制;建立一站式中心网站,引入多媒体终端;建立学生虚拟社区、新闻资讯和方案广播数据库;采用先进技术与设备,更新计算机管理系统;建立图书馆发展组,实施工作团队改进建议方案;实行业务外包,加入新加坡服务质量组;推广终身学习和知识交流;评价知识管理工作。

任全娥、陈太洋对国内外图书馆知识管理专家与图书馆馆长进行了知识管理实施的图书馆典型案例征询。结果为原 Ohio 图书馆馆长、现美国国会图书馆亚洲部主任李华伟博士首推上海图书馆,后举 OCLC、OhioLINK、CALIS、NSTL 等图书馆联盟;郑州大学付立宏博士认为上海图书馆与深圳南山区图书馆做得较好;上海图书馆馆长吴建中博士则建议把中国科学院文献情报中心作为调研重点;原南山区图书馆馆长程亚男教授则认为国内上海图书馆做得更好,国外她举了亚利桑那州图书馆和伊利诺伊州北部郊区图书馆两个例子,认为做得不错。

3. 图书馆知识管理与服务实施的必要性

(1)知识经济的产生与发展,给人类社会以巨大的影响,知识成为最重要的一种资源,成为基本的生产要素,正在改变着传统的生产、产业结构、经济增长乃至人们的社会生活,图书馆能否在管理知识和运用知识上发挥作用,成为一个现实问题。新技术特别是信息技术的飞速发展不断地改变着社会的文化,图书馆一直随着新技术的应用而发生了管理与服务方式的改变,网络产生以后给图书馆以更大的冲击,是由网络替代图书馆组织和传播知识,还是由图书馆利用网络将更高质量的知识传递给需求者,图书馆必须做出选择。图书馆在新形势下同企业一样,也面临着挑战,也面临着竞争,来自内部和外部的许多压力早就冲击着图书馆。这里的竞争,既有网络对图书馆的竞争,相关信息机构对图书馆的竞争,还有各地区各系统图书馆之间的竞争。能否在竞争中生存,能否在竞争中获得优势,已成为图书馆的重要任务。而知识管理正是运用集体智慧,有助于组织提高核心竞争力的一种有效方法和工具知识服务更是帮助图书馆提高服务水平,争取社会读者和用户的有效措施。

(2)图书馆早就成功地应用了信息管理和信息服务,但信息管理和信息服务不能解决图书馆的全部问题,由于信息管理和信息服务的局限性,迫切需要的就是管理和服务—知识管理与知识服务。在信息时代,“信息丰富,知识贫乏”已经成为突出的问题。有了信息管理,图书馆的许多业务已经从手工过渡到计算机辅助管理,图书馆员从繁重的体力劳动(如抄卡片、跑书库等)中解脱出来,图书馆工作的效率也有了很大提高。但仅仅有信息管理,并不能解决馆员的积极性、图书馆决策的科学性和民主化等一系列问题。许多新的问题要依靠知识管理来解决。有人将图书馆的知识管理与信息管理相对应,认为图书馆的工作原来是文献管理,然后是信息管理,因此将来理应是知识管理了,图书馆知识管理就是管理图书馆储藏的知识。这是一个误区,图书馆的知识管理与图书馆的信息管理不同。图书馆信息管理注重显性知识、事实知识和原理知识,依靠信息技术,以对数据和信息的处理为基础,目的是监督和控制图书馆内的信息流以提高工作效率,支持决策通过对信息资源进行开发、规划、控制、集成和利用的一系列活动,发挥图书馆信息资源的作用。相比之下,图书馆知识管理注重隐性知识、技能知识和人力知识,核心是科学技术和管理,关键是人才它以知识的发现、知识的组织、知识的传播和利用等为基础,实现知识价值的最大化,促进知识创新和知识共享。如果说图书馆信息管理强调管理技术和手段那么,图书馆知识管理更强调人才和文化。

(3)现代图书馆转型的需要。现代图书馆是由传统图书馆演变而来,传统图书馆注重收藏,注重整理,注重借阅,经历了很长的一个过程。而现代图书馆是大家所熟悉的,重视图书馆的开放和文献的利用,重视读者和用户,重视信息管理和信息服务,拥有丰富的文献资源,实施藏阅合一,推进信息服务,现代图书馆将向复合图书馆转型。复合图书馆是数字图书馆和物理概念图书馆的有机结合,而不是简单地相加。在图书馆的转型中,图书馆的管理需要变革,从手工的管理向计算机管理,再向今后的网络管理的发展方向以外,另一条管理的主线是从信息管理上升到人本管理,以及发展到今后我们所要做的知识管理。所以在复合图书馆中是一个管理体系—这个管理体系是从科学管理到信息管理,再到知识管理。知识管理的实现是需要条件的,要建立在已经有的科学管理和信息管理的基础之上,如果科学管理和信息管理没有达到一定的水平,就谈不上知识管理。此外,在图书馆的转型中,图书馆服务也需要变革,要从信息服务,向知识服务拓展。

4. 图书馆知识管理内容

图书馆应用知识管理包含三个基本的层面内容。

(1)从管理的层面,在科学管理、全面质量管理和信息管理的基础上,运用知识管理进行图书馆管理和服务的改革,开发利用图书馆的知识资本,特别是加强对隐性知识和人力资源的管理,实施图书馆制度创新、图书馆组织创新、图书馆知识创新和技术创新,提高图书馆的管理和服务的质量与水平,提升图书馆在信息社会的地位。

(2)从组织的层面,将图书馆创建成学习型组织,营造新的图书馆文化,让图书馆始终充满活力,发掘图书馆的巨大潜力,提高图书馆的应变能力、竞争能力、可持续发展能力。

(3)从个人的层面,从“读者第一”的概念转化为两个第一的概念,即服务上的“读者第一”和管理上的“员工第一”,发现和培养知识资源工程师,发挥员工的积极性、主观能动性和创造性,使图书馆员从文献管理工作者转变为信息管理工作者,由信息资源专家发展成为知识资源专家。

5. 图书馆知识服务内容

知识服务是从工作方式的角度出发的,是知识型的服务,是知识化的服务,可以说知识服务是信息服务的高层次阶段,是知识含量高的服务。

数字图书馆的发展应该是提供更好的知识服务,充分利用信息挖掘工具,帮助用户挖掘知识、发现知识,并能实现信息可视化到知识可视化。未来的数字图书馆应该是一个数字知识图书馆。为了更好地实施知识管理,图书馆需要运用先进的技术、理念、先进的管理方法构建基础平台,在广度和深度上实现信息资源共享,为全社会提供利用。数字图书馆建设好坏在一定程度上影响到地区、国家的核心竞争力,对地区、国家的发展起着深远的作用。所以,概括来讲,图书馆知识服务的内容包括以下几点。

(1)知识挖掘

知识挖掘主要是指根据用户具体的研究要求,对大量的已积累信息进行分析,通过对文献定性、定量的增值处理来发现隐含在文献中的知识,揭示其中的规律性。网上信息数量巨大，良莠不齐。要为用户提供有效的知识服务，必须依托先进的信息技术，用智能化手段挖掘隐藏于大量显性信息中的隐性知识，从而得到与学科相关的知识、专业细化的知识、面向课题的知识和所需知识相关的知识等等。知识挖掘的目的正是向具有不同知识需求的用户提供因人而异的、有针对性的知识，即通过挖掘分析数字图书馆的用户信息库、用户的访问内容及用户的频繁访问路径等等，来挖掘出用户的使用模式和兴趣、爱好模式，抽象出用户的普遍需求和个性化需求。并根据用户需求主动跟踪本地信息库和网络相关信息资源，收集用户所需信息，进行信息的推送与反馈。

(2)知识组织

知识组织是在信息获取和信息预处理的基础上，通过智能检索、数据挖掘、数据仓库等技术，对信息进行精简、提取，发现隐含在信息中的有用知识单元并对其进行集合组织的过程。简单地说，就是对知识的本质以及知识之间的关系进行有序地揭示，即使之有序化。但这个序化过程的前提是充分考虑用户的需求以及用户吸收利用信息的模式的规律性，目的是通过对知识单元的重新组合，为用户克服因知识离散而造成的检索困难而提供索引途径，为用户提供经过加工整序的、脉络清晰的精练性知识情报。

(3)知识开发

知识开发就是要在知识组织的基础上，根据用户要求和图书馆发展的特定目标，针对具体用途和目标。对系统所需的各种层次和范围的知识信息，进行信息和知识的深层次加工，通过智力劳动、知识重组和知识再造，寻求知识间的内在联系。形成用户决策所需要的知识解决方案或适合市场需求的知识产品，如数据库、知识库、智能工具、应用软件等。它是一种导向型的研究活动，需要深入了解用户的信息需求及其变化规律。制定相应的研究措施，然后通过对相关知识信息的收集、提炼、归纳、比较、分析、综合、演绎、推理来完成。这其中包括对文献信息资源、网络知识资源、显性知识、隐性知识等的开发。特别是在知识开发过程中包含了图书馆员创造性的智力劳动，这种智力劳动使知识产品产生了增值。图书馆知识开发关注和强调的是利用自己独特的知识和能力。通过对信息和知识的深层次加工，形成有独特价值的知识解决方案和知识产品，解决用户凭自己的知识和能力所不能解决的问题，从而实现自身在社会创新、知识扩散和知识应用链条上的独特价值。

(4)知识集成

知识集成是指在知识开发的基础之上，根据每一项服务的具体情况，运用科学的方法对不同来源、不同层次、不同结构、不同内容的在开发阶段形成的知识仓库和网上所有开放的虚拟信息资源进行综合、实施再建构，使单一知识、零散知识、新旧知识、显性知识和隐性知识经过集成形成新的知识体系，实现知识服务之目标。知识集成过程输入的是分散的知识，输出的是具体的、系统性的知识，通过集成把分散的知识整合成统一的、连贯形式的知识体系。知识集成主要包括两个方面：一方面，是对存在于员工头脑中的隐性知识进行集成，包括知识的共享和隐性知识的外化等内容；另一方面，是对分散在不同协作单位间的知识的集成，包括组织内的不同部门之间和不同组织之间的知识集成。因此，知识集成具有创新性、协同整合性、非结构化和非确定性及泛边界性等特征。

图书馆知识服务中采用的知识技术策略主要有：

①知识挖掘技术

图书馆的知识资源浩如烟海,进行知识服务就必须从各类资源中挖掘知识元。利用构建的图书馆知识资源本体,把知识元转化为机器可读的格式,抽取共同点,实现本体共享。

②知识地图技术

知识地图描述知识的载体信息,即知识存在的形态,是用于帮助人们在恰当位置获取知识的知识管理技术,知识地图是最成功的知识管理技术之一。它通过制定符合读者需求的知识搜寻策略,将馆内知识资源以及网络资源进行有效鉴别、定位、保存、优化,更有效、更快捷地满足读者知识需求。

③知识库技术

图书馆知识库建设对图书馆全面实施知识管理具有重要的现实意义。通过建立知识库,可以积累和保存图书馆的增值信息和知识资产,加快图书馆内外信息和知识的流通,实现知识的共享。

④智能 Agent 技术

在知识采集过程中引入智能 Agent 技术,实现自动查询、筛选、管理等功能,有助于更广泛地获得知识资源,丰富图书馆知识资源体系建设。

6. 图书馆知识管理发展方向

柯平指出:知识管理影响图书馆知识化转型以及图书馆的定位与发展。未来图书馆知识管理的理论与实践需要在认识、基础、实践、重点、应用、理论六个方面展开。在认识升华的基础上,图书馆要做出知识管理战略决策,开展有效实践,寻找突破口,应用从广度到深度发展,加强图书馆知识管理核心理论、相关问题与新理论的研究。

参考文献

[1] 杨宪章,华丽,李爱华.图书馆文献利用教程[M].郑州:中州古籍出版社,2001.

[2] 李朝云.现代信息检索与利用[M].合肥:安徽大学出版社,2006 .

[3] 王树亮.现代信息检索教程[M].北京:中央编译出版社,2006.

[4] 杜密科.高校图书馆文献利用通论[M].北京:兵器工业出版社,2001.

[5] 陈雅芝.信息检索[M].北京:清华大学出版社,2006.

[6] 谭乃立.经济文献检索与利用[M].北京:中国铁道出版社,2005.

[7] 梁家兴.通向知识宝库的金钥匙[M].武汉:华中科技大学出版社,2004.

[8] 徐景芬.文献信息检索教程[M].成都:电子科技大学出版社,2005.

[9] 王知津. 工程信息检索教程[M].北京:机械工业出版社,2009.

[10] 王梦丽,杜慰纯. 信息检索与网络应用[M].北京:北京航空航天大学出版社,2009.

[11] 叶艺林.文献信息检索教程[M].西安:西南交通大学出版社,2009.

[12] 杨克虎.生物医学信息检索与利用[M].北京:人民卫生出版社,2009.

[13] 张玉辉. 文献信息检索[M].长沙:湖南师范大学出版社,2009.

[14] 刘薇薇,王虹菲.医学信息检索[M].天津:天津大学出版社,2009.

[15] 郜峻,刘文科.网络信息检索实用教程[M].北京:电子工业出版社,2010.

[16] 康桂英.网络环境下信息资源检索及毕业论文写作[M].北京:北京理工大学出版社,2009.

[17] 赵磊.新手上网一本通[M].呼和浩特:远方出版社,2009.

[18] 黄如花.网络信息的检索与利用[M]. 武汉:武汉大学出版社,2004.

[19] 史红改,方芳.实用网络文献信息资源检索与利用[M]. 北京:清华大学出版社,2009.

[20] 来茂德,马景娣.医学研究必备手册:文献与评价信息快速获取[M]. 杭州:浙江大学出版社,2007.

[21] 舒炎祥,方胜华.数字文献检索[M]. 北京:科学出版社,2010.

[22] 刘俊熙,盛宇. 计算机信息检索[M]. 北京:中国铁道出版社,2009.

[23] 谢英花,牛晓艳,马燕山.医学信息检索与利用[M]. 北京:海洋出版社,2008.

[24] 徐军玲,洪江龙.科技文献检索[M].4 版. 上海:复旦大学出版社,2006.

[25] 彭莲好.如何高效使用搜索引擎[J].科技情报开发与经济,2009,19(20):44-46.

[26] 郝天侠.网络免费学术资源利用探讨[J].西北工业大学学报(社会科学版),2010,30(1):64-66.

[27] 朱新民,李永春,周吉.现代管理科学词库[M].上海:上海交通大学出版社,1986.

[28] 李四福,叶玫.信息存储与检索[M]. 北京:机械工业出版社,2007.

[29] 邱均平,马瑞敏.引文索引的功能与科学评价:以美国《基本科学指标》引文数据库为

例[J].评价与管理,2006,4(2):1-8.

[30] 吴贤奇.现代文献信息检索[M].南京:东南大学出版社,2007.

[31] 李建蓉.专利信息与利用[M].北京:知识产权出版社,2002.

[32] 张帆.Internet免费专利数据库检索与利用[J].昆明理工大学学报(社会科学版),2009,9(8):104-108.

[33] 秦建华,刘达武.中国专利说明书的编号体系[J].江西图书馆学刊,2004,34(1):57-58.

[34] 王秀云.中国国家知识产权局网站的专利检索[J].情报探索,2010,149(3):72-74.

[35] 李国杰.现代企业管理辞典[M].兰州:甘肃人民出版社,1991.

[36] 郭爱民.研究生科技论文写作[M].沈阳:东北大学出版社,2008.

[37] 富平.国家数字图书馆标准规范建设[J].国家图书馆学刊,2005,4(2):13-16.

[38] 刘淑玲.网络环境下高校图书馆的知识管理与知识服务[J].情报科学,2010,28(4):523-526.

[39] 柯平.图书馆知识管理的发展方向[J].图书情报工作,2010,54(9):5-8.

[40] 张映芳.图书馆实施知识管理的整体方案初探[J].图书馆学研究,2010,5(4):22-25.

[41] 柯平.知识管理在图书馆中的应用研究[J].图书情报工作,2003,9(5):8-12.

[42] 高爽,柯平,杨溢.基于知识链的图书馆知识管理战略框架构建[J].图书馆理论与实践,2008,6(4):33-35.

[43] 李培.数字图书馆原理及应用[M].北京:高等教育出版社,2004.

[44] 刘炜,葛秋妍.从Web2.0到图书馆2.0:服务因用户而变[J].现代图书情报技术,2006,1(9):8-12.

[45] 刘磊,穆丽娜.高校图书馆2.0服务模式研究[J].中国图书馆学报,2009,35(2):98-105.

[46] 范并思,胡小菁.图书馆2.0:构建新的图书馆服务[J].图书馆学报,2006,1(6):2-7.